考古学の成果と現代

――地域・列島、戦争遺跡

利部 修■著
Osamu Kagabu

雄山閣

序

笈を負うて、東都の駒澤大学文学部歴史学科に入学した利部修さんは「高校の教員を漠然と目指し」ていたが、倉田芳郎教授と出会って目標が定まった。

考古学担当の倉田教授の「発掘調査技術を身につけさせ、渾身を込めて社会人に育て上げる…教育姿勢に感銘」したからである。爾来、各地の倉田教授の主宰する発掘調査に参加し考古学に没入していった。それは伯楽との邂逅であったと言えようか。

遺跡の発掘にあたり、経験の浅い学生を見守りながら、次第に発掘の方法、出土遺物の対処そして報告書の作成にいたる一連の過程を自身に納得させていく指針であった。大規模、長期間の発掘現場を任せる場合でも変わることがなかったのである。

このようにして鍛えられた遺跡の発掘現場における姿勢は、必然的にモノを観察する独自の視点として展開していった。対象遺跡に限らず派生する多くの問題点をユニークな観点から考える日常となっていった。「地方の考古学を目指し」秋田県埋蔵文化財センターを拠点に、東都で学んだ視点をより拡大し研鑽していったのである。

その成果は、『「心象考古学」の試み』（二〇一七）『考古学研究とその多様性』（二〇一九）の二著などとして総括されたが、その後も倦むことなく、利部流考古学として進展し、『考古学の成果と現代』と題する本書となって結実した。

いずれも〝地域からの発信〟を基底に据えて展開している。それは地域考古学の研究を標榜し、遺跡の発掘調査の結果がもたらした歴史情報を咀嚼して発展させる視座の表明であった。考古学研究の主対象であるモノの観察を通しての考究心は、現代にも及ぶようになっていった。言わば、日常的に考古学の視座でモノに着目し、時代を超えてアウフヘーベンしていく方向性と理解すべきであろう。仏刹における破風の装飾と絵画、地名の検討、戦争関連遺跡の調査知見が事例として取り上げられている。

『考古学の成果と現代』は、利部さんにとって、当に研究の軌跡であり、そして現代の考古学を究める方法の片鱗を示した潑剌の雄編である。

既著『「心象考古学」の試み』『考古学研究とその多様性』ともども本書を繙読して痛感したことは、よき編集者との奇遇であった。三著の書は、利部考古学の「来たし考古の道」を的確に示し、あわせて地域で考古学に励んでいる多くの研究者に勇気をあたえる著作となっている。外で俊秀英知な同僚に囲まれ、内で才気煥発な令室に恵まれた利部さんの犀利展開を願ってやまない。

二〇二二年九月

立正大学特別栄誉教授　坂詰秀一

まえがき

筆者が先に『考古学研究と多様性』を上梓したのが令和元年のことである（利部二〇一九）。他の学問との協合等、考古学が有する学問的な広がりを自分なりに実感し表現したつもりである。そこでは、旧石器時代や近・現代を除く各時代に触れ、理化学分析・発掘調査記録の実例を取り上げた。行政の発掘調査機関である秋田県埋蔵文化財センターに三〇年余り勤め、諸々の思いを抱いて辞した年の刊行である。

この頃から強く意識したのが、前書で扱っていない現代社会と考古学の関係である。無論、考古学的成果を社会生活に役立てる試みは、保存された遺跡や出土遺物を通じて、歴史教育に取り込む活動等が実践されてきている。観光地として人流を活発化させて、地域経済に潤いを与えている遺跡関連施設も多数見受けられ、昨今は観光考古学も提唱されている（坂詰二〇二〇a）。発掘調査の対象とする遺跡の時代は、旧石器時代から中世まで広がり、近世以降は地域で特筆される遺跡を選択して発掘できる体制ができている。今のところ、外的環境は整ってきているように思われる。

目を向けたいのは学問的視点である。新たな事実の発見は学問実践の真髄であり、翻って歴史を学ぶ意味を問うとき、歴史を現在そして未来を生きる糧とすることに異論はない。歴史の正しい判断は、今や文献史料の吟味だけではなく考古学の客観性に依存しており、文献史料の存在しない時代は考古学的資料の解釈が頼りである。考古学による新事実の追加は、歴史に新たな頁を加える原動力になっている。各時代毎にみられる論考は、それぞれに学問的な歴史的価値が深まる程、現代と乖離している状況も見られる。学問の深まりは良しとして、今に繋がる思考を論考に加える発想があっても良いのではないか。新事実を今に役立てるため過去を紐解く論者が、現在に向けて少しでも付言する、或いはこのことを意識する、このような思いで退職後いくつかの論考を書き綴ってきたのである。

鈴木公雄の『考古学入門』の第五章に「考古学と現代社会」があり（鈴木一九八八）、「一　考古学と民族問題」「二　開発と考古学」に項目が分かれている。後者には、考古学的資料がどのように役立つか、の問いがある。学問的論考の現代的付言が、鈴木の項目に含むものであれば幸いである。そのことが、過去の「モノ」や「ものごと」を身近に感じてもらうのに役立つと考えるからである。以上の過程で、今人類が抱えている問題、それに考古学（歴史）が、どう役立つか等の方策を思案するようになった。

現在日本の憂いている問題は、貧困・気候変動に伴う自然災害・デジタル化による生活様式の変革等と多岐に亘るが、長い過去からの問題であり解決できないでいるのが戦争である。日本は今戦争の渦中にないが、近隣国の侵略的挑発は現在進行中であり、考古学が歴史学を担っている以上避けて通れない課題である。戦争回避のための関わりは具体的に示すことはできないが、この分野も考古学が現代社会と無関係ではいられない点である。

例えば、『歴史と戦争』（半藤二〇一八）は近・現代の短い時代を扱っているが、考古学的には、戦争を想起する「城郭」が長い時代を通じて存在している。先の鈴木による「一　考古学と民族問題」では、戦前（太平洋戦争）の考古学的資料が日本の皇国史観に利用され、戦争によって真の歴史教育が歪められた歴史に触れている。考古学は現代日本社会の民主主義に支えられており、この意味でも考古学的資料は現代社会と根本で繋がっているし、その手綱を強める必要がある。

本書は以上の経緯より具体化したものであり、現代社会に関わる論考を日本の地域的な内容（第一章）と列島的な内容（第二章）に二分している。第一章には列島的な視点も含んでいるが、筆者が住む秋田県域に素材を求めており第二章とは別途括ってある。更に戦争や城郭等に特化した内容（第三章）を加え、三つの構成にしている。考古学的資料で得られた事実を基に、現代社会と連関していくための試みである。以下、各節毎に現代社会との関連を垣間見る。

第一章の第一節では、現在認められる懸魚の起源を問い変遷を明らかにした。第二節では、秋田県曹洞宗寺院の現代における竜の在り方を様々な資料に見出し、古代竜からの変遷にも触れている。第三節では、現在使用されている由利の地名が、古代には由利と由理があり、由利が古代から現代に繋がることを明らかにした。第四節は、古代律令政府の征夷による横手盆地への進出を述べた。そこでは、発掘調査の一部の成果から現代の道路や畦畔に基づく条里制を復元し、また現地名から官道・城郭・郡衙域を推定したもので、第二・三章にも踏み込んだ内容になっている。

第二章の第一節は、近世から現代に亘る×形文の諸々の意味を説いている。第二節では、近世扇子における様々な用途が現代に繋がることを確認し、その遡源を古代まで遡って論じた。第三節は、現代においても多様な場面で用いられる仮称外反顎花文が、古代の仏具等にも認められ、それが中国神仙思想の霊芝に関連する見解を示した。第四節では、長頸壺が縄文時代から現代まで用いられ、その総合的な分類を試みたものである。

第三章は第一・二章とは包括視点が異なる。戦跡（戦争遺跡）は、現在太平洋戦争に伴う資料研究が中心であるが（坂詰二〇二〇b）、本来、戦争は合戦を含む武力衝突を指すものであり時代の幅が広い（新村編二〇一八）。竹井英文は論題に「戦争・城郭研究の手引き」と謳っており（竹井二〇二一）、城郭の記録は弥生時代まで確実に遡る（井上一九七三）。

第一節では、太平洋戦争の最後の戦闘である土崎空襲を取り上げ、この戦争が現代の差し迫る脅威に対して無関係でないことを象徴する遺跡として、保存・活用すべきことを述べた。第二節では、城郭が街の中心部近くに立地している西ノ浜台地遺跡を取り上げ、同じ街に建つ顕彰碑と共に、戦争を語る文化財として教育活動に資すべき提言を行った。第三節では、直接現代と結びつける文言は用いていないが、将来に語り継ぐ世界遺産平泉文化を語ることで現代社会と結び付いているのである。

このように各論考は、現代的評価が付随する内容になっている。過去と現在を考古学的に関連付けるとき、想起されるのが坂詰秀一による「モノ」の存在概念と伝世の問題である（坂詰一九八〇）。縦軸下の古代から近代にかけて、新しくなる程埋没資料が減少し地上資料が増加する、横軸に展開する階段状の概念図がある。

この地上資料が伝世する遺跡・遺構・遺物である。これらを伝世物と仮称したい。遺物は骨董品として数多く認めることができ、遺跡や遺構も寺院や神社の建造物・古墳・城郭等の遺跡、墓標や炭窯等の遺構として今日でも実見できる。この意味では、概念図近代の上に現代を付加することができよう。

いずれにしても、発掘調査で得られる多くの考古学的資料が、現代とどのように結び付くかを語り、伝世物との比較を通じて現代的意味を思索し、将来の活用に資することが大事である。特に戦争に関しては、戒めを掻き立てる工夫を怠らないことが肝要である。以上のように、未来を志向して、旧い時代の考古学成果と現代を繋ぐ紐帯を意識して纏めたのが本書である。

参考文献

井上宗和　一九七三『ものと人間の文化史　九・城』財団法人法政大学出版局

利部　修　二〇一九『考古学研究とその多様性―東北からの視座―』雄山閣

坂詰秀一　一九八〇『図録歴史考古学の基礎知識』柏書房

坂詰秀一　二〇二〇ａ「観光考古学会の発足にあたって」『観光と考古学』創刊号　観光考古学会

坂詰秀一　二〇二〇ｂ「戦跡考古学」『新日本考古学辞典』ニューサイエンス社

新村　出編　二〇一八「戦争」『広辞苑』第七版　岩波書店

鈴木公雄　一九八八『考古学入門』東京大学出版会

竹井英文　二〇二一「戦争・城郭研究の手引き」『歴史評論』通巻八五二号　歴史科学協議会

半藤一利　二〇一八『歴史と戦争』幻冬社

［初出一覧］

第一章　地域的視座

第一節　懸魚の意味と出自に関する考察―現代から遡る―（『考古学論究』第二一号　立正大学考古学会　二〇二一年）

第二節　現代的竜の素描―『秋田県曹洞宗寺伝大要』より―（『秋田考古学』第六四・六五合併号　秋田考古学会　二〇二一年）

第三節　由理と由利の地名に関する考察（『由理柵はどこに―由理柵を探し続けて一〇年―』由理柵・駅家関連遺跡発掘調査報告書別集　由理柵・駅家研究会　二〇二一年）

第四節　由理柵と横手盆地―律令政府の進出―（『鶴舞』第一〇七号　本荘地域文化財保護協会　二〇二一年）

第二章　列島的視座

第一節　近世×形文の変容（『秋田考古学』第六二号　秋田考古学協会　二〇一八年）

第二節　近世扇子の用途と系譜―画像を基に―（芙蓉峰の考古学Ⅱ―池上悟先生古稀記念論文集―）六一書房　二〇二〇年）

第三節　唐草花文の分類と変遷（『考古学論究』第二〇号　立正大学考古学会　二〇一九年）

第四節　日本列島の細頸壺（『生産の考古学Ⅲ―酒井清治先生古稀記念―』六一書房　二〇二〇年

第三章　戦争遺跡の観点から

第一節　土崎空襲の考古学的背景―地理的環境の遠因―（『考古学論究』第二二号　立正大学考古学会　二〇二二年）

第二節　西ノ浜台地遺跡を現代に誘う―城郭の評価と活用―（『鶴舞』第一〇八号　本荘地域文化財保護協会　二〇二二年）

第三節　虚空蔵大台滝遺跡を通じて―城郭構造の視点から―（『岩手大学平泉文化研究センター年報』第一〇集　岩手大学　二〇二二年）

目次

第一章　地域的視座

第一節　懸魚の意味と出自に関する考察―現代から遡る―

一　はじめに

日本の木造建築における切妻造や入母屋造には、側面の三角形に当たる部分がありそれを切妻と言い、その壁面や破風に施した飾を妻飾と言う。明治一七年（一八八四）頃に造られた茅葺きによる旧大宮家の母屋が、秋田県秋田市雄和町にある国際バラ園の駐車場に隣接して移築されている。その破風頂点の妻飾相当部分に「水」の字が大きく表現されていたのである（写真1）。燃え易い茅葺き屋根の棟端に、母屋の防火を託した装飾でもある。

母屋正面に中門と呼ぶ突出部が付き中門造りと呼称される。中門のある棟の奥から左側にも長い棟が配置された曲屋となり、白壁の上は重厚な茅葺きで覆われている。大棟には両側から二枚の薄板が棟に沿って切妻状に配置されており、千木を咬ませてある。中門正面側と奥の左右にある頂点の三角形の部分には横板を隙間なく並べ、そこに「水」の字を刻んでいる。その先端は棟木より僅かに突き出した造りである。

破風の頂点上にあるのが俗に言う鬼瓦である[1]。筆者が住む同県由利本荘市の国道七号線沿いの住宅には、漢字の「水」を陽刻した板状鬼飾が確認できる。これらを観察するうちに、気になったのが破風から下がる懸魚である。懸魚は字の如く水に関わる名称と考えられる。寺社建築でよく見かける懸魚が、妻飾相当の三角形の部分にある「水」や板状鬼飾の「水」と関連するだろうか、と思考したのが懸魚考察の発端である。

二　考察の前提

由利本荘市薬師堂の佐藤秀雄氏の敷地には、道路に面した母屋、その右に一方の切妻側が道路に面して棟が

写真１　大棟端の「水」

写真２　板状鬼飾と懸魚の「水」

垂直方向の小屋が配置される（写真2－①右）。家に向く小屋の大棟両端には、「水」を陽刻し上面に雲文を載せた板状鬼飾が配置され（写真2－②）、それと分離して両側にも雲文の装飾を添えている。氏の奥様によると、貰い火によって焼失し昭和三〇年（一九五五）頃に再建したとのことである（二〇二〇年五月七日談話）。

道路から母屋と小屋の間を過ぎて敷地内に進むと、礎石（河原石）建ちで棟が左右に伸びたもう一つの小屋が存在する（写真2－①左）。棟端には、全体が雲文で覆われた板状鬼飾、その下の破風には草書体の「水」の字を刻んだ懸魚が付設されている（写真2－③）。懸魚は桁端を隠すように、上半分が幅広でその両端が垂直になり、下半分はやや細身で左右対称の文様を象る。昭和三〇年以前に存在していた。僅かに離れた地区の小屋にも同じような懸魚が確認でき、ここでは楷書の「水」を字体の周囲を彫り込んで表現している。佐藤氏の二種類の板状鬼飾は、共にざらざらしたコンクリート製である。

この付近で、母屋二階建ての妻飾に「水」の文字をデザインした飾物を付した母屋が目に留まった。持主の渡邊タミ子氏によると、昭和三九年（一九六四）頃の建築で二階は平成元年（一九八九）頃の改築とのことである（二〇二〇年五月一五日談話）。

由利本荘市の地域に認められた漢字の「水」は、それの表現された場所によって、A類（懸魚）、B類（板状鬼飾）、C類（妻飾）に分類できる。

棟の両端で水を連想させるものに古代からの鴟尾、室町末期以降の鯱がある。[2] 鴟尾には「想像上よりなれる或る魚類の奇形」説があり、[3] 鯱は魚形を成す。棟の両端に「水」の字がなくとも水を意味する装飾の存在が想定できる。懸魚について考察するのに、基本的には鴟尾・鯱は棟正面の正面観（Ⅰ類）、板状鬼飾・懸魚は棟側面の側面観（Ⅱ類）を重視した装飾と認識しておきたい。[4] 従って、以下ではⅠ類を除外して進める。

建築学では、懸魚を破風板の拝み（頂点）に下げる拝懸魚とそれが降った桁部分に下げる降拝懸魚に分けている。更に唐破風中央に下げた唐破風懸魚を兎の毛通しと呼び、破風板に沿って横位に展開する。両側の飾を鰭、

下方の巻き込みを蕨手としている。また上方に六弁花（六葉）を付けるものもある。(6)

第1図は、前久夫による兎の毛通しを除いた拝懸魚の種類である。(7)ここには、猪目懸魚・三つ花懸魚・蕪懸魚・二重懸魚・貝頭懸魚・雁股懸魚・結綿懸魚・梅鉢懸魚・切懸魚の九種類を掲載してある。これらは、個々の懸魚の特徴から呼称したもので、現在用いられている懸魚の形状に個別の特徴を見出すならば、相当の種類になる。このうち、先の三種類は中央から下方が全体に蕪の形状を示し、二重懸魚はそれを重ねたようにも理解される。後の二種類は六角の形状を示す。残りの三種類は個別の形状による。中村昌生は懸魚《げぎょ》の項目で、鎌倉時代から見出されるとした上で異形懸魚の用語を用いている。(8)上部には単純な角張った形状として稀に三・四・五・八角が見られるが、六葉のバリエーションと考えられる。筆者は、特殊な例を除いて大きく蕪形系統と六角形系統に区分し、蕪形系懸魚、六角形懸魚と仮称しておきたい。本論では蕪形系懸魚を中心に進める。

三　蕪形系懸魚の特徴

懸魚の由来についての記述は見られず、懸魚自体の論考も少ない。前久夫が述べた猪目懸魚の図は、中村昌生が前掲解説に取り上げている第2図と同じと思われる。以下に中村の図を参考にして解説する。

破風の下にある懸魚は、左右は鰭と呼称され、中央部を含んで三つに分割されている。中央部を身部と表現していくが、鰭は多くの類例から雲文と理解される。身部は大きく上部・中部・下部に分けられ、あたかも横から見た魚の頭を上部、左右に開く尾鰭を下部に見立て左右対称形に作り、それを吊り下げたようにも見える。懸魚上部は、棟木の端を直接隠す部分であり、中部と下部は正面斜め下からその視角を遮蔽する。全体に中部が上部と下部を繋ぐ部分で狭く、上部と下部は幅広く作られている。

上部は中央に六葉が設置され、その中心部は棟端に直接挿入されている。六つの弁は扁平な擬宝珠状に象ら

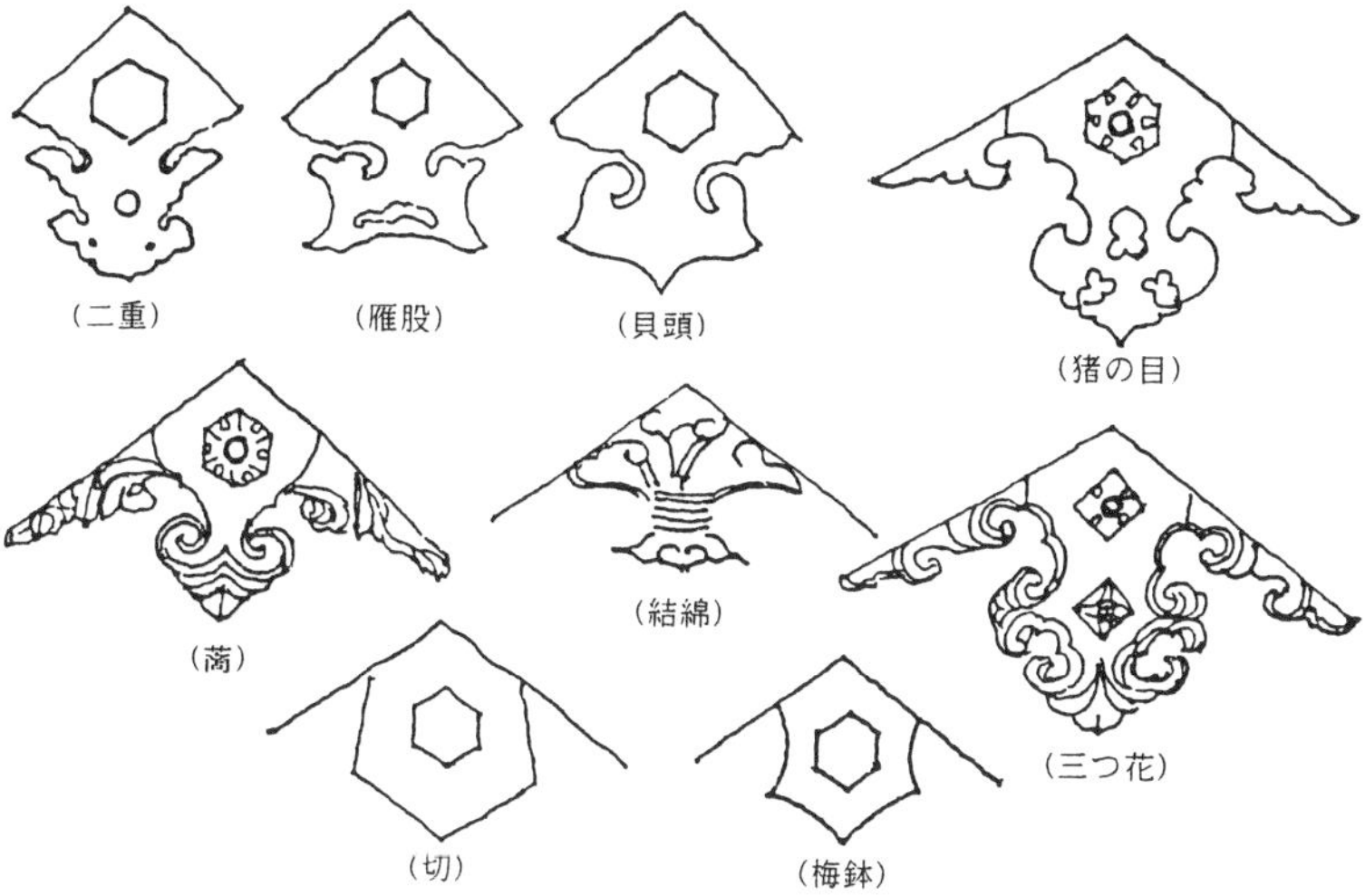

第１図　様々な懸魚（前 2002 より）

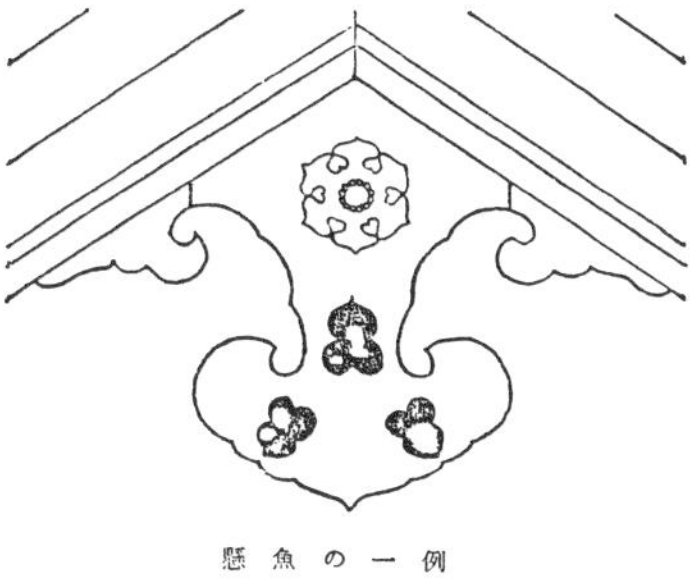

第２図　中村氏による懸魚
（中村 1979 より）

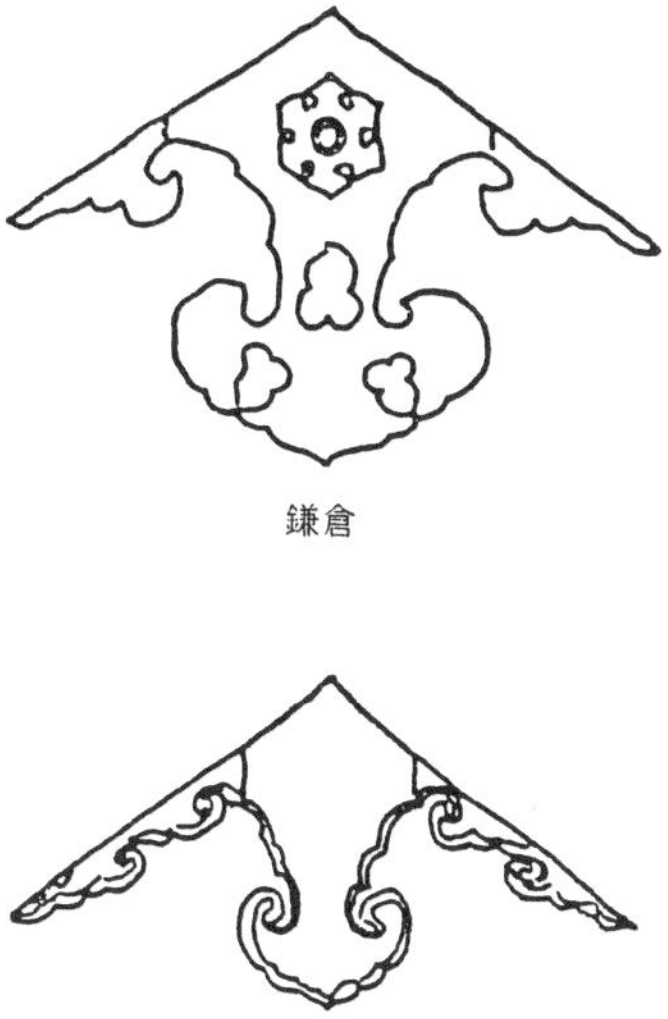

第３図　懸魚の変遷（前 2002 より）

れるが、その形状は各弁の境に猪目を配置することで生み出される。下部は左右の両端上位が内に巻くような形状で、中央先端は葉先のように突出する。全体としては扁平な宝珠状を呈している。左右には猪目を配すが、ハート形の本来の形状ではない。左右下方にある二つの猪目より、下部全体が三つに区分されていることが理解できる。中部は縦がやや面長で、左右の中央に頂部がある。他の類では、上部と下部を短く繋いだり括れによって表現している。中央下方に猪目があり下部の猪目と三竦みの文様を表現している。

一方、この図をトレースしたと思われるのが第3図上の懸魚で、前久夫は鎌倉時代と室町時代の蕪形系懸魚を示した。(9) 大きな特徴として、身部や鰭の配置や形状は概ね類似するものの、室町期では鎌倉期の六葉や猪目が省略されている。先の明治以降、庶民の小屋（物置）に認められた身部にも六葉や猪目の見られない省略タイプが目に付く。このことから、蕪形系懸魚と六葉や猪目の組み合わせが古い形式と認められる。しかし、現代の格式の高い寺社建築等には、その形式が採用される場合があり注意が必要である。

四　如意と柄香炉の装飾

前節では古い懸魚の形態として蕪形系懸魚を取り上げ、中央下端が尖る区画、この左右で渦を作る側（側縁の刻みが一つとは限らない）の二つの区画と、下部全体が三つの区画で構成される特徴を見出した。この形態を具備するものに、如意と柄香炉の装飾がある。鎌倉時代を含んでそれ以前の様相がどうであるのか、以下で二つの器種の装飾について検討する。

仏教の僧具の一つに如意がある。第4図-1は『仏教法具図鑑』に掲載されている如意で、(10) 今日一般的に用いる形態である。宋代の『釈氏要覧』（一〇一九）に「梵（インド）に阿那律と云い、秦に如意と云う。指帰に云わく、古えの爪杖なり。或は骨、角、竹、木を刻して人の手指爪を作る。柄は長さ三尺許なるべし。或いは脊に痒あり、手到らざる所は用いて以て掻抓し、人の意の如くなるが故に如意と曰う。……」とあり、僧侶の威儀具とされている。法隆寺献納宝物の天暦一一年（九五七）の金銅宝相華文如意も知られる。[11]

本来の如意頭部は、今日認識されている形態とは異なっていたのである。正倉院には斑犀如意が九本あり、その形や装飾は様々で先端が掌状のものもある。[12]更に法隆寺献納宝物の中には、頭部が破損しているものの短く屈曲するだけの八世紀の資料もあり、「奈良時代の如意は概して爪頭と呼ぶ頭部が小さく、時代が下ると大きな雲形へと変化してゆく。」とされる。[13]

第4図－1の如意頭部にある形状は、東大寺金堂鎮檀具の一〇世紀五獅子如意・玳瑁如意にも見出すことができる。梶谷亮治は五獅子如意を霊芝雲形、玳瑁如意を花先形と表記している。[14]玳瑁如意も手の込んだ雲形と見做され、一〇世紀頃には、本来掌形の如意頭部が中央の尖った部分と左右対称の弧状の渦文で構成する形態に固定化されてくる。その形状は、柄の先に載せた雲形を手前に折り曲げた形状と理解する。この形状を逆雲形と呼称することにしたい。

次も僧具としての柄香炉を検討する。柄香炉は香炉に柄が付いたものである。日本における柄香炉は、法隆寺玉虫厨子須弥壇に柄香炉を持つ僧が描かれており七世紀には存在する。また装飾等から、鵲尾形柄香炉・獅子鎮柄香炉・瓶鎮柄香炉・蓮花形柄香炉の種類がある。[15]第4図－2は法隆寺宝物館所蔵の七世紀鵲尾形柄香炉、第4図－3も同八世紀獅子鎮柄香炉の模式図である。[16]ここでは、柄の先端にある装飾に注目したい。二つの所蔵品のうち、2は七世紀で左右に半球状の丸い膨らみを持ち、3は香炉側から見て宝珠形の形状で下の左右に半球状の膨らみを持つ。[17]

宝珠形の輪郭を描いたものに、園城寺所蔵の紙本墨画の五部心観がある（第5図）。五部心観は、金剛界諸尊の図像を白描で表現しており、同寺開祖の天台僧円珍が唐からもたらした。[18]円珍は入唐して天安二年（八五八）に帰朝しており、それ以前の唐代の資料である。それには、密教僧善無畏が柄香炉を持つ姿を描いてある。柄の

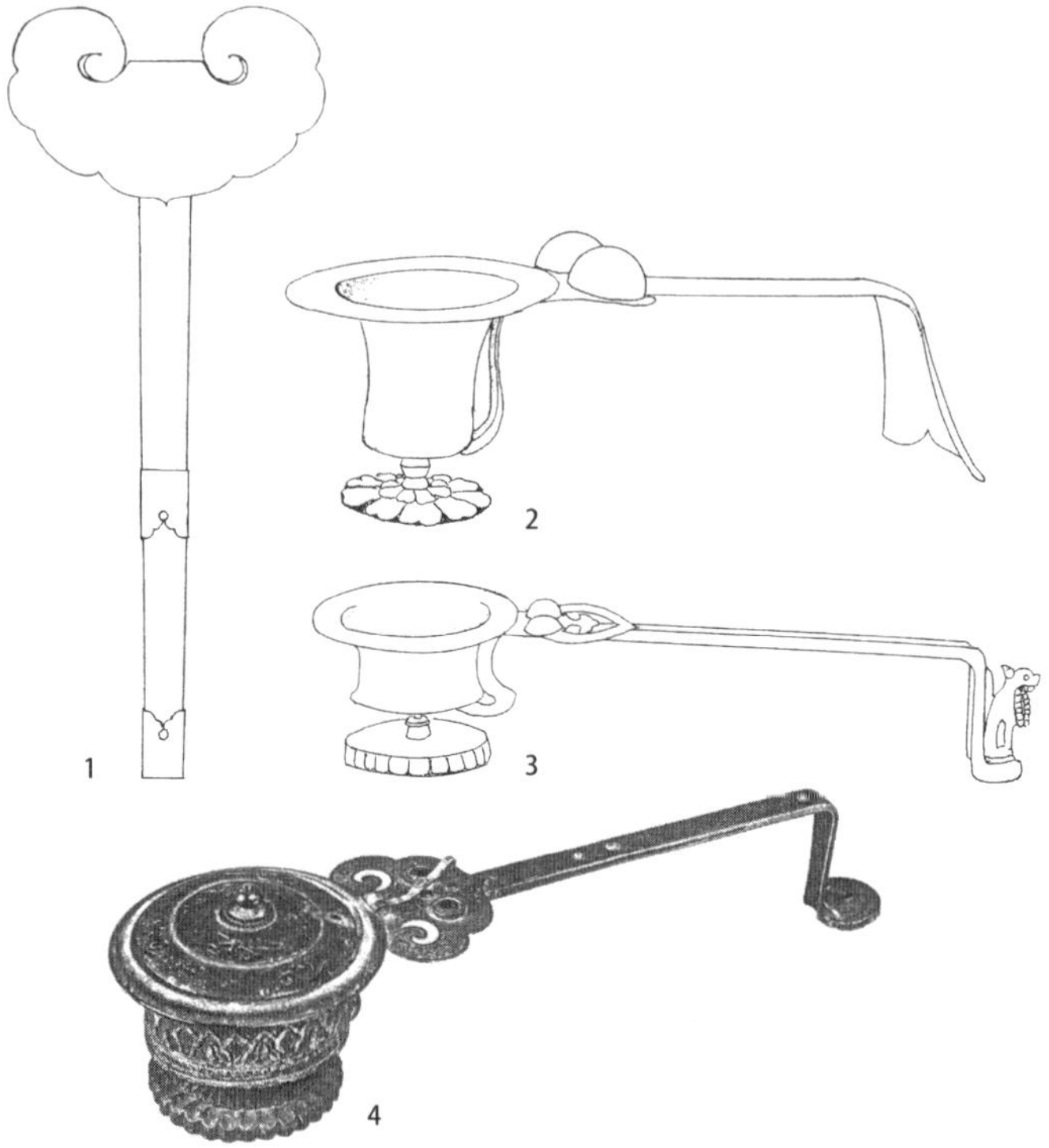

第４図　如意と柄香炉（1～3：註 10 より）（4：註 19 より）

第５図　五部心観（註 18 より）

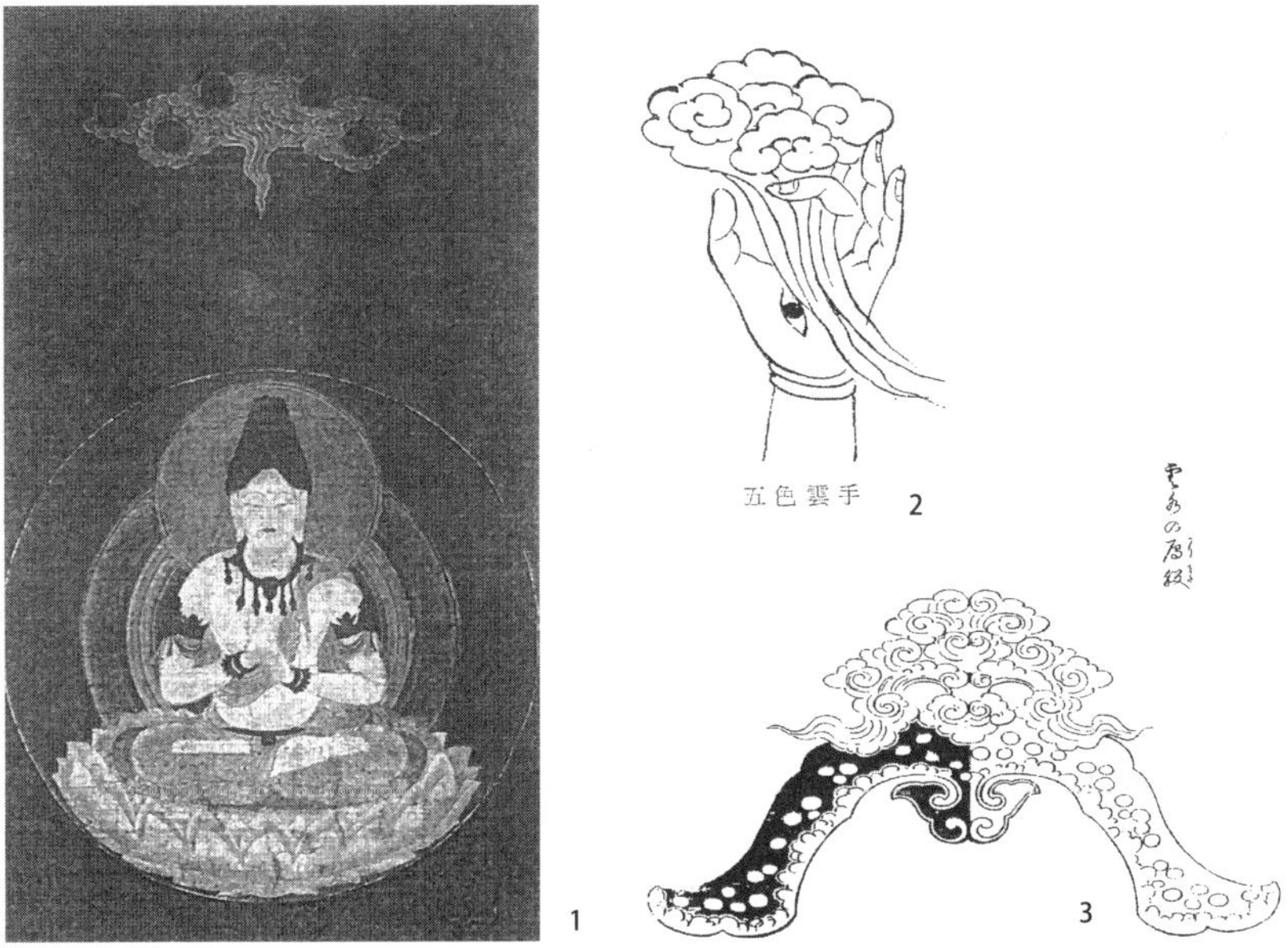

第６図　雲形（1：註 21 より）（2：註 22 より）（3：註 23 より）

先端にある装飾は、善無畏から見て尖った宝珠形が逆さに配置されている。宝珠形は、柄香炉の装飾として密教僧が採用した装飾ではないだろうか。更に、真言宗の総本山東寺には、鎌倉時代一三世紀の柄香炉がある。第4図－4は金銅柄香炉で、「火炉の基台が菊座で、身の側面には連珠文打ち出しと蓮弁透かしを施した金具を貼り付けている。」優品である。[19]この柄香炉の場合、香炉側から見て、両端が内側へ渦を巻き先端が尖った扁平な宝珠形を載せたような形状を示す。本来は、雲形に載る宝珠を一帯で表現したものかもしれない。これらを、反対の把手側から見ると、前述した如意頭の逆雲形と類似する。因みに現代の真言密教における柄香炉の装飾には、香炉に接する側を香炉の弧線に沿わせ、香炉側から見て全体が先の尖る宝珠形を成し、下方の両側は内に巻くような透しを入れる例がある。[20]この類例は、東寺金銅柄香炉の系譜上にあると考えられる。

　このように如意頭や香炉と接する柄香炉の装飾は、両端に大きな渦を持つ左右対称の雲形を表現した装飾と見做され、柄香炉のそれは如意に香炉を装着した如くである。これらの装飾は手前中央の尖った区画、両端の内側に渦を巻く区画の、三区画で構成されている。

参考に左右対称の雲形を提示する。第6図－1は、善集院の八宗論大日如来像である。[21] ほぼ正円の枠内に大日如来が座し、天上の雲形の中に七つの円形火焔宝珠を中央と左右均等に配置した茸雲である。笠部は渦で充填され、中央の柄に相当する部分は気流を表現している。第6図－2は千手観音菩薩の持物の一つ、五色雲手である。[22] 気流から立ち込める雲形を表現し、左手親指と中指で気流を束ねる。第6図－3は雁股上に雲形を表現した近世彫物の原図である。[23] 雁股の上の左右端に気流がたなびく。これらは、左右対称形を意識した表現となっており、その形状は大きく上位の区画、その下の左右の区画と、三つの主要部分で構成される。三区画で表現することで、シンプルで象徴的な図像が表現できる。先の如意や柄香炉の装飾も、この効果を念頭に入れた表現であろう。

五　おわりに

前項では、如意頭と柄香炉の香炉に接する文様の形状を雲形として把握してきた。その過程で如意頭を逆雲形と呼称し、東大寺の資料から一〇世紀頃には定形化してきたことを指摘した。一三世紀の東寺柄香炉にも逆雲形が見事に採用されている。平安時代は密教が、仏教界で大きな比重を占めており、東寺の逆雲形も密教の影響下にあったと考えられる。密教の柄香炉への影響は、善無畏の持つ柄香炉までは遡ると考えられる。

さて懸魚との関わりはどうであろうか。逆雲形を表現した仏具に禅宗の雲板がある[24]（第7図）。古くは文治三年（一一八七）太宰府天満宮の資料がある。[25] 図の雲板は輪郭が円形状で、中央上位に細長い吊手があり、その両側に渦、中央下端が尖る膨らみを持つ。吊手以外は、中央下側、渦状の両側と基本的に三区画を

第7図　雲板（註24より）

成す。吊手を上に伸ばし幅広に作ると、懸魚の形状に近づく。三区画の形状は逆雲形の形状でもある。鎌倉時代に開花する禅宗では、修行僧を雲水と表現する。[26] 雲や水のように、絶えず動き修行に勤しむ、を意味すると考える。第6図－3の近世画像には、「雲水の雁股」と添えてある。雁股上部には上部の雲形の文様があり、その中央下に垂下した逆雲形の水の文様を当てている。雲と水は一帯のものであった。[27]

柄香炉の香炉に添えた装飾は、仏から見ると雲形、僧侶側からは逆雲形である。この密教系のモチーフを、鎌倉時代の建築様式に取り入れたのが懸魚の形状と考えられる。破風の上にある板状鬼飾の雲形、これに対して破風下に逆雲形として懸魚が位置することになった。

禅宗の曹洞宗開祖の道元は、若い頃に天台座主公円の元で受戒し、天台・真言宗の仏道修行に疑問を呈し、独自の境地に至ったとされる。[29] このような密教の影響を受けた禅僧により、鎌倉時代禅宗建築の中に、密教の系譜にある逆雲形が水を意味する懸魚として採用されたものと考えられる。平安時代に柄香炉の香炉に逆雲形を添えているのは、香の放つ煙（雲形）即ち雲に対して逆雲形即ち水を意味する雲水一帯の思考が、鎌倉以前既に醸成されていたことを意味するものであろう。

冒頭の棟端部に突き出して「水」の漢字を表現した旧大宮家の母屋は、厳密に言うと板状鬼飾と妻飾を兼用したような在り方である。この明治期の類例を除くと、漢字「水」を介した板状鬼飾と懸魚の関係は、次のように変遷する。天にある板状鬼飾と地を覆う水を意味する懸魚↓板状鬼飾と「水」を付した懸魚↓「水」を付した板状鬼飾と懸魚・懸魚のない状態で切妻に直接「水」の飾物を付す。以上、漢字「水」の付した場所に注目すると、A類↓B類↓C類の変化を辿り、C段階で板状鬼飾や懸魚が意識されない新たな段階に達している。概ね昭和期から今日の令和期にかけての全国的な推移と見做されよう。

以上は、現代の由利本荘市域の懸魚に焦点を当てて、平安時代まで遡及した考古学上の試みである。

五　おわりに

註

（1）この資料は小砂利を含むコンクリート製で、瓦の原料である粘土とは異なる。現代建築には、セラミック製品やトタンで象った類例も存在するため、現代も対象とする場合は、鬼板の名称が適切である。しかし、時代と共に棟端部の鬼板に附属する左右の装飾が重んじられてくることから、鬼瓦・鬼板も含んで「板状鬼飾」の名称を用いることにしたい。

（2）石田茂作　一九七九「鴟尾」『日本歴史大辞典』第五巻　河出書房新社

（3）佐々木恒清　一九〇五「鴟尾に就て」『考古界』第四篇第八集　考古学会　四頁

（4）筆者はかつて、鴟尾について論じた折、正面観と側面観を意識したことがあり、(5) 建築の装飾を論じる際にこの分類を前提にする必要がある。

（5）利部　修　二〇一六「鴟尾の変遷と発生に関する問題」『考古学の諸相Ⅳ―坂詰秀一先生傘寿記念論文集―』　坂詰秀一先生傘寿記念会

（6）前　久夫　二〇〇二『寺社建築の歴史図典』　東京美術

（7）前掲（6）に同じ。三六七頁。

（8）中村昌生　一九七九「懸魚」『日本歴史大辞典』第四巻　河出書房新社　二一八頁

（9）前掲（6）に同じ。

（10）有賀要延　一九九三『平成新編　仏教法具図鑑』　国書刊行会　一九六頁

（11）岡本桂典　二〇〇三「如意」『仏教考古学事典』　雄山閣

（12）杉本一樹　二〇〇九「斑犀如意」『正倉院美術館』　講談社

（13）金子啓明他　一九九九「第四室　木・漆工」『法隆寺宝物館』　東京国立博物館　一〇二頁

（14）梶谷亮治　二〇一三「第四章　平安・鎌倉時代の工芸」『国宝・東大寺金堂鎮壇具のすべて』　東大寺

（15）岡本桂典　二〇〇三「柄香炉」『仏教考古学事典』　雄山閣

（16）前掲（10）に同じ。一一五・一一六頁。

（17）金子啓明他　一九九九「第五室　金工」『法隆寺宝物館』　東京国立博物館

（18）佐々木剛三　一九八〇「平安時代の請来美術」『密教の美術』日本美術全集第六巻　学習研究社　一三七頁

（19）伊藤信二　二〇一九「六六　金銅柄香炉」『国宝東寺―空海と仏像曼荼羅』　東京国立博物館　二四四頁

（20）成田美友・渡邉昌美編『高野山インサイトガイド』　講談社

(21) 泉　武夫　二〇〇三「四一重文　八宗論大日如来像」『空海と高野山』　NHK大阪放送局　九二頁
(22) 佐和隆研　一九六二『仏像図典』　吉川弘文館　二七五頁
(23) 麓　和善　一九九一『日本建築古典叢書』第九巻　大龍堂書店　七四三頁
(24) 石田茂作　一九七七『仏教考古学論攷』五　思文閣　三〇一頁
(25) 上野恵司　二〇〇三「雲版」『仏教考古学事典』　雄山閣
(26) 新村　出編　二〇一八「雲水」『広辞苑』第七版　岩波書店
(27) 雲水を表記した他の例に、出雲大社の「杵築大社只今御座候仮殿造　御宮立間尺覚」（千家家蔵）がある。その中に、「一、切妻破風板大金物掘物〈龍二疋つれ、雲水彩色〉」の記述が見られる。(28)
(28) 藤澤　彰　一九九八「出雲大社の宝治・慶長・寛文度造営頃の境内建築の復元について」『古代文化研究』第六号　島根県古代文化センター　一一頁
(29) 大野達之助　一九六六『日本の仏教』　至文堂

第二節　現代的竜の素描―『秋田県曹洞宗寺伝大要』より―

一　はじめに

竜は龍とも書くが、龍は常用漢字に含まれない旧字体である。竜を『広辞苑』で引くと、竜を頭に置いた語彙は八一例に及び、人名・地名・寺院名・植物名・窯名・花名・星座等や強者・天子の乗物を指す等多岐に亘っている。本文に関連する竜王は、「竜族の王。仏法を守護するものとされる。密教で雨を祈る本尊とする。」としている。竜神は守護神としての竜である（新村編二〇一八）。竜がいかに日本語、即ち日本文化に溶け込んでいるかが理解できる。しかし、日常生活の中で竜を意識することは少ない。

筆者は二〇一九年一二月、秋田城跡ボランティアガイドの会主催の講演で「秋田城跡の画像塼と竜」と題して発表する機会に恵まれた（利部二〇一九）。秋田県埋蔵文化財センター在職当時に執筆した「秋田城跡出土の龍絵塼と人物絵塼の評価」が切っ掛けである（利部二〇一四）。そこでは、奈良時代前半の大きな井戸底に敷かれた両塼を、竜が昇天して（龍絵塼、第6図）弓矢で射貫かれた悪霊（人物絵塼）から守護するように天帝に働きかけた道教的信仰に基づく内容と理解した。日本では弥生時代から確認できる竜に加え、近現代の在り方にも言及した。そのため県内の資料を瞥見し現状の感触を得たことが、本論作成の抑もの契機である。

日常生活で遭遇する竜には、中華店の幟や拉麺鉢の器に描いた竜、葬儀や仏壇に関連した金銅色の竜、寺社参詣の折に気に留める彫刻された竜等がある。竜を目当てにした近隣の寺社見学と共に、手始めに紐解いたのが『心のふる里「秋田のお寺」』である（秋田魁出版部編一九九七）。平易な内容であるが、市町村別に宗教法人登録の寺院について記してある。六八七箇所の寺院名と各宗派を眺めて気付いたのは、名前に龍の字を付した寺院が三三箇寺あり、そのうちの二八が曹洞宗による点である。曹洞宗寺院と竜の特別な関係が想定でき、この視点から寺社を大系的に扱った書籍を探索し、辿り着いたのが『秋田県曹洞宗寺伝大要』（以下は『寺伝大要』と表記）である（大坂一九九六）。

Ｂ５判八一二頁に及ぶ大部の著書は、著者の大坂高昭氏が一人歳月を重ね完成に至ったものである。本書は秋田県に限定した内容であるが、曹洞宗と竜との関連性は全国に敷衍する意義を有していると考えている。詳細な記録を綴るには、地域を限定して訪ね歩く頻度を重ねことが肝要であり、対象を秋田県域まで広げることは、日本列島を貫く視点が開けてくる。筆者は古代から現代まで繋がる竜の実態に関心を寄せているが、本書を通じて、日本における今日の竜の在り方を展望してみたい。

二　著書の構成と分析視点

『寺伝大要』では、短文を添え山号・寺院名を冒頭に据えて（住所・住職名あり）、開創・開山・開基・諸堂・本尊の順で寺院の内容を紹介し、〔風致〕・〔伽藍〕・〔寺伝〕を基本に、〔行事〕・〔寺宝・文化財〕・〔伝承〕等の項目を随時立て、最後に該当しない寺院を除く〔教化事業〕の項目で閉じる。随時の項目には、〔大日堂の霊威〕等独自の寺に纏わる話、〔著名人〕では地域の有名人を語り地域との連帯性を考慮に入れている。以上の項目で寺院毎に論じており、秋田県の行政区域を基に秋田市・河辺郡、本荘市・由利郡、男鹿市・南秋田郡、能代市・山本郡、鹿角市・鹿角郡、大曲市・仙北郡、横手市・平鹿郡、湯沢市・雄勝郡の順に配置している。曹洞宗寺院の具体的な記述は、秋田県を代表する天徳寺と補陀寺を冒頭と次席に置き四頁、他は二頁の紙幅で統一している。そのため、筆者が分析を目指している竜の記録が欠落していることが予想されるが、それを差し引いても、本文の目的は達成されると考えている。

本論では現代的竜を、現代を遡る資料であっても現在的価値を有して存在する考古学的資料（考古資料）として把握する。また建物に付随する彫刻や絵画、竜が刺繍された着物等が現代に生み出されたものであっても「考古学は過去人類の物質的遺物（に拠り人類の過去）を研究するの学なり」（濱田一九二二）の定義からすると、考古資料の対象である。現代に存在する寺院は、考古資料を埋没資料と伝世資料と区分したうちの後者に該当し（坂詰一九八〇）、考古学的には細分した遺構と遺物を纏めた遺跡に対応する。現代の考古学は、旧石器時代から始まる時代区分の歴史時代おいて（坂詰二〇二〇）、最も新しい時期と把握できる。歴史時代の研究を切り開いた到達点として、後藤守一の『日本歴史考古学』（本文七一三頁）がある。そこでは近世までが考古資料の対象であったが（後藤一九三七）、本論はそれ以降、現在直前までの資料を含んでいる。

濱田が用いた物質的遺物は、今日では資料の名称に置き換わり遺構と遺物に分離してきた。遺跡としての寺院は「人間集団の生活の痕跡」であり、正門や塀・本堂等の「不動性をもつ」遺構と工芸品や絵画等の「可動性に富む」遺物で構成される（坂詰二〇二〇）。それでは、現代寺院における寺院名・山号・伝承はどうであろうか。寺院名・山号・伝承等は、一見、遺跡・遺構・遺物とは無関係の語彙であり、一般的には考古資料として扱わない。本論では現代寺院が対象であるが、寺院名や山号は、門柱に刻んだり扁額に記載されており、それらは遺構であり遺物である。

伝承等は、口伝があったにしても記録文として記載されている場合がある。寺院名・山号名を含んで、伝承等が『寺伝大要』に収められた文章であること、即ち文字資料（書籍）自体が考古資料であり、その内容の寺院名・山号・伝承等は考古学研究の対象として俎上する。文字・語彙・文章が記載された代表的な考古資料として漆紙文書がある。それらが土器や木製品等、他の物質に記載される場合もある。材質を問わず、物に記した人為的行為の産物であれば考古資料となし得る。紙は人工遺物であり、自然遺物としては存在しない（金子二〇二〇）。その意味では、本書の竜を含む歴代住職名も表に取り込むべきであるが、本論においては余りにも紙幅が嵩むため割愛している。

三　『秋田県曹洞宗寺伝大要』の竜

『寺伝大要』の竜に纏わる表記を網羅するため、寺院名、山号名、堂仏名・彫刻・絵画等、行事・伝承の項目を作成し、一覧表に纏めた（表1〜4）。但し寺院名は、竜が関係する遺構・遺物・伝承記事には必ず表記している。また寺院名と山号名には、竜〔龍・瀧（リュウと読ませている）〕の字を含んだ名称を記した。結果、竜の関連する表記は一一七箇寺に及んでいるが、以下に項目毎の簡単な解説を加える。

寺院名は、総て三文字表記で龍・瀧を含んだ表記は二八箇所に及び、龍門寺は二箇所、龍泉寺は七箇所、龍江寺は二箇所で同名を用いている。山号は正應寺（六）の正亀龍淵山を除き三文字表記で、龍・瀧を含んだ表記は三六箇所に及ぶ。このうち龍澤山は五箇所、瀧澤山は五箇所、龍洞山は三箇所、龍江山は二箇所、天龍山は二箇所、龍雲山は二箇所、青龍山は二箇所で同名を用いる。寺院名共に含む例に、新瀧山龍江寺（六四）と瀧澤山龍泉寺（一一〇）がある。

堂仏名の類には大泉寺（二六）の竜神堂、林澤寺（四一）の龍神堂、大龍寺（四八）の龍王殿、善光寺（六一）の竜神堂、福寿院（六九）の飛竜閣、寶勝寺（七四）の八大龍王堂があり、仏の類には大泉寺（二六）の善達大竜王、林澤寺（四一）の八大龍王、雲昌寺（四五）の龍道大龍王・戒道大龍女、大龍寺（四八）の解脱飛龍大龍王、珠厳院（五七）の大龍観世音、安養寺（六七）の龍上観音、霊仙寺（一〇一）の竜乗観世音菩薩像がある。

竜の彫刻は少なくとも二一箇所あり、常在寺（一一二）には一字龍の彫刻がある。絵画には、曹洞宗を代表するような竜の天井絵が二五箇所に認められる。珠厳院（五七）・天昌寺（五九）の掛軸、松雲寺（一〇七）の襖絵、龍泉寺（一一〇）の屏風絵、雲岩寺（一一一）・向野寺（一一六）の板絵等がある。また工芸品では、千手院（一六）の注ぎ口の竜頭、善光寺（六一）の久我竜胆刺繍袈裟、倫勝寺（六三）の在天文龍大和尚位牌等もある。

行事には、湊安東氏の菩提寺湊福寺を継承した蒼龍寺（一〇）の龍神例祭がある。鎮守・水戸竜神の例祭で

表1　曹洞宗寺院（1）

番号	寺院名	山号名	堂・仏名、彫刻、絵画等	行事、伝承
1	補陀寺	―	九頭竜の天井絵	―
2	玄心寺	―	竜の板絵	―
3	光明寺	―	竜の彫刻	―
4	珠林寺	―	竜の天井絵	―
5	鶖林寺	―	―	竜天善神と他神の合殿
6	正應寺	正亀龍淵山	―	太平川淵の龍
7	正傳院	玉龍山	―	―
8	勝平寺	石龍山	―	―
9	常福寺	―	竜の彫刻	―
10	蒼（龍）寺	―	―	龍神例祭
11	天（龍）寺	―	―	寺号の前身は龍光寺
12	東泉寺	龍護山	―	山号の前身は龍冨山
13	梅林寺	龍峰山	竜の天井絵	前身は龍梅庵
14	萬雄寺	―	九頭竜の天井絵	―
15	妙覚寺	―	竜神の絵	―
16	千手院	―	竜の天井絵、注ぎ口の竜頭	―
17	満蔵寺	龍澤山	―	―
18	玉（龍）寺	―	―	寺号の前身は國龍寺
19	潜（龍）寺	―	竜の彫刻	―
20	相川寺	瀧澤山	竜の彫刻	―
21	長泉寺	―	―	竜が出現し消えた夢
22	香泉寺	龍澤山	竜の天井絵	―
23	正乗寺	―	竜の天井絵	―
24	石（龍）寺	―	竜の彫刻	寺号の前身は石龍庵
25	泉流寺	―	竜の天井絵	―
26	大泉寺	―	竜神堂（善達大竜王）	―
27	長谷寺	―	竜の天井絵	―
28	寶圓寺	―	竜の天井絵	―
29	萬福寺	―	竜の天井絵	―
30	永泉寺	龍洞山	―	―
31	正眼寺	―	竜の天井絵	―
32	（龍）安寺	―	―	―
33	（龍）王寺	―	―	―
34	（龍）門寺	―	―	―
35	永泉寺	―	竜の天井絵	―
36	圓通寺	―	竜の天井絵	―
37	宗老寺	龍洞山	―	―

表２　曹洞宗寺院（2）

番号	寺院名	山号名	堂・仏名、彫刻、絵画等	行事、伝承
38	高建寺	—	竜の天井絵・伏竜の松	—
39	（龍）源寺	—	—	—
40	慈音寺	龍洞山	竜の爪	—
41	林澤寺	—	龍神堂・八大龍王	—
42	禅林寺	—	竜の天井絵	—
43	（龍）雲寺	—	—	寺号の前身は龍泉庵
44	（龍）泉寺	—	—	—
45	雲昌寺	—	龍道大龍王・戒道大龍女を祀る、巨石、上り龍・下り龍の絵	龍王祈願
46	祥雲寺	—	竜の彫刻	—
47	清松寺	—	七匹竜の刺繍七条衣	—
48	大（龍）寺	—	龍王殿とその解脱飛龍大龍王、竜髪の払子	龍王祭、竜髪の払子が龍王殿の守本尊とする
49	洞昌寺	—	—	七代洞海本牛大和尚の時、棺中より竜雲
50	萬境寺	龍隠山	—	檜山安東愛季の「龍隠院殿萬郷生鉄大居士」からの山号
51	（瀧）川寺	—	—	—
52	（龍）門寺	—	竜神、竜の彫刻	—
53	自性院	龍巌山	竜の双幅	—
54	東傳寺	—	竜の天井絵	—
55	清源寺	—	竜の彫刻	—
56	廣徳寺	—	竜の透し彫り	—
57	珠厳院	大龍山	大龍観世音、竜の彫刻、竜の掛軸	—
58	待月院	—	竜の彫刻	—
59	天昌寺	—	竜の彫刻、竜の掛軸	—
60	永源寺	—	—	『絹篩』に献龍水の井
61	善光寺	—	竜神堂、久我竜胆刺繍袈裟	—
62	多寶院	潜龍山	竜の絵	—
63	倫勝寺	—	在天文龍大和尚位牌	—
64	（龍）江寺	新瀧山	龍江寺銘の什器	—
65	見性寺	—	見性曹龍の書名入り由緒書	—
66	弘済寺	—	竜と龍上菩薩の板絵	—
67	安養寺	—	龍上観音	—
68	鳳來院	—	竜の天井絵	—

表3　曹洞宗寺院（3）

番号	寺院名	山号名	堂・仏名、彫刻、絵画等	行事、伝承
69	福寿院	―	飛竜閣・双竜の天井絵	―
70	月宗寺	龍江山	―	―
71	長泉寺	―	竜の彫刻	―
72	松源院	瀧峰山	―	―
73	立昌寺	―	―	前身は龍寂寺
74	寶勝寺	―	八大龍王堂、竜の天井絵	―
75	（龍）泉寺	―	―	―
76	観音寺	―	竜の彫刻	―
77	福寿寺	龍澤山	―	―
78	（龍）淵寺	―	―	―
79	福厳寺	天龍山	―	―
80	吉祥院	瀧澤山	―	―
81	大圓寺	―	竜の彫刻	―
82	長福寺	―	蟠竜の天井絵	―
83	寶珠寺	龍雲山	―	―
84	（龍）江寺	―	―	―
85	鏡得寺	瀧澤山	―	―
86	泉勝寺	天龍山	―	―
87	寶泉寺	―	―	前身は龍雲寺
88	満勝寺	―	―	前身は龍岩寺
89	南翁寺	龍江山	―	―
90	常泉寺	―	竜の彫刻	―
91	雲巌寺	龍澤山	―	―
92	（龍）巌寺	―	竜の絵と袈裟	―
93	（龍）泉寺	―	―	―
94	曹溪寺	―	竜の天井絵	―
95	多寶院	―	竜の天井絵	―
96	（龍）像院	―	―	―
97	田澤寺	龍蔵山	―	―
98	東源寺	―	竜の彫刻	―
99	向川寺	龍登山	竜の彫刻	前身に龍燈山
100	南陽院	―	竜の彫刻	―
101	霊仙寺	―	竜乗観世音菩薩像	―
102	永泉寺	龍雲山	―	―
103	春光寺	蟠龍山	―	―
104	洞雲寺	―	―	竜が石化した雨玉石
105	（龍）昌院	―	竜の天井絵	―

表４　曹洞宗寺院（4）

番号	寺院名	山号名	堂・仏名、彫刻、絵画等	行事、伝承
106	大慈寺	龍淵山	―	―
107	松雲寺	―	竜の襖絵	―
108	瑞雲寺	龍澤山	―	―
109	蔵傳寺	―	―	八世和尚が竜を司る
110	東泉寺	青龍山	―	―
111	黄（龍）寺	―	―	―
112	（龍）泉寺	―	―	―
113	香川寺	青龍山	青龍山の扁額	―
114	最禅寺	―	旧参道巨石の竜門	―
115	慈眼寺	―	竜の彫刻	―
116	清凉寺	―	―	十一世に竜髭の払子が唐の金山寺より送付
117	長谷寺	岳龍山	―	―
118	海蔵寺	―	竜の天井絵	―
119	寶泉寺	―	竜の彫刻	―
120	（龍）泉寺	瀧澤山	竜の屛風	―
121	雲岩寺	―	竜の板絵	
122	常在寺	―	一字龍の彫刻	―
123	善（龍）寺	―	―	―
124	（龍）泉寺	―	―	小白蛇・竜巻・大蛇と関わる姫の供養
125	（龍）泉寺	―	―	―
126	向野寺	―	竜の板絵	―
127	桐善寺	―	―	前身は龍音寺

五月一一日に行う（秋田市）。雲昌寺（四五）で、鎮守大龍王・大龍女に大漁祈願の大般若法要が一一月二〇日に実施される（男鹿市）。

伝承には寺院や山号に竜の付く前身記事がある。天龍寺（一一）が龍光寺、東泉寺（一二）龍護山が龍冨山、梅林寺（一三）が龍梅庵、玉龍寺（一八）が國龍寺、石龍寺（二四）が石龍庵、龍雲寺（四三）が龍泉庵、立昌寺（七三）が龍寂寺、寶泉寺（八七）が龍雲寺、満勝寺（八八）が龍岩寺、向川寺（九九）龍登山が龍燈山、桐善寺（一二七）が龍音寺である。この他の伝承には、鷲林寺（五）に竜天善神・白山権現・秋葉山権現の合殿を伝える。萬境寺（五〇）では山号龍隠山が、檜山安東愛季の「龍隠院殿萬郷生鉄大居士」によると伝える。他に数例の伝承がある。

最後に歴代住職名につて触れておく。各寺院の歴代住職名は、著書末尾に寺院毎の世代表として掲載されている。但し、不老山長寿寺・覺玄寺（山号なし）・久茂山大正院・林内山光正寺の掲載はない。住職名に竜（龍・竜）を含むのは、筆者が数えた四二七名に及びそのうち竜が二名（岩本山信正寺）、大多数が龍の字を用いる。楞厳山海蔵寺には雄龐俊英名があり、竜を意味するかも知れない。龍を入れた住職名が最も多いのは久應山自性院で、應龍實宗（一〇世）・俊海大龍（一一世）・白龍現（二〇世）・瑞應寛龍（二五世）・智祐天龍（二六世）・虎抛得龍（二七世）・智玉龍明（二八世）・霊雲俊龍（二九世）・甲雄貞龍（三〇世）がある。

四　現代的竜の広がり

現代的竜は、日常的な或いは身近に存在する竜と言い換えることができよう。現代以前の竜であっても、現代生活に同じような影響をもって存在するならば、現代的竜と見做せるだろう。『寺伝大要』における寺院の開創は殆どが現代を遡り、竜に纏わる資料の多くは現代以前の考古資料である。現代的竜には、現代及びそれ以前を含むとする認識が必要である。その姿態は、「大きな口と口髭・頭上に二本の角があり、前後に離れた自在な四肢を具え、細長くくねった全身に鱗を持つ。」とするのが一般的な理解であろう。しかし、その特徴は当初からのものではない。

はじめに竜の形態分類を行い大まかな推移を述べるが、竜の分類に当たり前肢と後肢を具えているのをI類、そうでないのをⅡ類とする。日本で祖元と考えられる竜に、弥生時代後期の中国鏡で佐賀県桜馬場遺跡等から出土した方格規矩四神鏡の図像がある（春成一九九一、第1図上）。胴部が太く四肢が地に着く表現で、前肢と後肢の間は短い。これらをＩＡ類とする。これに近い特徴を持つのに、福岡県竹原古墳の古墳時代図像資料があり

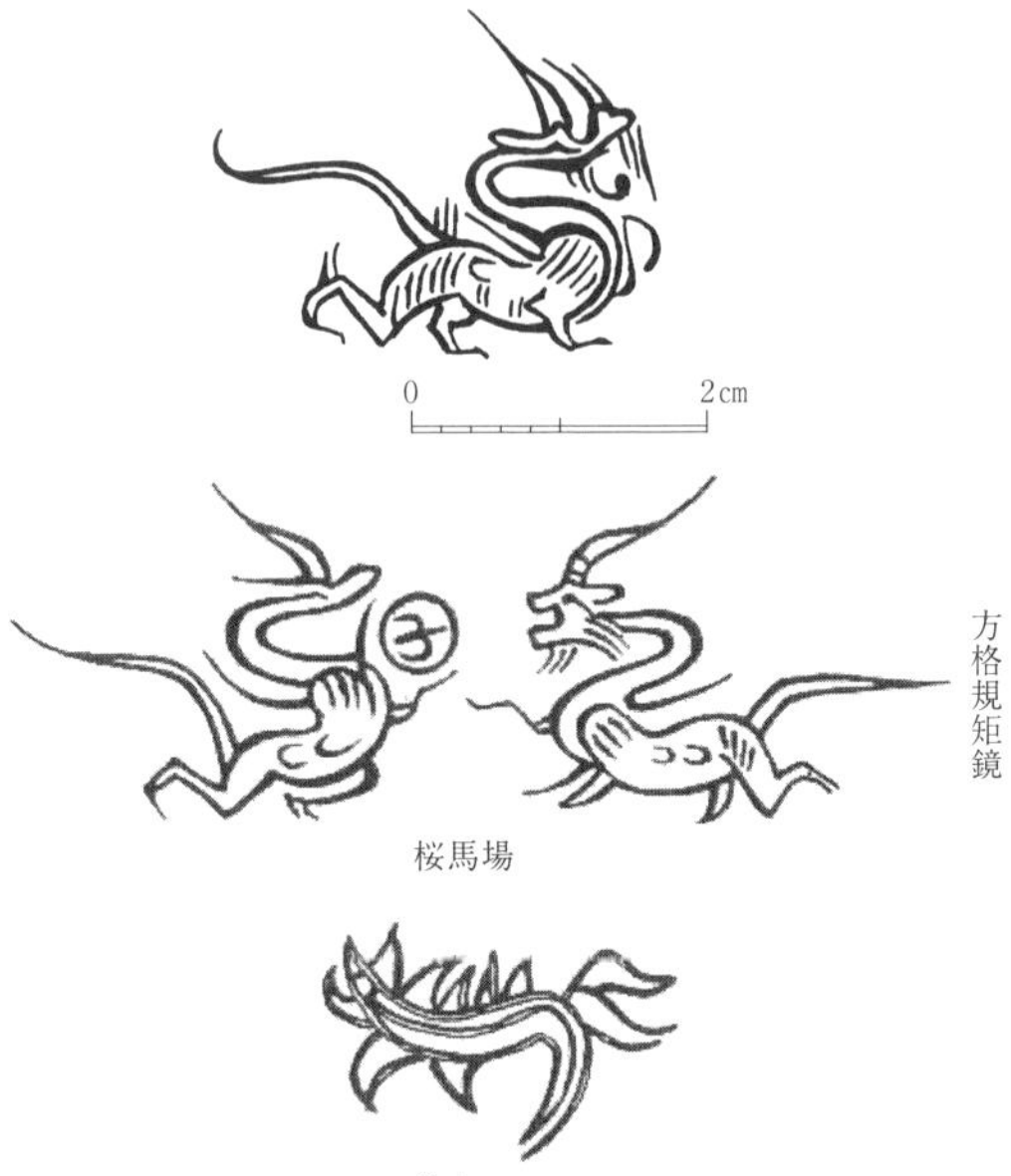

第１図　弥生時代の竜（春成1991より）

第２図　古墳時代の竜（1）（白石編1990より）

「他界観、葬送儀礼の表徴」と解釈され、竜は天馬とされる（東一九九三、第3図）。

次に注目するのが、七世紀後半から八世紀前半とされる奈良県高松塚古墳や同キトラ古墳の着色した図像である（有賀二〇〇六、第5図）。石室内の北壁に玄武・東壁に青龍・南壁に朱雀・西壁に白虎と各々に四神を彩色して配置する。青龍は、胴部が細く前肢と後肢の間が長く四肢は胴部を支え、脚は地に着く表現である。これらをＩＢ類とする。

Ｉ類の最後が、今日一般に認識されている竜である。胴部が細長く前肢と後肢の間が長いが、四肢が胴部を支えておらず自在な動きを成す。これをＩＣ類とする。加藤真二は、「龍の本格的な図像」とした上で、法隆寺

第3図　古墳時代の竜（2）（佐原 1993 より）

第4図　飛鳥時代の竜（加藤 2009 より）

第5図　白鳳時代の竜（加藤 2009 より）

第6図　奈良時代の竜（利部 2019 より）

玉虫厨子に描かれた竜（町田章の七世紀前半を降らない説一九八七、第4図）や同寺献納宝物の盤竜鏡の陽刻竜を紹介している（加藤二〇〇九）。

Ⅱ類については以下の通りである。ⅠA類の一部には脚を表す鰭状表現が認められる。この鱗状表現を伴う簡略・記号化した竜が、大阪府の池上a遺跡（第1図）や同船橋a遺跡等から出土した土器で確認できる（春成一九九二）。六世紀の綿貫観音山古墳出土の刀装具にも、簡略化した竜が認められる（白石編一九九〇、第2図）。これらをⅡA類とする。

最後に、一五世紀後半の絵巻『道成寺縁起』下巻に描かれた絵画資料を取り上げる。青年僧が、大蛇となった人妻に鐘の中で焼き殺される（小松編一九九二、第7図）。姿態は四肢を伴わない竜と見做すことができ、これをⅡB類とする。川を渡る大蛇も竜そのものである。秋田城跡出土の竜は、全体が簡略化されているが、四肢を簡略した様子がなく本類に含んでおきたい（第6図）。

以上、分類毎の出現や類例を時間軸で瞥見したが、七世紀に始まるＩＣ類が、奈良・平安時代、中・近世、近代を通じて現代に息づいているのである。特に中世以降、庶民生活に広がり大衆化していくと考えられる（宮本一九八一）。

それでは、殆どがＩＣ類と見做せる現代的竜の日本列島における広がりはどうであろうか。先に記した『寺伝大要』の分析項目では、竜が関係する事物を拾い上げたが、その内訳は寺院名二八、山号名が三六、堂仏名・彫刻・絵画等が八二、行事・伝承が二五を数え、合計は一七一である。拾い上げた住職名は四二七名であった。合わせた数は五九八である。二箇寺を除き二頁に限定し、また歴代住職名も二箇寺は除いてあることから、竜に関

第７図　中世の竜（小松編 1992 より）

第８図　近世の竜
（東北歴史博物館他編 2008 より）

する事物は六〇〇件を越える。秋田県の曹洞宗寺院の竜関係事物は少なくとも六〇〇の事例に上るのである。

道元を法灯の祖とし瑩山を寺統の祖とする曹洞宗は、永平寺（福井県）と總持寺（神奈川県）の二つの大本山を持つ禅宗寺院であり、他に一般寺院として約一五〇〇〇寺を有する仏教教団である（山折監修二〇一三）。全国に布教拠点として、北海道管区・東北管区・関東管区・北信越管区・東海管区・近畿管区・中国管区・四国管区・九州管区の九教化センターを設けている。仮に秋田県における竜に関する物事の件数が、都道府県（一都・一道・二府・四三県）の平均値を占めるとすると竜の事柄は二八二〇〇件に上ることになる。

次に列島東西域及び本州域での今日的竜の具体像を付加する。北海道の近世アイヌ時代には、山丹交易が盛んであった。山丹人は黒竜江（アムール川）下流域に住む人を指し、北海道アイヌ人との交易を山丹交易と呼ぶ。当時清朝が山丹人と朝貢交易を行い、結果、アイヌの酋長に中国製錦がもたらされた。その絵柄にＩＣ類で五本爪の竜が刺繍され、蠣崎波響筆・小嶋貞喜模写として伝えられている（東北歴史博他編二〇〇八、第８図）。西端域は琉球王国首里城の竜である。令和元（二〇一九）年に炎上したが、書籍等に内容が記録されている（海洋博管理財団監修二〇〇五）。正殿は、正面唐門と大棟の左右に大きな竜頭棟飾が取り付き、入口に向かう階段にも頭部・身体が内に向く二対の彫刻された竜（大龍柱・小龍柱）、唐門破風やこれを支える内側二本にも竜を描いてある。内部建築や調度品等の彫刻や絵画に多くの竜が認められるが、全身像は総てＩＣ類である。

本州域については、前二つに関連させて取り上げる。一つ目は刺繍の竜である。江戸時代末期の孝明天皇の礼服には、胸元に左右に三体ずつ中央を向く小さな竜ＩＢ類、両袖にも中央を向く大きな竜ＩＣ類を刺繍している。裏面にも同様に配置するが、小さな竜は左右で外を向く違いがある（日野西編一九六八）。二つ目は、栃木県に所在する国宝日光東照宮である（ＮＨＫ取材班一九八七）。陽明門の大棟端に竜頭、中段四方には多くの竜が配置されている。他の建造物にも竜の彫刻や絵画が多く認められ、管見の全身像はＩＣ類である。

以上、現代的竜が列島各地に広がっている様を、曹洞宗寺院や博物館・観光地の資料を主体に簡単に述べた。

竜が存在する寺社建築や絵画、記述される書籍等々を丹念に拾い上げれば、その数は際限なく広がり、それ程に日本全土に亘って考古資料としての竜が身近に存在するのである。

五　おわりに

曹洞宗の『寺伝大要』を基に、考古資料の定義にも触れながら、列島内の竜を漠然と論じてきた。現代社会では、架空の動物であるが故に余り馴染みのない竜が、実は身近に数多く存在することが理解できた。特に現代仏教界の曹洞宗に竜に関する事物が多く認められることは是認されよう。以下に、その理由と現代的竜ＩＣ類の系譜について触れて、まとめとしたい。

何故、曹洞宗と竜が他宗に比べて因縁が深いのか。一つの手掛かりは、禅宗の修行僧である雲水の持ちものである。曹洞宗の雲水は、胸に下げた袈裟行李に、嗣所・血脈・大事の三物や竜天善神軸・白山妙理大権現を祀って守護神とする。前者は『千手観音経』により、後者は道元が帰朝の際に『碧巌録』の書写を援助したと言う（永井一九八二）。千手観音は善神・二十八部衆を眷属とし、衆生を救うとされる（町田監修一九九三）。また曹洞宗大乗寺（石川県）には、淳祐七年（一二四七）頃〜宝祐四年（一二五六）までの中国叢林について記した『五山十刹図』が現存する。それには、五山の一つ径山万寿寺における広沢竜王の土地堂牌が図化されている。広沢竜王は径山万寿寺の土地神とされる（永井一九八二）。

曹洞宗では宗派を開いた道元を高祖、大教団に導いた瑩山を太祖としている。比叡山と訣別した道元が、宋の臨済宗黄龍派で修行した栄西の影響を受け、その弟子明全に師事する。一方瑩山は、加持祈禱等の密教的要素を取り入れ教団の拡大に邁進した。神奈川県の總持寺は元石川県にあり、真言宗諸嶽寺観音堂を曹洞宗に改宗したものである（山折監修二〇一三）。教団の隆盛を図った瑩山が、禅宗黄龍派・広沢竜王や真言密教で不動明王の変化身とされる倶利迦羅龍王（田村一九七九）等を意識して、巧みに伝説化したのが竜天善神ではないだろうか。瑩山が拠点とした總持寺は、延喜式内社の石川県白山比咩神社（高瀬一九七九）が近く白山信仰の厚い地域である。本山永平寺の鎮守神白山妙理大権現は竜天善神と共に、曹洞宗の布教に大きな役割を占めたと考えられる。なお、庶民宗派とされる浄土宗には王誉妙竜や竜誉高天の竜王夫妻がおり、五重相伝の法儀を守護するとされている（宍戸一九八二）。天台宗の密教に繋がるものであろうが、ここでは深く立ち入らない。

竜ＩＣ類の姿態が法隆寺の玉虫厨子に描かれ、七世紀前半まで遡ることは先に言及した。玉虫厨子は仏殿とされ、菩薩や釈迦本生譚・大海に立つ須弥山図等が描いてある（森一九七九）。須弥座背面の須弥山付け根に二疋の竜が巻き付く。画面には仙人・日月・鳳凰等が配置され、図相の竜は海竜王と示唆されている（秋山一九七五）。七世紀後半～八世紀前半は古墳時代前方後円墳の築造が終わり、律令国家が模索され完成する時期である。この時期に日本の竜は四神（東方青龍・南方朱雀・西方白虎・北方玄武）の青龍として、キトラ古墳・高松塚古墳（ＩＢ類）、薬師寺金堂薬師如来像台座（ＩＣ類）に認められ定着する。それを象徴するのが、文武天皇大宝元年の元旦朝賀における四神旗の採用である。竜が国家の守護神の一翼を担い、以来孝明天皇まで用いられた（猪熊一九七九）。国家統治のために、それまでの神祇祭祀と共に三宝に帰依する信仰体制を構築したのが天武天皇である（勝浦二〇〇六）。天武四年（六七五）龍田に勅使を派遣した風神祭は、龍田大社と関係しており、その祭神は『記紀』で「子を産むときに龍の姿に化ける」とされた豊玉姫の子（竜神）と社記に伝える（馬場一九九九）。薬師寺東塔の擦名に見える「龍駕騰仙」は（沢村一九七四）、神仙思想に造詣のある天武の意向を反映している。八世紀初頭とされる薬師寺金堂薬師如来台座の竜（田中一九七七）、少なくとも天平六年（七三四）まで遡る華原磬の双竜（相賀編一九八一）、平安時代の木像倶利迦羅竜剣の竜（文化庁文化財部二〇〇四）、等の奈良・平安時代の竜ＩＣ類が、中世に繋がり現代的竜を生み出す母胎となっている。天武朝が仏験を重視し（森田二〇一〇）、神祇祭祀や仏教に竜を取り込んだことが、現代まで竜ＩＣ類が定着してきたことの本質的な理由であろう。後世の仏教には、それを守護する天龍八部衆も見られる（新村二〇一八）。
龍田大社にみられた竜神伝説は、今日秋田県の田沢湖辰子姫や八郎潟の竜神伝説とも通じる（樫山一九七九）。日本で最も新しい部類の伝説として「機岳禅師の一字龍（小栗山）」が、令和二年（二〇二〇）五月刊行の『増田今昔物語』に収録されている（黒沢二〇二〇）。この書物も、考古資料の一員であることを明記して本論を終了する。

参考文献

相賀徹夫編　一九八一「六八　華原磬」『名宝日本の美術』第五巻　小学館
秋田魁新報社出版部編　一九九七『心のふるさと「秋田のお寺」』　秋田魁新報社
秋山光和　一九七五「玉虫厨子・橘夫人厨子の絵画」『法隆寺　玉虫厨子と橘夫人厨子』　岩波書店
東　潮　一九九三「九．装飾古墳の源流―東アジアの装飾墓―」『装飾古墳の世界　図録』　朝日新聞社　一二七頁
有賀祥隆　二〇〇六「キトラ古墳の白虎をみるために―あるいは高松塚古墳壁画比較論―」『キトラ古墳と発掘された壁画たち』　飛鳥資料館
猪熊兼繁　一九七九「四神旗」『日本歴史大辞典』第五巻　河出書房新社
ＮＨＫ取材班　一九八七『ＮＨＫ国宝への旅』六　日本放送出版協会
大坂高昭　一九九六『秋田県曹洞宗寺伝大要』　無明舎出版
利部　修　二〇一四「秋田城跡出土の龍絵塼と人物絵塼の評価」『秋田県埋蔵文化財センター研究紀要』第二八号　秋田県埋蔵文化財センター
利部　修　二〇一九「秋田城跡の画像塼と竜」（発表資料）　秋田城跡ボランティアガイドの会
樫山あふひ　一九七九「八郎太郎」『日本の民話』第二巻　研秀出版
勝浦令子　二〇〇六「仏教と経典」『信仰と世界観』　岩波書店
加藤真二　二〇〇九「Ｉ．キトラ古墳壁画四神―青龍白虎―」『キトラ古墳壁画四神―青龍白虎―』　飛鳥資料館　一四頁
金子浩昌　二〇二〇『新日本考古学辞典』　ニューリイエンス社

黒沢せいこ　二〇二〇「機岳禅師の一字龍（小栗山）」『増田今昔物語～伝説と昔話～』　イズミヤ出版
小松茂美編　一九九二「道成寺縁起」『続日本の絵巻』二四　中央公論社
後藤守一　一九三七『日本歴史考古学』　四海書房
（財）海洋博覧会記念公園管理財団監修　二〇〇五『写真で見る首里城』
坂詰秀一　一九八〇『図録　歴史考古学の基礎知識』　柏書房
坂詰秀一　二〇二〇「遺跡」『新日本考古学辞典』　ニューサイエンス社　二九頁
佐原　真　一九九三「一〇．竹原古墳と高松塚古墳の絵を比べる―装飾古墳壁画の二つの様式―」『装飾古墳の世界　図録』　朝日
　新聞社
沢村　仁　一九七四「飛鳥・天平時代の塔」『薬師寺東塔』　岩波書店
宍戸栄雄　一九八二「四　浄土宗の仏具」『仏具大事典』　鎌倉新書
白石太一郎編　一九九〇『古墳時代の工芸』　講談社
新村　出編　二〇一八「天龍八部衆」『広辞苑』　第七版　岩波書店
新村　出編　二〇一八「竜」『広辞苑』　第七版　岩波書店　三〇八五頁
高瀬重雄　一九七九「白山比咩神社」『日本歴史大辞典』　第八巻　河出書房新社
田中義恭　一九七七「四一　薬師三尊像」『日本美術全集』　第四巻　学習研究社
田村隆照　一九七九「倶利迦羅龍王」『日本歴史大辞典』　第四巻　河出書房新社
東北歴史博物館他編　二〇〇八『古代北方世界に生きた人びと―交流と交易―』　展示図録』　東北歴史博物館
永井政之　一九八二「九　曹洞宗の仏具」『仏具大事典』　鎌倉新書
馬場英明　一九九九「飛来した竜神」『仙界伝説―卑弥呼の求めた世界―』　大阪府立弥生文化博物館他
文化庁文化財部　二〇〇四「新指定の文化財」『月刊文化財』　第四八九号　第一法規
宮本常一　一九八一『絵巻物に見る日本庶民生活誌』　中央公論社
濱田耕作　一九二二『通論考古学』　雄山閣
春成秀爾　一九九一「絵画から記号へ―弥生時代における農耕儀礼の盛衰―」『国立歴史民俗博物館研究報告』　第三五集　国立歴
　史民俗博物館
日野西資孝編　一九六八『日本の美術』　第二六号　至文堂

町田甲一監修　一九九三『仏像の知識百科』主婦と生活社
森　暢　一九七九「玉虫厨子」『日本歴史大辞典』第六巻　河出書房新社
森田悌　二〇一〇『天武・持統天皇と律令国家』同成社
山折哲雄監修　二〇一三『あなたの知らない道元と曹洞宗』洋泉社

第三節　由理と由利の地名に関する考察

一　はじめに

筆者が住む秋田県由利本荘市は、秋田県の南部日本海沿いにある。平成五年（一九九三）の大合併により本荘市と矢島町・岩城町・由利町・西目町・鳥海町・東由利町・大内町と一市七町が統合された（平凡社編二〇一八）。合併前の総ての町は由利郡に含まれていた。本荘は近世本荘城の本荘公園、由利は古代の由理柵まで繋がる伝統的な地名として、それぞれ当該地域で親しまれてきた名称である。

本荘名と由利名が併存する由利本荘市は、栃木県那須烏山市（南那須町・烏山町）、群馬県東吾妻町（東村・吾妻町）、鹿児島県いちき串木野市（串木野市・市来町）と並んで合併前の行政区画名が併存する全国でも希な地域である。列島内の行政区域合併の傾向として、市町村の場合は財政面の豊かな市の行政区域名に吸収される場合が多い。由利本荘市の場合は、古代以来の伝統を持つ由利の地名が存続できた意義ある表記名とも言えよう。

古代の由理郡と重なる由利郡の由利は、辞書に「秋田県南西部の旧郡名。現在の由利本荘市・にかほ市の全域および秋田市の一部。」とあり、秋田県独自の地名のように思える。また並列した項目由利には「姓氏の一つ。」とあり、由利公正の名が挙がっている（新村編二〇一八）。つまり同じ由利の表記でも、行政区分の地名と姓や名字の人名に分かれているのである。仲川成章の「由利郡・郷考」関連年表を参考にすると、宝亀一一年（七八〇）由理柵（由理は文献初出）『続日本紀』、延長五年（九二七）由理駅『延喜式』、天暦四年（九五〇）由理郷『和名類聚抄』、文治五年（一一八九）由利八郎（由利は文献初出）、建保元年（一二一三）（由利郡は文献初出）となり（仲川二〇一三）、由理の地名が先行して由利の人名に推移している。

地名について柿崎岩蔵は、由理柵が史上に見える宝亀一一年（七八〇）と庄内出羽柵を秋田村高清水岡に遷置した天平五年（七三三）の記事から「北進の順序からして由理柵が出来たのは、出羽柵が秋田に移される以前でなければならぬはずである。」とした上で、「由利郡の歴史は大体このあたりから考えることが出来る」と結んでいる（姉崎一九七〇）。つまり、古代由理の地名が後世、由利の地名に変更されたことを述べている。また人名について新野直吉は「由利氏の名はこの豪族が由利地方の有力な開発領主であった（中略）古代飽海郡由理（利）郷が本貫であった」と述べ、由利地方の本貫由理（利）に依拠している（新野一九八九）。

このように史料によって、柵名・駅名・郷名の地名由理が地名由利に変化し、名字由利に用いられたとするのが一般的な理解である。

筆者は由理柵の所在地について言及したことがあり（利部二〇二〇）、その由理名に関しても長く気に掛けてきた。所属している由理柵・駅家研究会発足から一〇年の一区切りに際し、現状の思索を纏めたいとの想いから、以下に地名由理・由利について検討する。

二　由理・由利の地名略史

平成二〇年（二〇〇八）、仲川成章は「地名「由利」について」を発表している（仲川二〇〇八）。それまでの由理や由利の地名に関する諸説を、詳細且つ的確に論じた内容である。以下仲川の成果を中心に諸説を列挙し、標記地名史の基礎的内容として確認しておく。なお、油利・油理の存在も付記してあるが、一過性のもので本質論に対する末梢としての評価であり賛同する。

①須藤直吉「由利と百合」（須藤一九五九）
　植物名の百合を語源とする。
②原田世外「先史時代の由利」（原田一九六一）

原田世外「由利地名考」（原田一九六六）

由利地方の先住民アイヌが百合をサイと呼び、和語のユリに変換した。

③熊谷直春「由利の語源をめぐって」（熊谷一九九二）

汰上・淘上・閑上（総て、「ゆりあげ」の読み）で砂丘地や砂丘を意味する古語で、そこに建設された柵が、好字二字令で由理と表記された。

④江幡勝一郎「由理柵の〝ゆり〟」（江幡二〇〇六）

万葉集の表音文字には由理・由利・由里があり、漢字自体に意味がない。「ゆり」の読みは古代語で「あとで、あとに、後方、後ろ、護衛、後備」等の意味があり、これを秋田城跡の後ろに位置する柵、由理柵と理解した。

⑤仲川成章「地名「由利」について」（仲川二〇〇八）

江幡の「ゆり」の意味に同調し、都に近い方を前、遠い方を後とする慣例から、庄内出羽柵の後方にある由理柵と理解した。由理柵が秋田城跡より早く設置されたことを前提とする。

以上が仲川説も含んだ二〇〇八年までの諸説である。この他に、由理柵・駅家研究会の例会における高橋学の発表がある（高橋二〇二〇）。「由理柵が担った役割―出羽柵の移転と雄勝建郡政策との関係」の中で、由理は出羽国の「後（しり）＝北端」とする仲川説を引合いにして、由理柵を七三三年以前に想定した。その外縁の試案として、ユリの読みの由来が、鉱山で不純物と選別する際のゆり盆に起因するゆり盆説を述べている（⑥）。全国でも秋田県は著名な鉱山県であり、中でも由利本荘市は鉄滓出土遺跡が最も多い地域と言う。しかし、県内外においても鉱山地域は多数存在するものの、「ゆり」に因んだ地名は管見では見出し難く賛同しかねる。

以上の六つの説を紹介したが、総てが「ゆり」の読みを優先させた考察であり、由理や由利の漢字自体を主体とした論考はない。万葉仮名の当て字の漢字が、読みを先行させ漢字の意味を遠ざけたことも一因かもしれない。

改めて、「ゆり」を辞書で引き地名と姓氏の「由利」を除くと、「後」（i）・「淘」（ii）・「揺り」（iii）・「百合」（iv）・「自・従」（v）の項目がある（新村編二〇一八）。「ゆら」を引けとある項目の淘には、「砂を淘り上げて出来た平地。ゆり。」とある。

これらの五項目と諸説を照合すると、①須藤説はiv、②原田説はアイヌ語起源とありiv、③熊谷説はii、④江幡説・⑤仲川説は共にi、⑥高橋説はiiiにそれぞれ関連する。江幡・仲川説は、同じ「後」を採用する運用面の相違である。

三　秋田城跡出土の墨書「由利」

文献史料による由理は、前述した『続日本紀』宝亀一一年（七八〇）「また由理柵は賊の要害に居りて秋田の道を承く。」の記事が初見である（熊田他二〇〇一）。他に『延喜式』に由理駅、『和名類聚抄』に曰理と誤写した由理郷がある。

一方、考古資料として墨書の由利が秋田城跡で出土している（第1図）。平成一四年（二〇〇二）に刊行された『秋田城跡―政庁跡―』には、政庁北東域の掘立柱建物跡SB六八〇から出土し、習書の塼とした報告がある（西谷二〇〇二）。SB六八〇は、昭和五七年（一九八二）に調査され、創建期の建物としている（秋田城跡事務所他一九八三）。その報告書に遺物の記載はないが、『秋田城出土文字資料集』に取り上げられ、由利・由・利・及・代・而の文字を記した習書塼とした（秋田城跡事務所他一九八四）。政庁報告では代を等の中に含ませており、代とする根拠の希薄さを滲ませた。その後、高橋学が由利地域の墨書土器に関連して扱い、そこでは代の漢字を採用し柱埋設の際塼を故意に入れ込んだと推測した。やはり習書の考えを引き継いでいる（高橋二〇一三）。

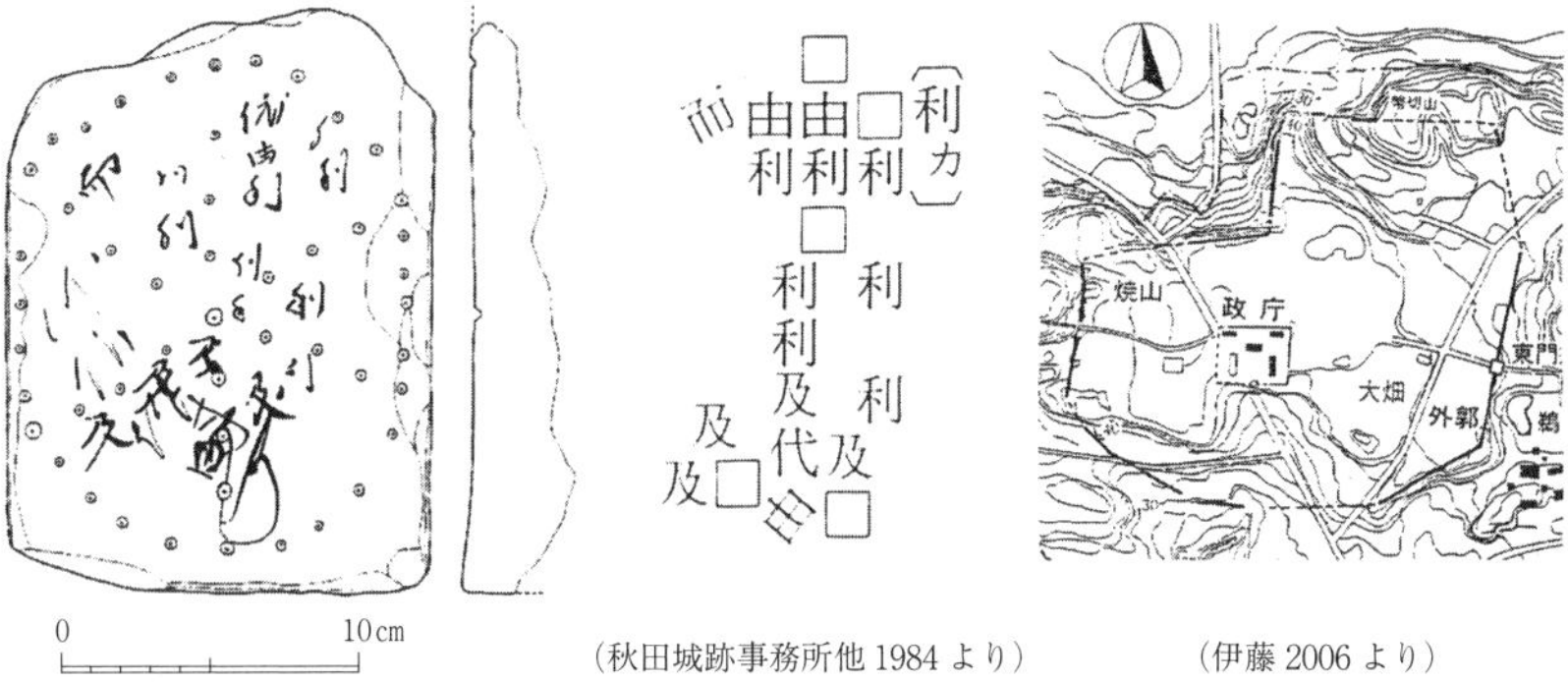

（秋田城跡事務所他 1984 より）　（伊藤 2006 より）

第１図　列点・呪物文塼と秋田城政庁

（一）列点塼と墨書の関係

本荘郷土資料館で実施された第Ⅱ期企画展（秋田城跡歴史資料館二〇二〇の前期企画展出張展示）において、幸いにも実物を実見することができた（本荘郷土資料館二〇二〇）。展示では列点塼と表記した上で、現代の韓国で用いているユンノリで奈良時代の双六（玩具）とし、それと無関係に習書を行ったと理解している。小田裕樹は韓半島由来で、奈良時代の六分割タイプから四分割タイプの変遷を考え、列点記号の特徴を二つに集約し「列点により円と中心を描き、外周を分割する複数の起点と中心点との間を放射状の列点により結ぶ」、「放射状の列点の起点となる外周上の一点と、次の起点との間が四点となる（五点目で次の起点に至る）」と述べている（小田二〇一五）。

筆者は、由利を含む漢字の纏まりを習書とみるのに違和感を感じていた。第一に、漢字が列点内に収まる。第二に、縦の字列の纏まりと斜めの字列の纏まりがある。第三に、塼には書きにくい、等が理由である。寧ろ列点塼の図柄に関連させた漢字の配置と考えている。

以下この視点で漢字の在り方を検討するが、その際に小田の表記を筆者なりの表現に改めて進めていく。列点円内中央で交わる三つの直線的な刺突列を、中央上位―下位のA線、右上位―左下位のB線、左上位―右下位のC線とする。A線上端の刺突から四つ置いてB線上端の刺突、それより四つ置いてC線下端の刺突、それより四つ置いてA線下端の刺突、それより四つ置いてB線下端の刺突、それより四つ置いてC線上端の刺突となる。つまり円形の三〇刺突三〇間隔を、九刺突の三線（A・B・C）で区切った六区画を意図した図柄として把握する。六区画を上右から時計回りにA・B・C・D・E・F区画と仮称する。

以下区画の纏まり毎に説明を加えるが、配置上最も重要視したいのが、A線上位脇にある□由利の三文字である。□に当たる字を筆者は依と考える（ア）。また相反する下位には、由を含んだ複雑な表現があり、これについては後述したい。

次はこの三文字を、やや下方で取り巻く複数の文字である。由利の右脇には□利の二文字がある。□は利のノ木編と認められ、その右側の墨痕が消滅したとすると利の可能性がある。由利の真下やや左の二文字の上は、崩し字の利と考えられ、下は崩したノ木編と認められる。この右部分は墨痕の消滅部と思われ、やはり利が考えられる。この右やや下には利□の二文字がある。□の左部分はノ木偏の一・二角で、作りは刂と考えられるので利と認められる。由利の左は□利とあり、□の右部分を作りの刂とみると利の省略形と考えられ、想定されている由とは思えない。このように、依由利の下方を取り巻く利利四対として把握できる。これらは、C区画に一部利が及ぶもののC線を境に概ね円形刺突上半のA・B・F区画を占める（イ）。

次はE区画に占め、而の傾きと同じ方向で記した四つの形についてである。筆者は依由利の依を、筆順に沿った四齣に解体したような内容と理解する。上の左一つ目が人編の書き出し、この右二つ目が人編にやや離れて点を打つ、下の左三つ目が衣の下部の書き出しから跳ねに至るまで、この右四つ目が点を添え跳ねから省略した縦線を添える。依が、由利を基にした利の纏まりと、及の纏まりを繋ぐ象徴的な役割を持つ（ウ）。

次は、C・D区画に占める及である。四つの及を山形に配置する。左側の三文字は、B線下半に沿って刺突間を意識し、山形頂部の先がA線上半に向くように配置される。この三文字は、乃の最後がノの字状に延びるのに対し、右端の及は乃の最後が跳ねている（エ）。右端及ぶの右脇にC線をはみ出た利があり、利が及ぶことを直接示するために故意に配置したものと思われる。四文字及の内側の解釈は後述する。

次が而の文字である。而は左約四五度の傾きでF区画の左端に位置する。他の文字が複数なのに而は一文字である。依由利・利利が主にA・B・F区画を占め、列点円の半分を占める。その領域を区画するC線を規定するのが、線と同じ傾きを持つ而と考えられる（ヲ）。

最後は由を含む入り組んだ表現の解釈である。由はE区画の傾斜した表記と同じ傾きであり、先の秋田城跡調査事務所は由と及の間に正位としての代を当てている。三文字及の左端の右には、E区画四齣の連続性を持つように人偏があり、それから連続する作りを成す漢字、即ち依があると推定する。つまり代の辺りを依とみる。もう一つ、由の右側の理解である。右から下にり状形を描いて、そのまま連続させたようなU字状の表現を、はじめに確認しておく。これを利の右側の作りとみて由の傾斜に合わせた配置と見做し、り状形の上に接する二本の表現をU字状の表現と合わせ、利のノ木偏とする解釈である。由の左上に依、右下に利を置くと、列点塼上部で最も重視した依由利と、上部と下部で対の配置となる（カ）。但し、左上依と右下利の大きさに対し由が小さく、その右脇に寸と中央に一を加えたような表現は理解できない。

以上のように列点塼と漢字の配置につて、ア～カより両者の関連性を述べてきた。いわゆるユンノリ（列点塼）の区画線を利用して、漢字の纏まりによるある種の意味を込めた表現と理解できる。

（二）配置された漢字の意味

列点塼における漢字の意味を探る視点として、文字の纏まりの推移を把握し、その意図する脈絡を想定してみたい。はじめにC線を挟む上半と下半の漢字に注目する。上半は最も重視した依由利の文言があり、依と由利の間にレ点を入れて、由利よりと理解する。下半には斜めの依由利等を除く四つの及がある。右の及には跳ねがあり最後尾と考えられるが、山形に左から配置する手順と矛盾しない。上位三文字中の依を解体した纏まりを介在することで、利の纏まりA・B・F区画→依の纏まりE区画→及と依由利等の纏まりC・D区画、と推移の脈絡が辿れる。斜めC線を境に上半の利と下半の及（共に正位）で利が及ぶと理解され、その利は上位三文字依由利の利に由来することを述べている。

次に取り上げたいのが而の文字である。而は、接続詞の「而して」や副詞の「而も」として用い（新村編二〇一八）、後に追加される内容を予測させる。而は、上半と下半の内容を分けたC線を代弁している。C線には、依由利を含む利を正位で多用した箇所（A・B・F区画）、解体した依や依由利等を斜めにした箇所（C・D・E区画）の対照性を、陰と陽に分ける役割があったと想定される。

更に而と則天文字「𠦃」の類似性を指摘しておきたい（平川二〇〇〇）。而の三角目がノの字、最後の跳ねが左右逆ノの字状になるだけで字体は類似する。則天文字を意識しながら而を用いた可能性は十分に考えられよう。この前提に立つと、C線に沿った最上位に位置する而は天を意味することになる。天を北辰（北極星）と想定して仮に方位を示すと、それは北方C線に該当するだろう。そうであればA線上方は北東を示し、A線上位にある依由利は北東（SB六八〇）を意識した配置と考えられる。

即ち列点塼は、政庁北東の掘立柱建物跡（SB六八〇）に、超自然的な作用で災異を回避し大きな利益（例えば建物の存続）がもたらされることを祈願した呪物と理解できる。東西南北の四つの方位と中央を含んで五行に割り当てられる関係と、上下を二つに分かつ陰陽の関係、つまり陰陽五行説に則って行われた呪術行為に伴うものと考えられる。呪物の墨書文字と列点は、語彙表現と区画列点線で構成された呪物文と見做すべきで、習書とされる墨書行為ではないのである。

（三）由利について

（1）・（2）によって、習書とされる墨書の内容を呪物文と理解した。それは古代版ユンノリの列点塼による区画を利用したものであり、列点塼は列点・呪物文塼とも称すべき資料である。この前提に立ち改めて依由利を検討する。由利の利をC線の上半分全面に墨書し、残る半分には解体した依と依由利をC線に沿う傾斜で記し、併せて正位の及を重ねている。正位の文字から四組の利利は四つの及に関係し、利が及ぶことを祈願する内容である。その利の出自が、依由利の表現にある由利の利である。つまり依由利には、地名の由利が記されていると解釈できるのである。それは、利した地より利する地を意識したものと考えられる。

秋田城の前身である秋田出羽柵は、東の陸奥国多賀城と並び称された国家的な施設であった。列点利用の墨書を呪物文と理解するので、それを掘立柱建物跡の掘方に埋納することは、政庁北東域にある創建期の建物に対して、平穏を込めた祈願行為と認められる。これを実修できたのは、陰陽師若しくはそれに準ずる立場の者と想定できる。陰陽師は、「古代中国の陰陽五行説に基く俗信。」で中国道教の影響が強い陰陽道を旨とした、律令制下の陰陽寮に帰属する職員である（高取一九七九）。その職務は、「①占術、②日時・方角の吉凶・禁忌の勘申、③呪術・祭祀活動」とされる（山下二〇〇四）。先の祈願行為は呪術活動と考えられ、善意の意図による白呪術の分野と理解すべきであろう（新村編二〇一八）。

さて呪物文の由利は、文献史料の古代表記で初期とされる由理とは異なる漢字で表現されている。これをどう理解すべきであろうか。前述した国家的な施設の創建に伴う、神に祈願する行為において、理を利に変える行為はあってはならないはずである。従って、当該地域は由利と表記されていたものと考えられる。

冒頭の由理と由利の推移を再録すると、由理柵（七八〇）、由理駅（九二七）、由理郷（九五〇）、由利八郎（一一八九）、由利郡（一二一三）となり、由理から由利へ移行した解釈が一般的な理解である。しかし前述してきた呪物文の由利は、秋田城の創建期七三三年頃の事実を示しており最も古く位置付けられる。七八〇年と九二七年の由理は『続日本紀』、九五〇年の由理は『和名類聚抄』が出典である。『続日本紀』は正史、『和名類聚抄』は源順の著であるが醍醐天皇の皇女勤子内親王の委嘱によるものである。どちらも国家側の意向が反映された史書と理解できる。筆者は、古代末期以前は、在地における由利表記の地名と国家側の史書の表記が併用され、在地の由利が継続して由利郡に繋がり、人名由利が在地由利の地名から発生したものと考えている。新野による「古代飽海郡由理（利）郷」の表記は、墨書由利を意識した記述によるのかもしれない。

四　陸奥国亘理と出羽国由理

由理以外に理の付く地名に亘理がある。現在北の亘理町と南の山元町で構成する亘理郡は、宮城県の南端沿岸部にあり、北が名取市、西が岩沼市・角田市・伊具郡、南が福島県相馬市と接する。古くは、古代の国造制を引き継ぐ郡名にその名を留めている。国造は、ヤマト国家の支配地が県主の段階から「より広範に及び強力になった段階で、設置された地方官」とされる（新野一九八四）。

いわゆる大化前後の国境に関する事跡を示すものに『国造本紀』がある。『国造本紀』は列島内一三六の国造の任除を記し、弘仁一四年（八二三）～承平六年（九三六）の撰述とされる『先代旧事本紀』の一部として収められたとされる（阿部一九七九）。東北南部の国造に触れたものに、考古資料の位置付けを目的とした大竹憲治の論考があり（大竹編一九九七）、その第二節で国造について論述している（第2図）。

大竹の論文では、史料（3）『国造本紀』にA高国造、B道奥菊多国造、C道口岐閇国造、D阿尺国造、E思国造、F伊久国造、G染羽国造、H浮田国造、I信夫国造、J白河国造、K石背国造、L石城国造を列挙し、その領域A～Lについて述べている。そのうち、福島県を除いた宮城県域には、E思国造を亘理市周辺、F伊久国造を角田市周辺に比定している。E思国造は内国の末端に位置付けられ、地理的には太平洋沿岸阿武隈川河口を含む地域と想定される。

また、『続日本紀』元正天皇養老二年（七一八）条には、「陸奥国の石城・標葉・行方・宇太・亘理の各郡と常

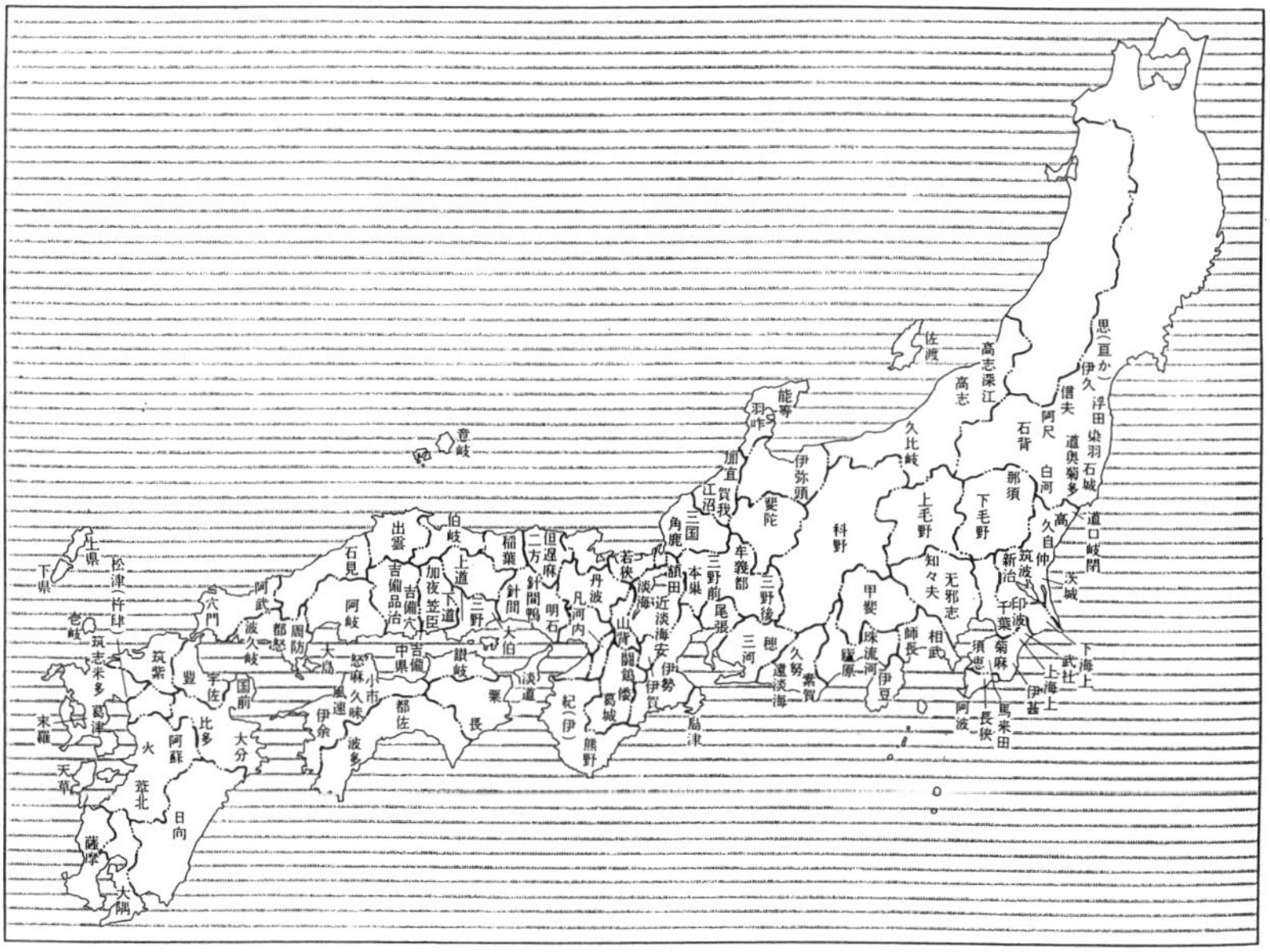

第２図　列島内の国造配置（新野 1984 より）

陸国菊多郡の六郡を分離して石城国」、同時に「白河・石背・会津・安積・信夫の五郡を分離して石背国を設置した。」と記される（宇治谷一九九二）。この両国は各々東海道と東山道に属し、合流点が玉前駅で阿武隈川北岸の岩沼市に想定されている（今泉二〇一五）。しかし、少なくとも神亀五年（七二八）には白河軍団が陸奥国に属しているので、再編成された広範な陸奥国が確認できる（工藤一九七〇）。蝦夷征討の事業が本格化したことによるものであろう。多賀柵（多賀城）創建（七二四）間近な時期に、亘理郡が七一八年には陸奥国と接し外郡として位置付けられているのである。

陸奥（みちのく）は内国の辺境域から発した地名であり、現在の亘理地域は、国造段階から国府とされる郡山遺跡や多賀柵に至るまでの（今泉二〇一五）、不安定な地方における政府開拓推進の拠点とも言うべき要の地であった。更に国造研究で知られる新野は思国造の地を、伊藤信雄の記述を用いて、「「思」の字をもって「日利」の二字を草書で書いたのを一字に誤ったもの」として亘理郡に対応させる大槻文彦説の妥当性を、配置領域の大きさの検討から述べている（新野一九七四）。

日利国造期から評を経て亘理郡を呼称した変化は、秋田出羽柵の移転を後方で支えたと想定される日本海子吉川河口を含む地域の由利が、由理と呼称された在り方と類似する。由利は、和銅五年（七一二）雄勝郡設置記事に見える内陸横手盆地進出のための要地でもあり、それを具体的に述べたことがある（利部二〇二〇）。日が亘の略字表記とも考えられるが、いずれ利が元字の亘理と由理は、利の類似語彙表記として俎上に載せ得る。『国造本紀』もまた国家的な史書であり、由理が国家の意向を反映させていた可能性がある。

亘理の亘と由理の由を検討すると、辞書による渡るの内容に「（「亘る」とも書く）一定の過程を経て一方から他方へ及ぶ。」とある（新村編二〇一八）。また、由には「物事のよってきたるところ。由来。由緒。わけ。」の意味を持ち、経由の語彙には「経て行くこと。中間の場所・機関を通ること。」の意味がある（新村編二〇一八）。これに近い内容として『大漢和辞典』の由には、「へる。経歴する。」の意味がある（諸橋二〇〇七）。亘と由を征夷と関連付けると、亘は政府の勢力が内国から拠点を経て蝦夷地へ及ぶ内容、由は通過すべき拠点を意味しているだろう。亘利の利と由利の利は、文字通り利便性の高い場所であり、それが政府側の史料作成の意向に沿って、理に入れ替えられたものではないだろうか。和銅六年（七一三）には、「畿内と七道諸国の郡・郷の名称は、好い字をえらんでつけよ。」の詔が降り（宇治谷一九九二）、このことが影響したかもしれない。

一例として、論考の中での理の付く語彙を検討してみたい。石川力山の「禅宗の成立と日本伝来」を参考にすると、理想・原理・地理・理論・理入・真理・理法・理解・空理・調理・管理・理致・合理の語彙が散見する（石川一九九九）。これらの語彙は仏教に関連して高尚な語彙で綴られる。理は『大漢和辞典』に、「をさめる。をさまる。みち。すじ。」等の意味があり（諸橋二〇〇七）、前述の理の付く語彙はこれに叶った用例である。一方、利は辞典に「とし。とほす。とほる。かなふ。よい。都合がよい。」等の意味があり（諸橋二〇〇一）、利益・利潤・利欲・利口・利己的等の語彙がある。理と利は相通じる意味もあるが、総体的に理は理念的であり利は世俗的である。

以上を征夷に当てはめて考察すると、征夷初期の段階は拠点を強制的に利する必要があるので、亘利・由利を用い、その地が安定化するに及んで政府側の征夷を正当化する高尚な立場から、理を用いるようになったのではないだろうか。しかし秋田県由利地域の在地においては、古代末の由利八郎まで利が息付き、更に今日まで継続使用されてきた地名と考えられる。出羽国秋田城跡出土の列点・呪物文塼は、その出発点を端的に示した良好な資料と理解できる。従って「ゆり」は、先に検討した中の（v）「自・従」の意味が最も相応しいと考えられる。依の象徴的な在り方は、その辺の事情を示すものであろう。

五　おわりに

由利本荘市に住み、由理柵・駅家研究会発足以来その会に帰属し活動を続けてきた。踏査や発掘調査に従事してきたが、未だ由理柵・駅家の特定には至っていない。発見されないことで的を絞り込む意義は認めるにしても、一昔一〇年は決して短い年月ではない。しかしこの会の活動は、遺構・遺物の発見だけではない、人的交流の盛り場として各自の生き様を披露し、他者の生き様を知る場面として重きをなしている。例会場所が酒場であることもまた妙である。

一〇年の節目に臨んで、由理柵に直接関連する地名を取り上げてみた。筆者は長く考古学関連事項に従事してきたが、それとは別途この会に所属してきた自身の、生き様の証としての取り組みである。本論は会と無関係に考えてきた内容ではなく、会主催の巡見宿泊旅行（仲川二〇一六）、五〇回以上の例会における発表や会員相互の意見交換、講師を招いて開催された講演会等を通じて、蓄積されてきたことの成果と考えている。

この度の内容に収斂する以前は、仲川説を長く支持してきた（仲川二〇〇八）。列点塼の習書説に、疑いを持たず盲目的に従っていたこと、寧ろ関心を示さないでいた結果として、由利の文字を遠ざけてしまっていたと自戒している。仕事場の秋田県埋蔵文化財センターを二〇一九年三月に離れてから、考古資料に接する時、以前よりも時間を割くようになった気がしている。改めて列点塼を見て、漢字が列点内に収まり、縦長の字列と斜めの字列の纏まることの、習書としての不自然さを感じるようになった。呪物文とする見解には、以前関心を持って進めた龍絵塼と人物絵塼の考察が役だった（利部二〇一四）。継続して重ねること、塵も積もれば……の大切さを実感しており、会の活動を重ねることの意義は、正にこの一点あると思っている。

後付けであるが、列点塼の図柄は、直線の刺突の総数九が奇数最高位の数字として尊ばれ、円形の刺突三〇は一五の倍数で陰陽に分けた数字である。縦横三の九区画中央の五を固定し、一～九の数字を一回だけ配置し、縦・横・斜めの各八列毎の総数が一五になる数表は、『五行大義』で不思議な数字一五として尊ばれている（中村二〇〇九）。列点塼の図柄が、陰陽五行説に繋がる図柄である成果も読み取ることができる。地名考を深めていく過程における、副産物としての知見である。

習書とされた資料を呪物文と結論付けるために紙幅を費やしたのは、由利が在地に根付いた地名であることを証明する上で不可欠であったからである。たとえ習書であったにせよ、由利の意味を早くに問わなければならなかった。利や理の付く地名は、列島的には征夷という特殊事情の元で生み出され、征夷の画期となる行政・軍事拠点（郡山遺跡・多賀柵、秋田出羽柵）を築くための前哨拠点として、時の政府によって選定された特別な地名と考えられる。今後、出羽国由利は無論のこと、陸奥国での墨書・刻書による亘利の考古資料が出土することを期待したい。

併せて、由理・駅家研究会の自分にとっての存在理由を、一〇年を記念する年に見つめ直し、開示してみたのである。

参考文献

秋田城跡発掘調査事務所他　一九八三『秋田城跡　昭和五七年度秋田城跡発掘調査概報』　秋田市遺跡保存会・秋田城跡発掘調査事務所

秋田城跡発掘調査事務所他　一九八四『秋田城出土文字資料集』　秋田城跡発掘調査事務所研究紀要Ｉ　秋田市遺跡保存会・秋田城跡発掘調査事務所

姉崎岩蔵　一九七〇『由利郡中世史考』　矢島町公民館　三・四頁

阿部武彦　一九七九「国造本紀」『日本歴史大辞典』第四巻　河出書房新社

石川力山　一九九九「禅宗の成立と日本伝来」『禅宗小事典』　法蔵館

伊藤武士　二〇〇六『秋田城跡』　同成社

今泉隆雄　二〇一五『古代国家の東北辺境支配』　吉川弘文館

宇治谷　孟　一九九二『続日本紀（上）』　講談社　一四〇・一九三頁

江幡勝一郎　二〇〇六「丙戌禊記帳」『鶴舞』第九一号　本荘地域文化財保護協会

大竹憲治編　一九九七「第一一編　清戸廹七六号装飾横穴墓被葬者考—特に岐閇国造との関連について—」『双葉』　福島県双葉町教育委員会

小田裕樹　二〇一五「（Ｐ—二）奈良時代の盤状遊戯に関する新知見」『日本考古学協会第八一回総会研究発表要旨』　日本考古学協会

利部　修　二〇一四「秋田城跡出土のと龍絵塼と人物絵塼の評価」『秋田県埋蔵文化財センター研究紀要』第二八号　秋田県埋蔵文化財センター

利部　修　二〇二〇「報告二　出羽国北半の未発見城柵（二）—由理柵—」『第四六回古代城柵官衙遺跡検討会—資料集—』　古代城柵官衙遺跡検討会

利部　修　二〇二〇「由理柵と横手盆地—律令政府の進出—」（一〇月二四日発表資料）　本荘由利地域史研究会

工藤雅樹　一九七〇「多賀城の起源とその性格」『古代の日本』第八巻　角川書店

熊谷直春　一九九二「由利の語源をめぐって」『鶴舞』第六三号　本荘市文化財保護協会

熊田亮介他　二〇〇一『秋田市史』第七巻　秋田市　四五六頁

中村璋八　二〇〇九『五行大義』　明徳出版社

新村　出編　二〇一八「由利」『広辞苑』第七版　岩波書店　三〇〇四頁

新村　出編　二〇一八「ゆり」『広辞苑』第七版　岩波書店　三〇〇四頁
新村　出編　二〇一八「而して」・「而も」『広辞苑』第七版　岩波書店
新村　出編　二〇一八「呪術」『広辞苑』第七版　岩波書店
新村　出編　二〇一八「渡る」『広辞苑』第七版　岩波書店　三一六九・三一七〇頁
新村　出編　二〇一八「由」『広辞苑』第七版　岩波書店　三〇二七頁
須藤直吉　一九五九「由利と百合」『鶴舞』第二号　本荘市文化財保護協会
仲川成章　二〇〇八「地名「由利」について」『わがふるさとの歴史』第六集　南内越郷土史探究会
仲川成章　二〇一三「由利郡・郷考」『古代由理柵の研究』　高志書院
仲川成章　二〇一六「天平五柵巡見記」『由理』第九号　本荘由利地域史研究会
新野直吉　一九七四『研究史国造』　吉川弘文館　九〇頁
新野直吉　一九八四「国造」『国史大辞典』第四巻　吉川弘文館　八四一頁
新野直吉　一九八九『秋田の歴史』　秋田魁新報社　七二頁
西谷　隆　二〇〇二「第Ⅳ章第二節　発見遺構」『秋田城跡―政庁跡―』　秋田市教育委員会・秋田城跡調査事務所
高橋　学　二〇一三「由利地域出土の古代文字資料」『古代由理柵の研究』　高志書院
高橋　学　二〇二〇「由理柵が担った役割―出羽柵の移転と雄勝建郡政策との関係」第六一回例会　由理柵・駅家研究会
高取正男　一九七九「陰陽道」『日本歴史大辞典』第二巻　河出書房新社　四七二頁
原田世外　一九六一「先史時代の由利」『鶴舞』第七号　本荘市文化財保護協会
原田世外　一九六六「由利地名考」『鶴舞』第一六号　本荘市文化財保護協会
平川　南　二〇〇〇『墨書土器の研究』　吉川弘文館
平凡社編　二〇一八『ベーシック　アトラス　日本地図帳』新訂第三版　平凡社
本荘郷土資料館　二〇二〇『本荘郷土資料館第Ⅱ期企画展―令和二年度秋田城跡歴史資料館前期企画展　出張展示（パンフレット）』
諸橋轍次　二〇〇七「由」『大漢和辞典』巻七　修訂第二版第七刷　大修館書店　七九七四頁
諸橋轍次　二〇〇七「理」『大漢和辞典』巻七　修訂第二版第七刷　大修館書店　七八三三頁
諸橋轍次　二〇〇一「利」『大漢和辞典』巻二　修訂第二版第六刷　大修館書店　一三二四・一三二五頁
山下克明　二〇〇四「陰陽道の歴史（古代）」『図説　安倍晴明と陰陽道』　河出書房新社　六二頁

第四節　由理柵と横手盆地―律令政府の進出―

一　はじめに

出羽北半の秋田県域には、奈良時代創建の秋田城跡と平安時代初頭創建の払田柵跡が存在し、昭和四七年（一九七二）秋田城跡調査事務所、同四九年（一九七四）に払田柵跡調査事務所が開設され、以来発掘調査が継続されている。また実態は不明であるが、文献史料に認められる奈良時代雄勝城（『続日本紀』天平宝字二年（七五八））や同時代由理柵の小勝柵・翌年の雄勝城について、小勝柵は雄勝城の併用若しくは混用で同一施設（平川二〇一二）や『続日本紀』宝亀一一年（七八〇））がある。雄勝城は横手盆地南域に推定され（雄勝城＝払田柵跡の説もある。）、払田柵跡は同北域に存在することから、盆地北域の安定と秋田城・岩手県志波城の中継地としての役割がある。秋田城は西の大宰府と共に日本海域の重要施設であり、雄勝城・由理柵・払田柵跡はその後方支援として機能した。令和二年（二〇二〇）二月に大仙市で開催された古代城柵官衙遺跡検討会は、これら四施設が密接に関連する研究発表会であり画期的な企画であった（払田柵跡事務所編二〇二〇）。

由利地方に位置する由理柵は、秋田城との関連で史上に一度記載されるだけである。前述『続日本紀』には、「また由理柵は賊の要害に居りて秋田の道を承く。また宜しく兵を遣して相助けて防禦せしむべし。」とある（熊田他二〇〇一）。『古代由理柵の研究』は、由理柵・駅家研究会による総合的な著書として刊行されており（新野監修二〇一三）、そこで小松正夫が由理柵の研究史を纏めた上で、横山遺跡周辺と井岡・客殿森遺跡を由理柵の擬定地、駅家もそれに付随する若しくは近隣であろうとした（小松二〇一三a）。更に小松は、由利地方から秋田城までの駅路も想定している（小松二〇一三b）。平成二二年（二〇一〇）には小松が代表を務める由理柵・駅家研究会が発足し、擬定地の踏査や発掘調査を実施してきた。同研究会に所属する筆者も、先の城柵検討会において、条里制の検討等から旧本荘市街地とその南域に官道を推定し、その西側子吉丘陵の陣場台を由理柵の擬定地に推定した（利部二〇二〇a）。

一方、同検討会で高橋学が横手盆地の雄勝城について述べ、横手市雄物川町造山（D地区）を雄勝城の擬定地とした（高橋二〇二〇a）。それは、当地と横手市市街地間にあり、国道一〇七号線及びその北側に展開する集落遺跡（東から西のA～D地区）を検討した結果による。要点は、東槻遺跡の円面硯や十三塚遺跡の丸・平瓦の存在、周辺の沖積地より高い立地条件、及び後述する桃生城との類似性、の三点である。これまでの雄勝城説の研究史を丹念に纏め上げ、一二番目として造山説を提示した。高橋は地元横手市教委や払田柵跡調査事務所の調査成果を基に、平成三一年（二〇一九）四月に雄勝城・駅家研究会を立ち上げている。調査対象地を蝦夷塚古墳群と定め、翌年一〇月に調査を実施しており（高橋二〇二〇b・c）、その選定理由に桃生城跡の外郭材木塀跡と蝦夷塚古墳群検出の材木塀の類似性を挙げている（多賀城研究所一九九七、雄物川町教委二〇〇三）。その翌年『鶴舞』第一〇六号紙上の「由理柵と雄勝城」には以上の成果が再録され、加えて由利地方から横手盆地に通じる道の役割を、奈良時代から弥生時代まで遡及させた内容を盛り込んで述べた（高橋二〇二〇d）。

本稿は近年の由理柵に関する調査・研究の高まりから、本荘地域文化財保護協会より依頼を受け口頭発表を行った際の内容であるが（利部二〇二〇b）、その後の調査成果も加味した考えも加えている。また、発表内容を同年『秋田魁新報』（一一月二四日）紙上に掲載している（利部二〇二〇c）。なお本論に関連する文献読み下し文は、主に『秋田市史　第七巻』の「第一章　古代編年史料」の記述を用いている（熊田他二〇〇一）。

二　新野論文における由利地方の動向

古代の由理地方を直接・間接に扱った論文には、新野直吉による「古代の由理（第一～四回）」があり、当地方の理解に向けた基本的文献である（新野一九七二、一九七三ａ・ｂ、一九七四）。新野は四回の連載を通じて一～一六の項目を立てて開陳してる。本論ではこの新野論文を出発点にしており、そこから本論に関わる文献記事を列挙し新野の解釈も添えて提示しておく。

①天平五年（七三三）『続日本紀』「出羽柵を秋田村の高清水に遷し置く。又、雄勝村に郡を建て、民を居く。」

・由利地方の安定があっての政策で、雄勝郡衙を横手盆地南域の西馬音内扇状地に推定した（第一回）。

②宝亀一一年（七八〇）『続日本紀』「また由理柵は賊の要害に居りて秋田の道を承く。また宜しく兵を遣して相助けて防禦せしむべし。」

・由理柵を、秋田城とその支配領域を支える生命線で国政上の要点とした（第一回）。

③弘仁三年（八一二）『日本後紀』「出羽国の田夷置井出公呰麻呂ら十五人に姓上毛野緑野直を賜う。」

・仁賀保地域の小出地区と関連させ、由利地方の豪族が中央系の氏姓に改めたと推定（第二回）。

④天平宝字三年（七五九）『続日本紀』「始めて出羽国の雄勝・平鹿二郡と、玉野・避翼・平戈・横河・雄勝・助河并びに陸奥国の嶺基等の駅家を置く。」

・駅家の設置に関して「玉野は山形県尾花沢市、避翼は同最上郡舟形町、平戈は同郡金山町の地内に属し、横河は本県雄勝郡雄勝町、雄勝は同羽後町の地内に属することは、疑う余地がない。」とした（第三回）。

・雄勝駅が雄勝郡衙に属す前提より助河駅を平鹿郡衙近傍とした上で、増田町旧増田村・旧亀田村に平鹿郡衙、その近傍八木村に助川駅を推定した（第三回）。

・駅家の設置は「雄勝城築城・雄勝と平鹿郡の事実に伴う政策」であり、この段階は山本郡を除いた地域の問題であると強調（第三回）。

⑤延長五年（九二七）『延喜式』「出羽国駅馬　最上十五疋、村山・野後各十疋、避翼十二疋、佐芸四疋・船十隻、遊佐十疋、蚶方・由理各十二疋、白谷七疋、飽海・秋田各十疋。伝馬　最上五疋、野後三疋・船五隻、

由理六疋、避翼一疋・船六隻、白谷三疋・船五隻」（原文）。
・古代由理駅を由利本荘市南内越の地点に推定し、飽海・由利地方の中心駅で古代出羽国の伝馬制の最大の駅と評価（第三回）。

以下、①〜⑤に関連しながら考古学的知見を加味して検討する。

三　秋田城跡と十足馬場南遺跡の須恵器

古代の日常生活に欠かせないのが土師器と須恵器である。特に須恵器は硬質性に優れており、広域に流通することから歴史解明の資料として用いられてきた。第1図の番号を付した須恵器は、1〜6が秋田城跡、7・8が十足馬場南遺跡、9が東槻遺跡、10が鵜袋遺跡、11・12が末館A（Ⅱ）地点窯跡出土の須恵器である。[1] 本稿では、横手市雄物川町の八世紀第2四半期の数少ない遺物を検討するが、必然的に杯に限定せざるを得ない。杯には、伝統的な箆切り技法と糸切り技法が存在し、糸切り技法は武蔵国において七〇〇年頃には定着するとされる（酒井二〇〇一）。

出羽北半の八世紀の杯は箆切り技法が圧倒的に優位を占めるが、箆切り技法の杯自体で変遷付けることは筆者にとって困難であり、糸切りの杯の理解が実態に近付けるのではないかと考える。以下では糸切りの杯を中心に述べるが、開窯が天平五年前後とされる末館A（Ⅱ）地点窯跡資料も検討する。その過程で、開窯を天平宝字三年頃とする末館B（Ⅰ）地点窯跡についても若干触れる（以下、末館A窯跡・末館B窯跡と表記）。

秋田城跡創建期の遺構にＳＫ一〇三一土取り穴がある（秋田市教委他一九九一）。ＳＧ一〇三一湿地内に、同じ番号の広範なＳＫ一〇三一を含む、約五ｍの深さに及ぶ古代の堆積層が確認された。上から数えた四七層には天平宝字年間を中心とする漆紙文書が纏まって出土し、その下の創建期築地崩壊土下の二〇〇〜二〇三層がＳＫ

一〇三一の（覆土）、二〇四層以下が埋土である。ＳＫ一〇三一埋土の出土遺物は秋田城跡の創建期と考えられている。ＳＫ一〇三一覆土からは、底部中央が「出っ尻」風の杯や、大きな環状撮みと明瞭な返りの付く蓋が出土しており（1）、埋土出土の器種と比較すると先行する形態である。特にその蓋は八世紀第1四半期と判断でき（富田二〇〇六）、使用期間が長かったことを示唆する。従って、ＳＫ一〇三一覆土・埋土より出土した土器群（1〜6）を基本的に天平五年創建期に近い遺物群として把握する。

はじめに秋田城跡杯の技法を観察する。3は静止糸切りで、底部周縁と体部下端に轆轤削り調整を施す。4は回転糸切りで、底部周縁に轆轤箆削りを施す。5は回転糸切りで無調整である。これらを基に、静止・回転を含め、回転箆削り・手持ち箆削りも合わせて、轆轤調整の部位によって記号化して表現する。つまり、糸切り無調整を糸切〇（5）、糸切りで底部箆削りを糸切1（4）、糸切りで底部箆削り体部箆削りを併せ持つものを糸切1・2（3）と区分する。出羽北半の秋田城跡には、七三三年創建期に近い土器群に糸切〇、糸切1、糸切1・2が含んでいることを確認しておきたい。糸切1と糸切1・2は、現時点で後世に糸切2が目立ってくることと対照的である。

次は十足馬場南遺跡の杯についてである。7は回転糸切りで、体部下端に轆轤削りを施している。上記分類に当て嵌めると糸切2である。8は回転糸切りで、底部周縁に非轆轤箆削りを施している。分類では糸切1である。秋田城跡資料との対比で、重視したいのが法量と形態の類似である。秋田城跡の5は口径が約一五㎝、器高が約三・五㎝で、器高の長さが底部の半分より短く、やや扁平な印象の杯である。十足馬場南遺跡の7は口径が約一五㎝、器高が三・五㎝、器高の長さが底部の半分より短い。同遺跡の8は、7の口径約一五㎝、器高約三・五㎝と共通するが、器高が底部の半分より僅かに長く、底部径が僅かに狭い。5・7・8は口径と器高がほぼ共通しており全体に類似しながらも、底部の長短で僅かな形態差を見出している。つまり糸切り直前の、僅かな柱状部径の長短が杯の底部径を規制し、更に箆削りが作用したと理解できる。製作時には見えない柱状部径の在り方は

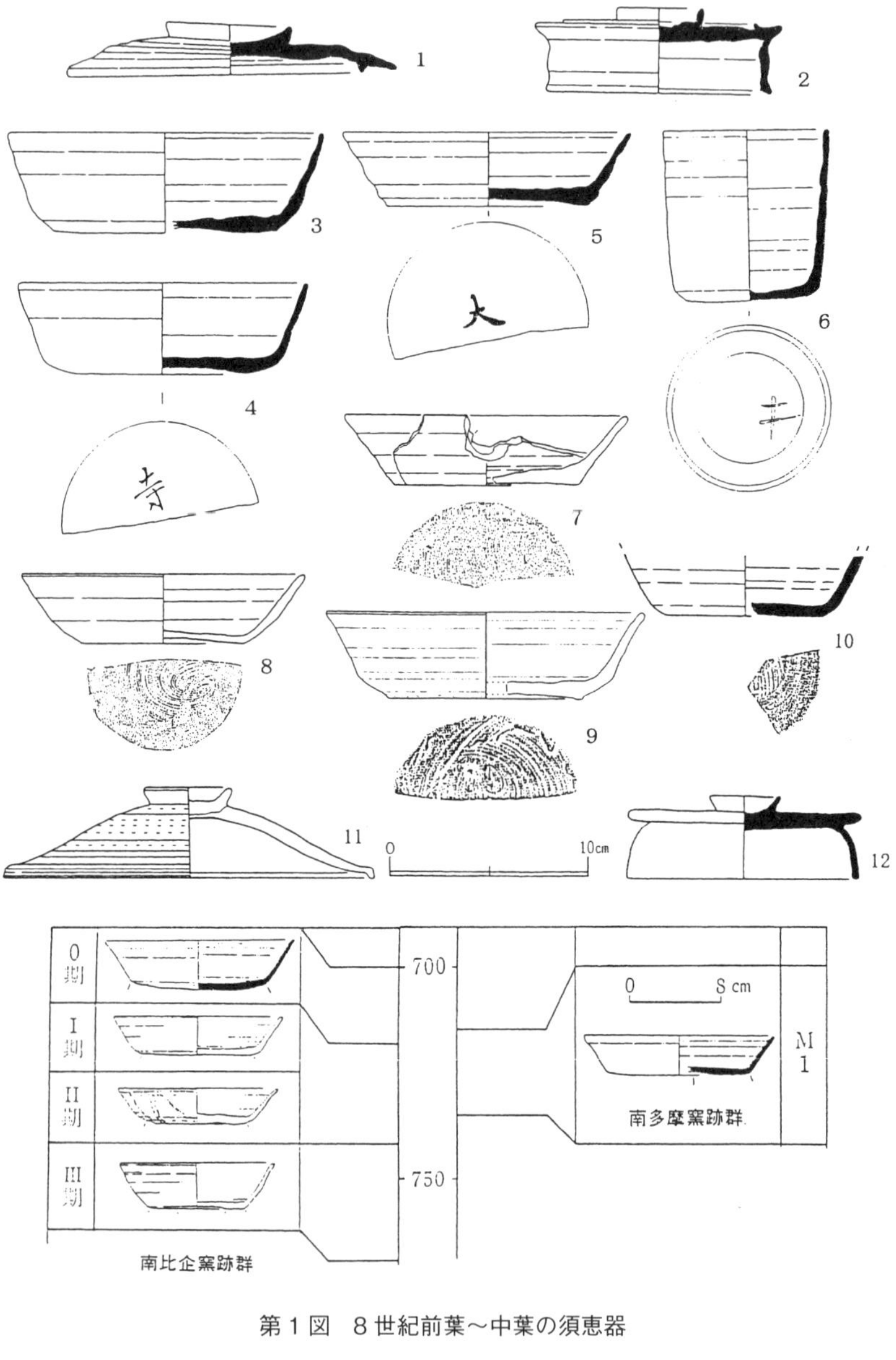

第１図　８世紀前葉～中葉の須恵器

（9の底部変換部）、熟練した陶工でも手の感触と勘に頼らざるを得ない。5の糸切○、7の糸切2、8の糸切1は、細部の技法上の差は明確であるがほぼ同形態を目指したもので、口径・器高の寸法がほぼ共通する杯と評価できよう。これらは、糸切りの共通性や形態の類似より同時期と想定できる。5が天平五年に近いことから、7・8も同じ年代に比定できる。

八世紀の出羽北半では、征夷による移民政策が度々展開しており、『続日本紀』養老三年（七一九）にも「東海・東山・北陸三道の民を出羽柵に移住させる。」の記事がある（熊田他二〇〇一）。糸切り文化圏とされる関東では、盤状杯（土師器）と共に盤状の須恵器杯の研究も盛んである。第1図下段には、杯による南比企窯跡群（埼玉県）と南多摩窯跡群（東京都）の編年を示してある（酒井二〇〇一）。そのうちの八世紀前半を抜粋してある。糸切りで底部回転篦切りの盤状を呈する杯は、○期の「出っ尻」の後、第2四半期を中心に展開している。因みにM（百草）一窯式は、口径は一七cmで静止糸切り、底部篦削りの特徴がある。秋田城跡の5、十足馬場南遺跡の7・8は、糸切りで盤状の武蔵国Ⅰ・Ⅱ期と形態が共通している。出羽国の5・7・8は、底径の半分が器高の長さより極端に長く、関東における盤状の杯の系譜上にあると見做される。十足馬場南遺跡近傍には首塚遺跡等、他にも底径が長い糸切りの資料がいくつか認められる。第1図の9は、東槻遺跡から出土した回転糸切り無調整の大きな杯である。当資料も口径や底部の大きさから、5・7・8に近い年代を想定する。同図の10は鞴袋遺跡出土で、底部に静止糸切りの可能性のある杯である。破片であるが、この資料も比較的近い年代と思われる。

秋田城跡からは、2の短頸壺蓋や6のコップ形土器が出土している。日野久は、6を埼玉県宮町Ⅰ遺跡出土資料と比較し「底径、底部の調整、焼成、自然釉、胎土、白色針状物質の混入状況など」の共通要素を指摘した（船木他一九九九）。宮町Ⅰ遺跡の資料は南比企窯跡群の製品とされており、6がそれと酷似することから、年代の妥当性と武蔵国からの搬入品であることを想定した。

2は小松正夫が、群馬県八ヶ峰窯跡の資料（当時、八世紀第2四半期）と比較し年代の妥当性を探った（船木他一九九九）。秋田城跡の「上野国進……」銘の木簡も考慮した上で、当地域からの搬入品であることを示唆し、出羽国の柵戸移配と関連付けている。6と後出の手形山二号窯跡（八世紀中頃）の蓋も、同じ系譜上にあることを指摘し、末館A窯跡の資料も紹介した。小松の論考では暗文土器にも言及しており、上原啓巳は2と共に上野国からの搬入と見做している（上原二〇〇三）。なお新野は、由利地方における平安時代初頭の氏姓問題から、上野国との繋がりを指摘した（新野③）。

末館A窯跡は、末館B窯跡と共に再整理を行った島田祐悦により年代が示された（島田二〇〇五）。前者は奈良修介、後者は大和久震平によって報告されている（奈良一九六〇、大和久一九六三）。島田は、末館A窯跡で二時期以上の操業を想定しているが、出土状況による区分が示されていない。その上で、末館A窯跡の操業を、天平五年頃と天平宝字三年頃に当てている。論考で取り上げた末館A窯跡の資料は、どれを初期段階の資料としているのか不明瞭な点がある。しかし、11に示した口径二〇cm前後で環状撮みを持つ山笠形の蓋は、同様の口径と環状撮みを持つ平坦な蓋と共に、初期段階と見做し得る。[2]また同様の環状撮みを持つ12も初期段階と考えられる。

2は天井部に鍔が付く上野型とされる蓋であり、12もその系統に含まれる。富田和夫は、上野型の短頸壺蓋について論じている（富田二〇〇六）。富田の環状撮みを持つ掲載された図と年代観では、扁平な形態（第1四半期）から、器高が増してそれと口径との差が縮まる形態（第2四半期）に移行する傾向が読み取れる。また内面の天井と体部の境が、角張る形態から丸みを帯びる形態へ変化している。この観点で2と12を比較すると、12は鍔内側の稜線を喪失する特徴も加えて、明らかに2よりも後出である。[3]

それでは、11や他の大振りな蓋の解釈はどうであろうか。これら大振りの蓋は、秋田城跡でも確認できない。一方、大振りの杯や蓋が認められる平城京では、巽淳一郎が八世紀中頃の土器について論じている（巽一九九六）。巽は、天平一七年（七四五）恭仁京から再度平城京に遷都する時期から土器型式が大きく変化するとした上で、「坏B蓋は扁平で縁が屈曲する形態に変化する。」としており、全国的な傾向と見做し得る。これより、末館A窯跡の扁平な蓋は古くともこの時期と併行する時期に考えられ、環状の撮みで共通する11の蓋も同時期の年代と想定される。なお末館B窯跡は、出土した有台杯の蓋が山笠状の形態で、口縁屈折部内側に稜を持つ特徴から竹窯跡Ⅲ期（八世紀第3四半期）に比定する（利部一九九二）。

出羽北半の律令政府による征夷に関する記事は、和銅五年（七一二）出羽国が新設されて由利地方に影響が及んだ後に、天平五年の出羽柵高清水への遷置、雄勝村の建郡と、日本海沿岸部や横手盆地への進出が知られる。天平九年（七三七）大野東人が出羽南半最上郡域で横手盆地南部への進軍を断念しており（熊田他二〇〇一）、少なくともこの段階までは内陸北域から進出する余地はなかった。この状況下で、前述糸切りの杯が認められる十足馬場南遺跡及びその近傍は、箆切り杯も考慮すると纏まった数量の須恵器が出土していると考えて良い。この状況は、当該地域と由利地方との関連性を強く窺わせるものであり、現国道一〇七号線沿いに近い道路が整備され、律令政府の開拓が進められたことを示唆する。

四　旧雄物川町市街地南部及び周辺の検討

造山地区は、前項で述べた奈良時代第2四半期の須恵器が出土しており、何よりも雄勝城に推定された地域である（高橋二〇二〇a）。本稿では、造山地区を含む旧雄物川町市街地南部と主に東西方向の周辺域を当面の対象地として検討する（第2図）。具体的には、西が蝦夷塚古墳群の西境水路が北に大きく蛇行しながら石持川に合流する一帯、北が南北に長い雄物川町市街地が石持川で分断される一帯及び主要地方道湯沢・雄物川・大曲線、東が東里集落、南が東西の国道一〇七号線に接する南側一帯で、これらを東西南北の境界域とする。因みに旧雄物川町市街地南部は、南北の旧主要地方道湯沢・雄勝・大曲線と旧国道一〇七号線沿いを中心に発達した街である。この地域は、地理学的には西側の雄物川と、東側の石持川で形成された低位の河岸段丘と言える。

（佐々木・島田 2015 に加筆）

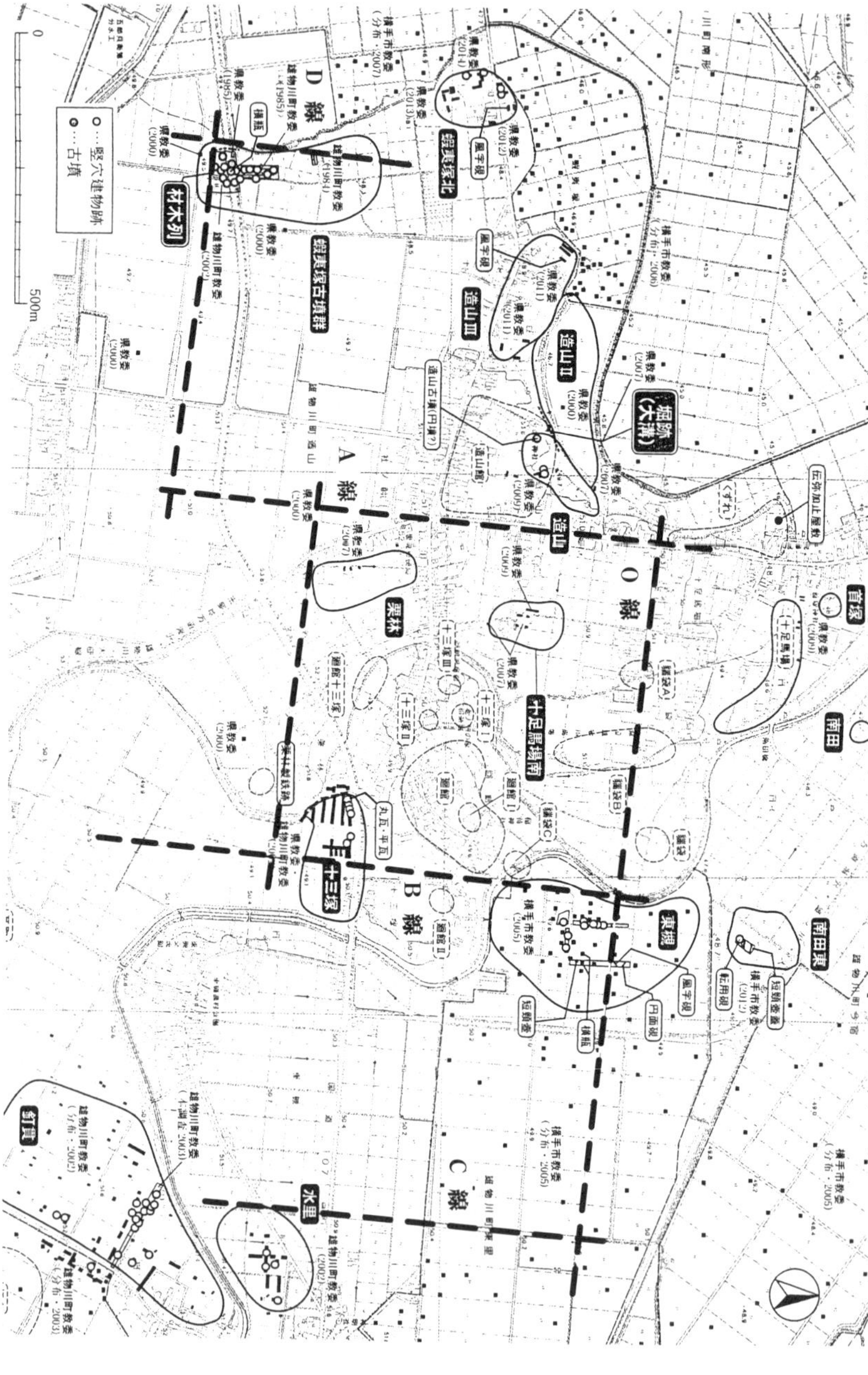

第２図　旧雄物川町市街地南部及び周辺の条里

当地域を研究対象とするのは、官道とそれに関わる条里制の解明を目指すためである。この思考は、第四六回古代城柵官衙遺跡検討会の払田柵跡調査事務所「猯袋遺跡調査の概要」が契機になっている（払田柵事務所二〇二〇）[4]。調査では、水面幅五m前後の石持川の西に位置する猯袋遺跡から、東西に延びる二条の溝跡（南がＳＤ一・北がＳＤ三〇）が、川を隔て約一二〇m東側に位置する東槻遺跡の溝跡二条（平面確認）と平行して繋がることが確認できた。更に横手市教育委員会の島田祐悦による指摘を受けた結果とし、「仮に大路や条里等の道路側溝であるとすると道幅は約一〇mとなる。」とした（第2図北東部）。一〇mは溝中央間の距離である。また、両遺跡の西側「造山丘陵で最も標高の高い場所（標高五一m前後）へと続く。」と指摘している。この遺構に関して高橋学が発表し（高橋二〇二〇ａ）、西側延伸地として県立雄物川高校正門に通じる道路との関連を指摘した。以下では、問題にしている遺構について当面道路状遺構と仮称して述べる。

道路状遺構は、溝覆土出土土器を八世紀としていることから古代の道路と考えられている。この観点から二つの事柄を確認しておきたい。一つは、幅が約一〇mで少なくとも長さ一二〇mの規模を持つ特徴は、列島各地で確認できる大道と類似する（ア）。二つ目は、東西流域が当時低地帯であった石持川を跨ぐ架構工事を伴う土木工事が想定される（イ）。この二点である。ア・イより、悪条件下であっても土木工事を実施しなければならない必要性と、それを成就する力量を問う必要がある。この観点より古代道とする前提に立つと、土木工事が国家権力による工事の可能性が推測されてくる。これは、払田柵跡調査事務所が仮説とした大路の解釈を、補足的に述べたことになるだろう。以上を念頭に置いて、次に本遺構と条里制の関連を述べていきたい。

条里制は、人民から安定した税収を得るため、律令政府が計画的に推し進めた土地支配制度である。前述した道路状遺構が、条里制の一角を占めている可能性を、作業手順に沿って解説していく。条里について竹内理三は、「耕地を六町（六五四メートル）平方に区切って、これを里（り）または坊とよび、里を東西に並べたものを条または図といい、里はさらに各辺を六等分して、一町（約一〇九メートル）平方の三六に小路または溝や畦で区切り、この一町平方の一区画を坪という。」と記述している（竹内一九七九）。里と条の方向は必ずしも限定されないが、条里制における一般的な理解である。条里の地割りを実施する際、地形や地質・余剰帯の問題があり（木下一九八八）、理念上の計画距離を保つのは難しい。従って里の一辺は、六五〇m前後を目安として進める。

第2図には、推定した条里の配置を破線で示してあり、道状遺構を南北方向の基準線（〇線）とする。これに直行するのがA線である。A線を基準に、図上で東に約六六〇m進めたのがB線、更に同じ距離を進めたのがC線である。A～C線は、現在の道路と重なったり近接したりしており、六町で構成される条里の存在が想定されてくる。

注目したいのは、高橋学が桃生城と比較した蝦夷塚古墳群のSA〇一である。SA〇一は、東西方向へ直線的に一〇四mに亘る材木塀跡と考えられている。その西端は屈曲し、垂直方向の北に延伸すると考えられた（高橋二〇二〇a・b）。蝦夷塚古墳の南域と西域を区画するように配置されている。SA〇一は〇線と平行して存在し、西端の南北遺構をD線とすると、D線はA線から西に約六六〇m進めた数値に近づき、SA〇一とD線も条里に規制されたことが理解できる。

このように、A～D線・SA〇一は条里に関連すると解釈した。この結果は、仮の基準とした道状遺構〇線に基づくものであり、当遺構も当然ながら条里の一部と見做される。約一〇mにも及ぶ幅の道路状遺構が、条里の基線としての役割を担うことは、律令政府の官道と解釈するのが最も妥当と考えられる。

条里制を推定した旧雄物川町市街地南部には雄勝城が想定されており、円面硯や丸瓦・平瓦等が出土している（高橋二〇二〇a・c・d）。高橋は、蝦夷塚古墳群のSA〇一と桃生城跡の材木塀跡の類似から雄勝城跡を示唆しているが、仮にそうだとしても城内に古墳群を取り込む不自然さが残る。律令政府の重要な施設を構築するならば、北から東側が石持川、西側が段丘崖で区分された段丘上が最も相応しく、道路状遺構の東西延伸線と南北線のA線が基準線となり、開発が進められたと想定できる。中でも十足馬場南遺跡とその周辺は、開発の中心的な区域と考えられる。東里の地名は、これらを含む段丘上の里内から東側の里を呼称した可能性もある。[5]また東槻は、段丘上の中心区域が東側で尽きる状況があり、祭祀に関わる槻木に関連するかもしれない。

新野は、かねてより和銅五年の雄勝郡衙を西馬音内周辺地区（羽後町元木）に想定している（新野一九八六）。筆者は、条里を伴う地形や前項須恵器等の在り方から、十足馬場南遺跡とその周辺地域に、和銅五年段階からの雄勝郡衙を想定すべきと考える。それを成し得たのは、新野が述べたように後方由利地方の安定があってこその事業であった（新野①）。

五　平鹿郡衙と雄勝城

由利方面から笹森丘陵を越えた雄物川流域の一部は、新野が示したように横手盆地南部における律令政府の開発起点と考えている。[6]初期雄勝郡衙設置後の政府の政策に、天平九年（七三七）の大野東人による官道整備を伴う進軍がある。陸奥国賀美郡より出羽柵（秋田城）までの直路を開くため比羅保許山に至る一八〇里の遠征に関わり、出羽国守田辺史難破の意見で雄勝村に入るのは中止された。直路のうち比羅保許山の北側進路については、天平宝字三年の駅家設置順路の位置等により、従来の代表的な見解が三つある。

一つは、吉田東伍をはじめ半田市太郎の主張する助河駅を想定した、石沢川沿いに由利地域を経由する説である（新野一九六二）。二つ目は高橋富雄による「雄勝城にかかる駅路は山北の直路を雄物川ぞいに北上した」とするもので、払田柵跡を経由して出羽柵に至る説である（高橋一九七三）。高橋は払田柵跡を雄勝城とし、その周辺に雄勝駅、秋田市河辺の岩見川流域に助河駅を当てている。三つ目は、新野が雄勝郡衙を想定した雄物川扇状地で羽後町の糠塚周辺、助河駅を増田町八木集落とした説である（新野一九八六、新野④）。雄勝駅の所在は、天平五年の雄勝郡衙が羽後町郡山にあったことが前提になっている。なお、新野は『古代東北の開拓』で、大野東人の出羽における羽後町雄勝城経由の進路想定図を掲載し、自説を展開している（新野一九六九）。雄勝郡衙に関しては、天平五年雄勝村の「建郡は実現していなかった」とする今泉隆雄の見解がある（今泉二〇〇二）。

三つの説の当否は別として、筆者にとって当面問題になるのが平鹿郡衙の位置である。新野が横手盆地南部の開発を先の説に関連して「四分の一世紀にわたる雄勝地方経営の努力と、由理地方から秋田出羽柵方面への開拓と掌握の進展により、二つの郡に分けられるまでに達した」と述べた内容は重きを成すものであり（新野一九八六）、平鹿郡衙や雄勝城の位置を想定することで、筆者なりの解釈を以下に試みたい。

〔平鹿郡衙の位置〕

平鹿郡の地名は、天平宝字三年六駅家の設置と共に見られ、新野は助河駅を推定する過程で、平鹿の付く地番名や小字名の付く増田町の旧増田村・旧亀田村辺りに平鹿郡衙を推定した。そして、雄勝駅を雄勝郡衙付近とする前提で、近傍の八木集落を助河駅に擬定した（新野④）。この地域に縫殿・石神・矢剥・在城等の古式地名を指摘し、近傍の平鹿集落地区を真人山を控えた扇頂台地上に存在すると評した。地図を見ると、真人山西の麓には真人地区がある。真人は律令官人の職種に用いられ、真人山南の吉野や大和沢、北の金峰山と共に畿内色の強い地名が残っている。筆者は、地名からしても旧増田町市街地を含む周辺に平鹿郡衙を想定する新野説に賛成である。特に縫殿は、律令官制の中務省縫殿寮と関連すると考えられ、官衙に付属した施設の可能性を考えたい。

これと関連するのが羽後町の奈良時代創建とされる三輪神社である。先に推定した雄勝郡衙は、三輪神社の真北約九・五㎞にあり、神社から真東約一〇㎞が縫殿地区に相当している。相互の距離間もさることながら、皇宮と東宮の関係にも比すような方位の強い相関関係が認められる。つまり縫殿地区を平鹿郡衙に比定することで、雄勝郡衙と平鹿郡衙の安全を祈願した国家的祭祀場所としての三輪神社が想定されてくる。

畿内桜井市に所在する三輪山は、蝦夷を御諸山（三輪山）の傍らに安置したり（『日本書紀』景行紀）、蝦夷が三諸岳（三輪山）に向かって誓いを立てたとする記事（『日本書紀』敏達紀）がある（鈴木二〇二〇）。御諸山は元来三諸山と称する神体山で、西麓にあるのが神殿のない大神（おおみわ）神社である（池田一九七九）。著名な大神神社から分祀した三輪神社が、推定した両郡衙を守護するように配置されているのである。三輪神社は、蝦夷と三輪山の関係を熟知していた権力者藤原仲麻呂の主導で創建された（木本一九九三）。雄勝城はその三男朝猟が造営したのであり、雄勝城を含む二郡の設置により、守護神三輪神社との関係が看取される。この施策は、天平宝字三年の雄勝・平鹿郡設置記事に対応するものである。また、推定した二郡衙の背後に金峰山が鎮座するのも、郡衙域を意識したことによる呼称であろう。

次に平鹿の地名について付言しておきたい。江戸時代の紀行家菅江真澄は、平鹿の地名を比流迦（びるか）の蝦夷辞（えぞことば）、若しくは神器としての神武紀に見える平瓮（ひらか）の可能性を指摘している（内田・宮本編一九七六）。筆者はこれと異なる見解を持っており、以下に助河駅を平鹿地域とする新野説に関連して、平鹿の地名その由来について触れていく。

天平宝字三年の駅家は、新野によると最上郡域の玉野駅（尾花沢市）・避翼駅（舟形町）・平戈駅（金山町）、秋田県側とされる横河駅（雄勝町）・雄勝駅（羽後町）・助河駅（増田町）と推定している（新野④）。その駅路の開発は、天平九年の大野東人の進軍が前提で、「玉野より賊地の比羅保許山に至る八十里は、地勢平坦にして危険有ること無し。狄俘等曰さく、「比羅保許山より雄勝村に至るまで五十余里、其の間亦た平なり。唯両つの河有り、水漲るに至る毎に並に船を用ゐて渡る」と。」、「四月四日、軍は賊地の比羅保許山に屯す。」の記事を取り上げる（新野一九八六）。新野は比羅保許山を県境の神室山に当て、大野軍が雄勝峠を越える高橋富雄説に対し、有屋峠を越え役内川を下る道を想定した。気に掛かるのが、神室山を比羅保許山に比定した場合、後に設置される最上郡内平戈駅との読みの相似である。比羅保許の比羅は平、保許は矛・鉾・戈に通じている（新村編二〇一八）。

比羅保許山の表記は、神室山を含む雄勝峠・有屋峠の山麓一帯の急峻な山岳地帯を指した内容ではないだろうか。即ち、県境分水嶺の南側と北側を平戈（ひらほこ）地域一帯として把握し、天平宝字三年には南側平戈地域に平戈駅（最上郡域）、北側平戈地域周辺に平戈の戈（か）から転じた鹿を当て、平鹿郡の地名として採用したものと考えられる。

〔雄勝城の位置〕

雄勝村は、横手盆地の蝦夷諸集団の総称として律令政府側が呼称した村と解釈している。「雄勝城の例は奈良時代から平安時代にかけて移転をしながらも、一貫して広域地名を保持していた。」とする進藤秋輝が、「横手盆地自体が古くは広域雄勝村であった可能性があり」とする考えとは異なる（進藤二〇一〇）。

天平宝字三年に陸奥国桃生城と併記される雄勝城は、横手盆地南部を支配領域に組込んだ上で造営された。具体的には、雄勝郡より分かれた平鹿郡の設置、横河駅・雄勝駅・助河駅の設置に見える駅路（官道）の付設等がそれを象徴している。雄勝城は、横手南部の安定維持に資することは無論であるが、盆地中部更には北部の領域拡大を目指したものと理解される（新野④）。雄勝城の設置は、天平九年の大野東人の進軍記事に「城郭を作らん」と記されており（熊田他二〇〇二）、その時点ですでに「軍事行動の計画に入っていた」と考えられる（高橋一九九二）。同じ記事の「雄勝村を征し、以て直路を通さん」は、横手盆地を対象にした律令政府の領土拡大を第一義としたもので、具体的には条里制による公地や班田農民等の掌握を目指すものであった。八世紀中葉の雄勝城の造営は、雄勝郡衙や平鹿郡衙が位置する横手盆地南部より北に進めるための拠点造りであり、そのための官道の付設は、領土拡大政策の重要課題であった。

この視点で南北に長い横手盆地の地形を見ると、雄物川が盆地中央の大仙市市街地西側で西に流路を大きく変更するまで、湯沢市市街地西側から盆地の西辺をなぞるように北流する（第3図）。雄物川が東に形成した河岸段丘に、盆地南部の大河川成瀬川・皆瀬川を除く、横手川・大戸川・大宮川・小勝田川・石持川の中小河川が存在し、南東から北西方向に流れて雄物川に合流する。このうち、中山丘陵を境にした西側の横手川を除く中小河川は、成瀬川と皆瀬川が合流する増田地区を源にしている。大局的に、横手盆地の南部から中部にかけての平野部は、成瀬・皆瀬川が造る沖積扇状地や、その扇頂部を取水口にする中小河川が造る重層した肥沃な土地が形成されている（今村他一九九一）。

律令政府が、広域な班田制を目論みながら横手盆地を領域化する官道の起点として、成瀬・皆瀬川の合流地に近い増田地域を重視したことが窺われる。これが、当地域に平鹿郡衙や近くに想定される助河駅を設置する理由であろう。

横手盆地を北上する直路は南北を意識したはずで、増田地域から北進するならば、雄物川流域までの西側低地を見下ろせる標高の高い中山丘陵西側を通り、将来設置される払田柵跡近傍に向けた計画路が想定される（第4図）。高位面の官道の配置は、水田の灌漑・治水と水を支配する上で重要な施策であり（亀田一九六〇）、進軍等にも優位にはたらく。

注目されるのが、田植地区西の大道（おおみち）の地名である。大道の地名は『日本書紀』にも認められ（近江二〇一〇）、全国的に知られる中には、地名で古代の官道を伝えるものも少なくない。但し、中世や近世の重要な交通路にもこの地名を与える場合がある。当地域の場合は、近世の羽州街道がほぼ現在の国道一三号沿いとされ（藤原二〇〇二）、古代末の清原氏の本拠地で横手市市街地北端にある大鳥井山遺跡では、近傍の南北道路、即ち近世の羽州街道沿いを活用したと想定される。羽州街道は中山丘陵東側に位置し、西側に認める大道は、近傍で北東にある郷口、南東の西小路と共に古代の名残を示唆するものではないだろうか。これらの地名がある南北方向に官道を想定したい。

地名の大道を基にした北と南には、それぞれ六〇〇mと八〇〇mの現南北道があり、その間約四・五kmを隔てて一直線上に重なる。当時の官道若しくは官道に規定された、条里の一端を伝える可能性がある。以上の想定路に加えて、南側の二本松地区南東部から旧増田町市街地に向かう現県道一一七号線の旧道沿いを官道と想定する。この南には、鼎や上野村の地名があり、渡来人や上野集団の存在も想定される。因みに、雄勝郡衙に関する官道

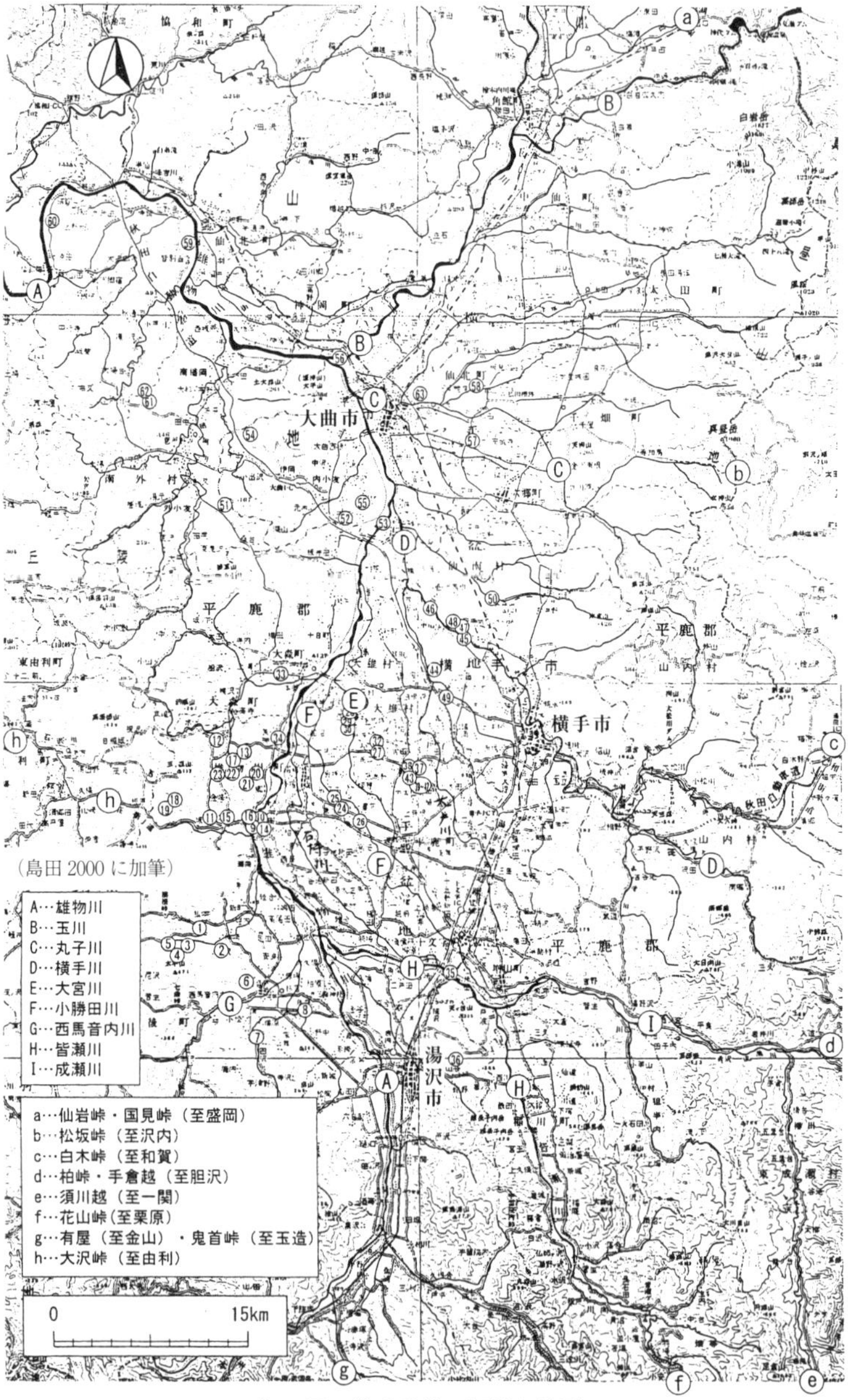
(島田2000に加筆)
A…雄物川
B…玉川
C…丸子川
D…横手川
E…大宮川
F…小勝田川
G…西馬音内川
H…皆瀬川
I…成瀬川
a…仙岩峠・国見峠（至盛岡）
b…松坂峠（至沢内）
c…白木峠（至和賀）
d…柏峠・手倉越（至胆沢）
e…須川越（至一関）
f…花山峠（至栗原）
g…有屋（至金山）・鬼首峠（至玉造）
h…大沢峠（至由利）
0
15km
大曲市
横手市
湯沢市
平鹿郡
平鹿郡
平鹿郡
秋田自動車道

第３図　横手盆地の河川と地形

（国土地理院1998に加筆（5万分の1横手））

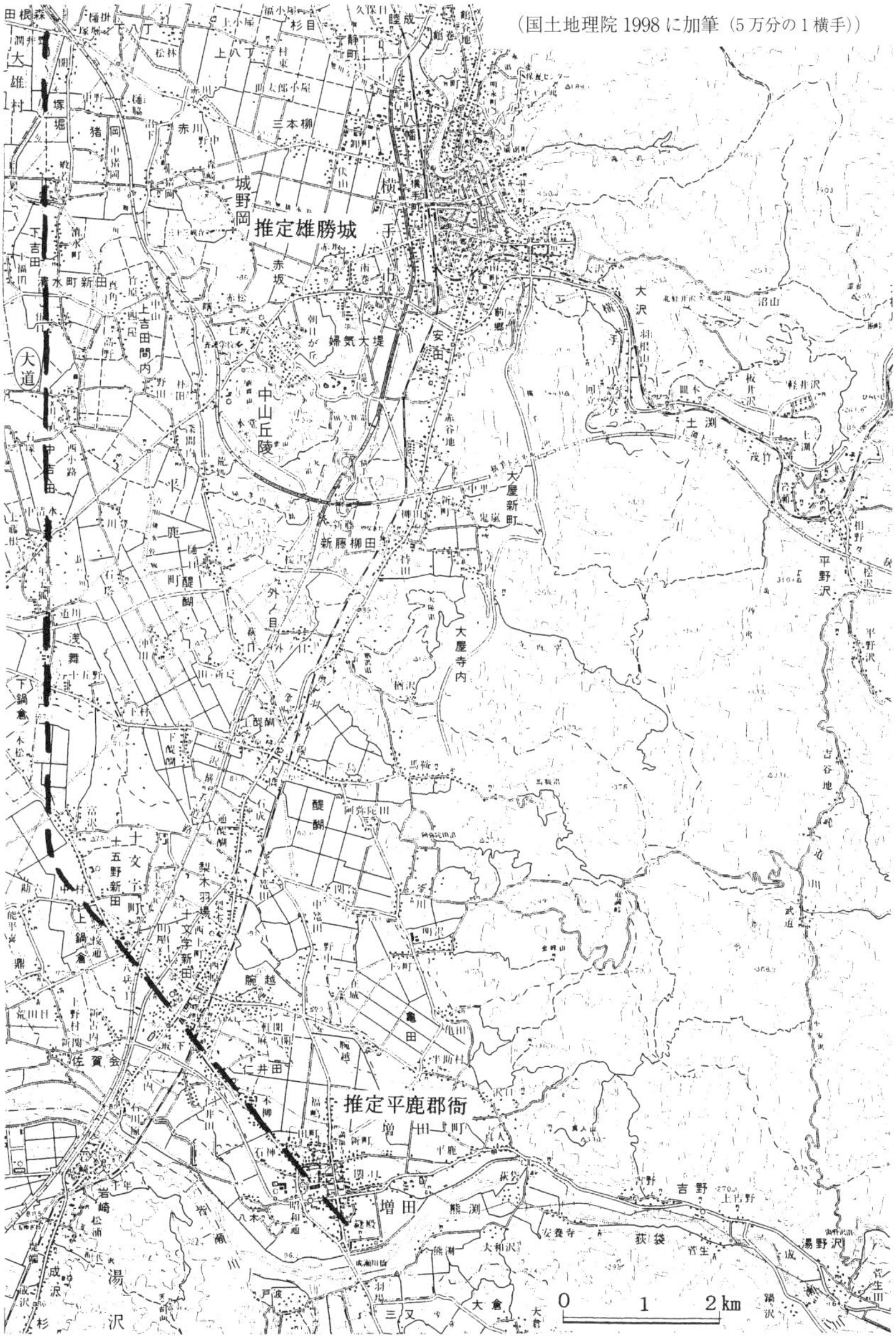

第４図　平鹿郡衙・雄勝城・官道の推定位置

を想定した鑞袋遺跡の道状遺構を東に延伸すると、官道推定上の中清水集落に到達する。そこには指定文化財の白藤神社が鎮座しており、南北官道沿線における開発拠点の一つと見做せるかも知れない。

官道を推定した上で、雄勝城の位置を検討する。八世紀中葉の横手盆地南部は、二郡の設置により一先ず安定した地域になったのであり、それらと北に広がる未開拓区域の間に、雄勝城が位置するのは自然な在り方と思考する。それを踏まえると、中山丘陵の北西端域、城野岡が最も適地と考えられる。筆者が、昭和六三年（一九八八）に調査を実施した竹原窯跡は（利部一九九一）、出土須恵器の様相から雄勝城や雄勝・平鹿両郡衙を供給地と想定した官窯である。当時から城野岡は、雄勝城の候補地に挙がっていたが、具体的な根拠を示せずに時間ばかりが経過した。

城野岡地区を雄勝城とするのは、「城野岡という地名は城柵の存在を示唆し、宮城県などでは官衙遺跡が発見されている」からである（熊田・島田二〇〇八）。その最たる例が、神護景雲元年（七六七）築城の伊治城跡で栗原市城生野（じょうの）に所在する（進藤二〇一〇）、城生野である。城野岡（じょうのおか）の西側に猪岡（いのおか）の地名があり、共に岡を修飾するように城野と猪がある。この場合、「の」の読みが共に助詞として用いられていると理解する。そして城野岡は、岡が付く以前は城野であったと考えられる。城生野と城野は、共に（じょうの）の同じ読みである。雄勝城と同年に築城した桃生城は、「ものう」（熊田他二〇〇一）と桃生柵「ものお」（進藤二〇一〇）の二通りの読みがあり、「う」は生まれるの「う」、「お」は生うの「お」と対応し（新村編二〇一八）、どちらの読みを採用しても地名の意味が成り立つ。そうであれば、城野岡の城（じょう）の「う」には、本来「生」の意味が含まれていて、どちらかの意味を考えることも可能であろう。事実、宮城県加美町城生字城生裏には城生柵跡があり（進藤二〇一〇）、これらの「城生」は、（じょう）と読まれており、城野岡の城の読みと通じる。城生野は、城が野に生まれ、或いは野で成長する、と理解しても良いだろう。このように考えると、城野岡が城柵を示唆することの妥当性が見えてくる。

以上、想定した官道の地理的位置に、城柵を推定させる城野岡の地名、即ち中山丘陵北西区域の独立する丘陵部を、雄勝城の擬定地と考える。その地は、遠方の沖積地を広く見渡すことができ、周囲に対して建造物を誇示できる高所に立地する。この前面北側には、広範な古代とされる条里制遺構が広がり（石母田一九八九）、城野岡南西には奈良時代竹原窯跡が築窯されている。これらは、雄勝城近傍の遺跡として相応しいのである。

六　おわりに

本稿では、天平五年の『続日本紀』に見える出羽柵（秋田市高清水岡）の遷置と初期雄勝郡衙の建郡記事を基礎に据え、はじめに雄勝郡衙を想定した。その際、秋田城跡創建期の須恵器と横手市十足馬場南遺跡の須恵器の検討を踏まえ、鵜袋遺跡の道路状遺構を官道とした条里制の存在を見出した。次に、三輪神社を介在して南北軸の雄勝郡衙に対する東西軸の平鹿郡衙の位置を推定し、平鹿郡衙新野説を補強した。更に、律令政府が平鹿郡衙を増田地域に定めた理由を、横手盆地の領域支配拡大の実効的な拠点にした政策と捉えた。また雄勝城を中山丘陵北西端に求め、平鹿郡衙近傍から雄勝城西側に至る官道を想定した。つまり、南北官道を幹線、鵜袋遺跡の道路状遺構やそれより東側に延びる官道を支線とした交通路の整備による律令支配を考えた。

横手盆地東側を盆地中部へ進める幹線により、八世紀中葉の南部平鹿郡衙近傍の助河駅に対し、その北に位置する推定雄勝城近傍の西側辺りに雄勝駅を想定する。(7) 城柵付近に逓信機能を持たせることが、戦略上の要とも言える。この配置を基本にすると、天平宝字三年時点の雄勝郡と平鹿郡の領域は、比羅保許山以北より推定した雄勝城周辺の東西までを、実質的な支配領域と見做すことができよう。このように解釈すると、幹線を考慮した二郡衙の配置状況より、概ね雄勝郡域は盆地内西側の広域で平坦な平野部、平鹿郡域は標高の高い平坦部から山間地にかけて東・南域の狭隘な平野部を占め、最上郡域と接する山麓部も平鹿郡域であったと推定する。時代は降るが、『続日本紀』延暦一一年（七九二）条には、「永く出羽国平鹿・最上・置賜三郡の蝦夷の田租を免じる」とある（熊田他二〇〇一）。租の免除に関する置賜・最上・平鹿三郡の記事について、これらを地続きと理解するのが妥当であり、平鹿郡が秋田県南端域を含んでいたことを示唆する。従来の東西に長い南の雄勝郡・北の平鹿郡ではなく、南北に長い西の雄勝郡・東の平鹿郡と考えてみたのである。

天平九年には、前述した「比羅保許山より雄勝村に至る五十余里、其の間も亦平なり。唯両河有り。」の記事がある。この両河は、皆瀬河と合流するまでの雄物川流域（但し上流部は役内川と連続する。）と成瀬川が合流する皆瀬川流域と考えられ、雄勝村の表現は、これらの合流点から北の横手盆地沖積地を指したものと思われる。

これと関連して、本稿における官道と駅家の配置について、大きく牴触するのが天平宝字三年の駅家配置の記事である。即ち、玉野―避翼―平戈―横河―雄勝―助河と南から順次配置したとする定説である（新野④）。それに対し、必ずしも設置順位を示さないと考えるのが筆者の立場である。玉野―避翼―平戈は順次設置されるが、出羽北半では事情が異なる。本論で述べたように、天平五年の雄勝郡設置による開拓推進が、雄勝城の造営と平鹿郡の分置を導いたのであり、幹線に伴う駅家の設置は、推定雄勝城近傍の雄勝駅から推定平鹿郡衙近傍の助河駅の順で正史に記録されたと考える。横河駅に関して、天平九年比羅保許山南域で軍を引き返すが、その後平鹿郡分置までに比羅保許山北域は最上郡の開拓が進められたと想定される。そうであれば、雄勝駅家から助河駅家は雄勝郡、玉野駅家から横河駅家までが最上郡の行政下で開拓が進められたことになる。横河駅が後に平鹿郡内に配置されたとしても、文献記載の駅家の配置は、最上郡家と雄勝郡家の功績を配慮してのことと理解できる。

本稿では、考古学的事象と文献記事の整合性を意識して、雄勝郡・平鹿郡・雄勝城、更に幹道の位置を擬定した上で、駅家の配置にも言及した。これらの官衙遺構の設置からしても、横手盆地南部における律令政府支配がいかに困難を極めたかの思いを強くしている。天平五年の秋田出羽柵の北進と共に、初期雄勝郡が設置されて横手盆地の本格的な開発が始動したのである。二つの大事業の後方支援として欠かせないのが、由理郡域の軍事拠点としての由理柵である。秋田城跡や十足馬場南遺跡で出土したこの頃の須恵器には、関東地方からの移配政策に伴う器が認められる。和銅元年（七〇八）の出羽郡設置をはじめ八世紀前葉の出羽沿岸部の政治動向からも（宇佐美一九八四）、建郡後、由理柵を拠点に二大事業が展開したものと理解される。延長五年（九二七）の出羽国伝馬制で最大の駅とされるのは（新野⑤）、当時からの重要地域を引き継いだ結果であろう。由理柵が、秋田出羽柵と共に天平五年にはすでに存在していたとするのが筆者の考えである。「古代北羽の開拓にとって由理地方は、最初から要めの地帯であった」のである（新野一九七二、新野②）。

本論は、由理地域に和銅五年頃の律令制下の遺物や遺構が見えてこない現状において、横手盆地南部の開発状況から由理柵の重要性と時期を導こうとしたものである。本論を綴るに当たり指標としたのは、新野の『鶴舞』紙上の連載内容（新野①〜⑤）である。多くの論考を創出した氏の業績に敬意を表し擱筆する。

註

（1）平成一七年（二〇〇五）の合併で、字名末舘が末館に変更されており、本論では末館表記の遺跡名を用いる。

（2）他に一回り小さく同様の環状撮みを持ちその中央がやや膨らむ形態の蓋、口径が約一六cmで環状撮みを持つ蓋もある。なお八ヶ峰窯跡からは、環状撮みで鍔付きの蓋と環状撮みを持つ扁平な蓋が出土している（上原二〇〇三）。

（3）手形山二号窯跡出土の鍔付きの蓋も上野型の系譜を引くが（船木他一九九九）、口縁端部の作りは北陸の影響を受け、環状部も高さがあり異質である。鍔内側の稜が、稚拙なものと消失したものを含み、内側天井部と体部の境が湾曲することから、上野型系統でも後出である。末館A窯跡の12と同じ年代を想定しておく。

（4）遺跡名を鵜袋としているが、当地の字名は鵜袋であり、字名を遺跡名とする原則に従うと鵜袋が適切である。以下当遺跡を鵜袋遺跡と表記していく。

（5）朝鮮新羅王京の略図には、臨海殿跡と共に城東里遺構つまり「城東里」の呼称があり（鬼頭一九八四）、京域の方格地割りに因んだ名称と理解される。

（6）横手盆地を、仙北市市街地北辺から大仙市市街地辺りまでの北部、それより南で横手市市街地辺りまでの中部、それより南で旧雄物川町市街地を含む南部と大きく三の地域に区分する。

（7）雄勝城・駅家研究会による十足馬場地内の調査では、「驛長」と見られる墨書土師器が出土した。調査担当者の高橋学は、当地区の雄勝駅家の可能性を『秋田魁新報』（一二月八日）紙上で指摘している（高橋二〇二〇e）。一一月一五日の見学会でその土師器を実見した。内面黒色で底部に静止糸切りの痕跡を持ち、端部には削り調整がある。糸痕跡の条は狭く、十足馬場南遺跡の須恵器（第1図7の底部痕跡）と類似し、全体が薄く丁寧な作りである。天平五年頃の特徴を備えていると考える。当地を仮に雄勝駅家とすると、天平宝字三年以前で天平五年頃の駅家と考えられる。なお、推定助河駅家の近傍縫殿地区から推定雄勝駅家の城野岡地区西側までは、地図上で約一四kmあり、実際の道路勾配を考慮すると古代の三〇里（一六～二〇km）に近い数値である（高橋一九七三）。

引用・参考文献

秋田県教育庁払田柵跡調査事務所　二〇〇八『払田柵跡　第一三五次・一三六次調査概要』秋田県文化財調査報告書第四四〇集　秋田県教育委員会

秋田県教育庁払田柵跡調査事務所　二〇二〇「猯袋遺跡試掘調査の概要」『第四六回古代城柵官衙遺跡検討会―資料集―』　古代城柵官衙遺跡検討会　一六八頁

秋田県教育庁払田柵跡調査事務所　二〇二〇『払田柵跡―第一五三次調査・関連遺跡の調査概要―』秋田県文化財調査報告書第五一九集　秋田県教育委員会

秋田市教育委員会他　一九九一『秋田城跡　平成二年度秋田城跡発掘調査概報』

池田源太　一九七九「三輪山」『日本歴史大辞典』第九巻　河出書房新社

石母田正　一九八九「Ⅶ　辺境の長者―秋田県横手盆地の歴史地理的一考察―」『石母田正著作集』第七巻　岩波書店

今泉隆雄　二〇〇二「天平九年の奥羽連絡路開通計画について」『国史談話会雑誌』第四三号　東北大学国史談話会　一二三頁

今村遼平他　一九九一『画でみる地形・地質の基礎知識』　鹿島出版会　一六八頁

上原啓巳　二〇〇三「四　東北に残された上野の足跡」『新編高崎市史』通史編一　高崎市

宇佐美正利　一九八四「秋田城の成立と展開―文献史料を中心として―」『月刊歴史手帳』　名著出版

内田武志・宮本常一編　一九七六『菅江真澄全集』第六巻　未来社

近江俊秀　二〇一〇「「大道」考」『古代文化』第六二巻二号　古代学協会
大和久震平　一九六三「平鹿郡雄物川町末館窯址発掘調査報告」『横手郷土史資料』第三五号　横手郷土史編纂会
雄物川町教育委員会　二〇〇三『蝦夷塚古墳群―県営ほ場整備事業に伴う埋蔵文化財発掘調査報告書―』雄物川町文化財調査報告書第三集
利部　修　一九九一『東北横断自動車道秋田線発掘調査報告書XI』秋田県文化財調査報告書第二〇九集　秋田県教育委員会
利部　修　一九九二「竹原窯跡の須恵器編年」『秋田県埋蔵文化財センター研究紀要』第七号　秋田県埋蔵文化財センター
利部　修　二〇二〇a「報告二　出羽国北半の未発見城柵（二）―由理柵―」『第四六回古代城柵官衙遺跡検討会―資料集―』古代城柵官衙遺跡検討会
利部　修　二〇二〇c「文化―雄勝城の所在地　新視点で探る」『秋田魁新報』　秋田魁新報社
利部　修　二〇二〇b「由理柵と横手盆地―律令政府の進出―」（公開講演会資料、一〇月二四日）本荘由利地域史研究会
亀田隆之　一九六〇「古代用水制度の一般的考察」『東洋大学紀要』第一四集　東洋大学学術研究会
木下　良　一九八八「空中写真による計画的古代道の検出」『考古学叢考』中巻　吉川弘文館
鬼頭清明　一九八四「第三節　集落・国郡衙・都城」『日本歴史大系』一　山川出版社
木本好信　一九九三『藤原仲麻呂政権の基礎的考察』　高科書店
熊田亮介他　二〇〇一「第一章　古代編年史料」『秋田市史　古代史料編』第七巻　秋田市　四四二・四五九頁
熊田亮介・島田祐悦　二〇〇八「第二章　出羽国の成立と展開」『横手市史通史編　原始・中世・中世』横手市
小松正夫　二〇一三a「由理柵の研究史と擬定地の検証―実地踏査を踏まえて―」『古代由理柵の研究』高志書院
小松正夫　二〇一三b「由理柵・駅と古代想定駅路―由利地域の駅路を中心に―」『古代由理柵の研究』　高志書院
酒井清治　二〇〇一「生産地の様相と編年―多摩・比企―」『土師器と須恵器』　雄山閣
佐々木健・島田祐悦　二〇一五『南田東遺跡―雄物川カントリーエレベーター建設工事に伴う埋蔵文化財発掘調査報告書―』横手市文化財調査報告第三六集　横手市教育委員会
新村　出編　二〇一八「おう」『広辞苑』第七版　岩波書店　三六二頁
新村　出編　二〇一八「ほこ」『広辞苑』第七版　岩波書店
島田祐悦　二〇〇五「横手盆地の奈良期における須恵器編年―末舘窯跡の再検討―」『秋田考古学』第四九号　秋田考古学協会
島田祐悦　二〇〇六『中村Ⅰ遺跡―担い手育成基盤整備事業（里見地区）に伴う埋蔵文化財発掘調査報告書―』横手市文化財調査

報告第二集　横手市教育委員会
島田祐悦　二〇〇六『遺跡詳細分布調査報告書―担い手育成基盤整備事業に伴う埋蔵文化財発掘調査報告書』横手市文化財調査報告第三集　横手市教育委員会
進藤秋輝　二〇一〇「（一）飛鳥宮と東北の城柵」『東北の古代遺跡　城柵・官衙と寺院』高志書院　六頁
進藤秋輝　二〇一〇「（二）奈良・平安時代の城柵」『東北の古代遺跡　城柵・官衙と寺院』高志書院　五四頁
鈴木拓也　二〇二〇「基調講演　払田柵跡と雄勝城」『第四六回古代城柵官衙遺跡検討会―資料集―』古代城柵官衙遺跡検討会
高橋　崇　一九九一『律令国家東北史の研究』吉川弘文館　三八五頁
高橋富雄　一九七三「払田柵と雄勝城」『日本歴史』第三〇二号　吉川弘文館　一〇九頁
高橋　学　二〇二〇a「報告一　出羽国北半の未発見城柵（一）―雄勝城―」『第四六回古代城柵官衙遺跡検討会―資料集―』古代城柵官衙遺跡検討会
高橋　学　二〇二〇b「蝦夷塚古墳群」『第四六回古代城柵官衙遺跡検討会―資料集―』古代城柵官衙遺跡検討会
高橋　学　二〇二〇c『蝦夷塚古墳群発掘調査報告書―雄勝城等擬定地遺跡の検証―』雄勝城・駅家関連遺跡発掘調査報告書第一集　雄勝城・駅家研究会
高橋　学　二〇二〇d「由理柵と雄勝城」『鶴舞』第一〇六号　本荘地域文化財保護協会
高橋　学　二〇二〇e「文化―雄勝城・駅家研究会　造山地区の発掘報告」『秋田魁新報』秋田魁新報社
竹内理三　一九七九「條里制」『日本歴史大辞典』第五巻　河出書房新社　六〇四頁
巽　淳一郎　一九九六「近畿地方の八世紀中頃の土器」『日本土器事典』雄山閣　八〇四頁
富田和夫　二〇〇六「北武蔵における他国産須恵器の流通とその実態―上野産須恵器を中心に―」『古代武蔵国の須恵器流通と地域社会』埼玉考古学会
奈良修介　一九六〇「第五節　窯址」『秋田県史　考古編』秋田県
新野直吉　一九六三「上代「由理駅」に関する管見の序説」『鶴舞』第一二号　本荘市文化財保護協会
新野直吉　一九六九『古代東北の開拓』塙書房
新野直吉　一九七二「古代の由理（第一回）」『鶴舞』第二五号　本荘市文化財保護協会　一三頁
新野直吉　一九七三a「古代の由理（第二回）」『鶴舞』第二六号　本荘市文化財保護協会
新野直吉　一九七三b「古代の由理（第三回）」『鶴舞』第二七号　本荘市文化財保護協会

新野直吉　一九七四「古代の由理（第四回）」『鶴舞』第二八号　本荘市文化財保護協会
新野直吉　一九八六『古代東北史の基本的研究』角川書店　一五〇・一五一・一七七頁
新野直吉監修　二〇一三『古代由理柵の研究』高志書院
平川　南　二〇一二『東北「海道」の古代史』岩波書店
藤原優太郎　二〇〇二『羽州街道をゆく』無明舎出版
船木義勝他　一九九九「秋田市内出土資料の再検討」『秋田市史研究』第八号　三三頁
払田柵跡調査事務所編　二〇二〇『第四六回古代城柵官衙遺跡検討会—資料集—』古代城柵官衙遺跡検討会
宮城県多賀城跡調査研究所　一九九七『桃生城跡　Ⅴ』多賀城関連遺跡発掘調査報告書第二二冊

第二章　列島的視座

第一節　近世×形文の変容

一　はじめに

今日「×」の表号は、義務教育の小学生から算数の授業で学び日常生活で掛け算の印として多用される記号である。3×（かける）3のように呼び習わすが、広辞苑では罰点を「誤り・不可などを示す「×」の形のしるし。ばつ。ばつ。ばつじるし。」としている。また、ばつを「罰点のこと。」とする。因みに、掛けるの意味に「掛け算をする。」とある（新村編二〇一八）。つまり、×を掛け算で「かける」と読むのは慣用的表現に他ならない。「ばってん」等の読みは、学習用語として相応しくないことから「かける」の読みが慣用化されてきたと考えられる。しかし、×の本来の読みは「ばってん」もしくは「ばつ」である。筆者は後者を用いている。

さて×形の表号は、回答用紙の○×式として学校の試験問題や各種アンケート用紙の回答に○と共に用いられる。正誤、賛否の意思表示の方法として日常生活に定着しているのである。一方で、侵入禁止の交通標識や工事現場等の危険を回避するための表号で、駄目の意味合いもある。地震の震源地や事故地点等の危険な場所を指し示す場合にも用いる。×形の意味をキーワードで辿るとすると、誤り・否定・禁止・危険・駄目等を意味する記号と言える。これらは、善悪で割り切るとなれば悪を印象づけるが、社会生活を営むための合理的な伝達表号として機能しており、×が必ずしも悪だけを意味するものではない。以上を念頭に置いた上で、近世の×形文が、それまでの×形文と機能や在り方の点で異なっていること考察してみたい。

二　近世を遡る×形文

筆者は、古代に律令制度が定着しなかった青森県域において×形文を付した刻書土器を検討したことがある（利部二〇一四）。そこでは、多数の刻書×形文が律令国家の影響のもとで、呪術的意味を持って招来されたと結論付けた[1]。その際、日本列島での×形文の在り方を論じて、呪術的記号と考えられる縄文時代から平安時代の類例を提示した。以下、補足しつつ時代毎に簡略化して述べる。

縄文時代後期・晩期には、石棒・石剣・石刀等の頭部や鹿角製の垂飾品に類例がある。これらの×形文を記した石器は権威ある者の所有物である。

弥生時代において、×形文を付した著名な資料として島根県荒神谷遺跡出土の銅剣がある。三五八本の銅剣が土坑に一括埋納され、そのうち実に三四四本の茎に×形文が刻まれていた。貴重な金属器としては、他に銅鐸や鏡に×形文を付した資料も見られる。土器では、細頸形壺の胴部上半の六つの方形区画に、刷毛状工具で描いて×形文を連続させた資料がある。また、支石墓の合口甕棺に×形文を施すものもある。

古墳時代には、須恵器杯に多数の類例が認められており、特に人物埴輪に付された×形文は、直接身体に関わる資料として重視したい。群馬県綿貫観音山古墳（全長九七ｍの前方後円墳）からは、手の甲や足の先端側、手首と肘の間にある籠手に×形文が付された、高い座具に胡座を組んだ男性胡坐像が出土した。その容姿は「古代の大王や豪族など上層階級の男性の坐り方」と理解されており、古墳の被葬者と考えられている（塚田二〇〇七）。同古墳出の鎧を纏った武人像は、三本の矢を収め×形文を付した靫を背負っている。また円筒埴輪では、神聖視された鹿と共に線刻された例もある。この他、装飾古墳の壁面に×形文を黒で描いた資料や、七世紀末から八世紀初頭の奈良県高松塚古墳にも、青龍頸部に×形文を描いた類例がある。同頸部×形文は、同薬師寺金堂薬師如来座像にも見受けられる。

古代の奈良・平安時代については、刻書記号・文字を埼玉県域に限定して扱った末木啓介の論文がある（末木一九九八）。古墳時代の須恵器・埴輪の刻書記号を示した上で、八世紀前半・後半、九世紀前半・後半、一〇世紀集落出土の供膳具に限定した分布図を作成した。その中の×形文を拾い上げると、奈良時代八世紀前半が一二例、同後半が二八例、平安時代九世紀前半が二五例、同後半が一四例、同一〇世紀が四例である。集落の供膳具に限定しただけでも奈良時代四〇例、平安時代四三例となり、他の器種や窯跡資料等を加えるならば一九九八年時点で優に一〇〇例は越える。この数を二〇年後の今日、全国の都道府県に推し量ったとすると、×形文を付した供膳具は膨大な資料になるであろう。土器に付された箆記号に限定すると、工人による記号の全面否定ではないものの、多くは呪術性を秘めた表号（呪術的記号）として機能していた。

ところで筆者は、平安時代の仏教関連資料に×形文が認められる例を真言密教との関連で述べたことがある（利部二〇一七）。東京都総持寺所有の蔵王権現像には、蔵王権現とその眷属が刻まれ、それらの頭部帯飾りや胸飾り等に×形文が見られる。空海創建の奈良県東寺にある五大明王像や五大尊画像（五大明王）、西院本曼荼羅の中にも×形文が巧みに取り込まれている。×形文が、新たに「平安時代の密教図案として伝来し、九世紀第2四半期より密教の呪術性と一体化して積極的に採用された。」とし、真言密教の空海によって×形文の使用が主導されたことを論じた。

以上、×形文について個別事例を提示しながら、縄文時代から平安時代までの具体相を鳥瞰して述べてみた。

次に、これを踏襲する中世の時代にも若干触れておきたい。中世陶器の×形文を付した類例は、これ以前の焼き物と比較してかなり少ない。それは、一面において施釉・絵付けの加飾に押されて、相対的に×形文の役割が減少した点が指摘できよう。稀な類例に、縦横に区画した複数の格子目に、それぞれ×形文を施した例がある（鶴巻二〇一〇）。一方では、木製品が普及する中世において、木器に×形文が付されたのが腐朽してしまった可能性も考慮する必要がある。いずれにしても全体的に類例が少ない。

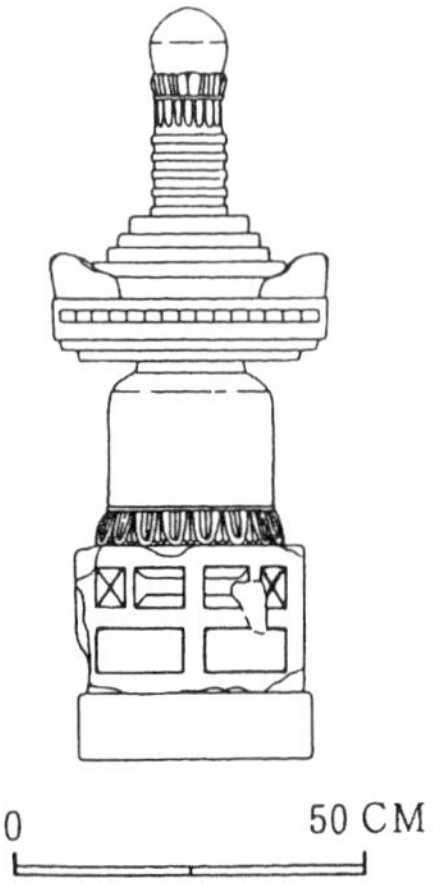

第１図　赤碕塔
（池上 2007 より）

最後に、中世を代表する石造物の一例を取り上げる。鳥取県伯耆地方には、「赤碕塔」と通称される象徴的な宝篋印塔がある（第１図）。宝篋印塔の塔身は、立方体もしくは直方体が通例であるが、円筒状を呈している。赤碕町柴尾神社の中世墓地では、数百の石塔部材が見つかり、一一塔が復元された。宝篋印塔・五輪塔・一石五輪塔の中に、二基の赤碕塔が確認された。そのうちの一基が、台座の左右方形内に×形文を持つのである。それらの年代を検討した池上悟は、×形文を有する赤碕塔とされる宝篋印塔に一四世紀後半頃の年代を与えている（池上二〇〇七）。この例も、×形文が邪悪の侵入を拒む呪術的記号と見做すのが妥当である。他に、笠部に認められる戦国期の宝篋印塔や（松原二〇〇六）、時代が降った近世廟墓の塔身にも×形文が認められる（池田二〇一六）。

三　近世×形文の分類

日常使用する造形物の装飾や表号は、不吉な表現を避けて施すのが一般的な在り方である。特に食器や服装は直接身体に関わるものであり、そこで用いられる文様等は特別な場合を除いて悪しき文様は用いられない。この観点で服装や陶磁器を中心にして善用としての×形文の類例を検討する。

×形文が豊富に観察できる著書に、江戸の風俗絵を追求した三谷一馬の『江戸見世屋図聚』がある。しかし、三谷の集大成とされる大部の著書のため一般には目に触れにくかったが、新たに『新編江戸見世屋図聚』が刊行され（三谷二〇一五）、本稿ではこれを参考にする。本書は様々な文献から集められた絵や図と、それに三谷の解説文が加えられている。また、小見出し毎に分かれる絵（一六二場面）の出典が末尾に示されている。原本の一部は削除されているものの、装飾性の強い多くの×形文が掲載されており、×形文を考察する上で有益な文献である。

筆者は先に×形文の分類に触れたことがあった（利部二〇一七）。そこでは、交差する直線で形成される四区画の在り方から、中心に角が向く表現の角置×形文、点を表現した点置×形文、区画に何も表現しない無地×形文の区分を行った。更に×を囲む区画の表現によって、四角内・四弧内・円内の上位分類項目を示して分類した。これらは平安時代の類例である。これらの分類基準に沿って『新編江戸見世屋図聚』に表現されている×形文を検討する。但し着物等に描いた×形文は、連続して多数描かれておりその一つを対象とする。

角置×形文は数例確認できる（第2図）。絵は蒲鉾屋の様子を描いており、跪いて背を伏した人物の着物に表現している。点置×形文の類例は二五を下らない（第3・4図）。第3図は帳屋の様子を描いており、右下の武士が背を向けてた上下に描かれている。この他多くの例が確認でき、この系統の×を帯状の形に連ねた表現もある。無地×形文は、十と区別できない例があるものの十の明確な例はない。但し、直線を二本・三重本線で表現した例があり、二重×形文・三重×形文としておく。また稀に四先端に形を拵えた×形文（第5図）や先端と中心に点を付した例があり、それぞれ飾付×形文・五点付×形文とする。無地×形文については、近世陶磁器に、○と×を横に連続して交互に並べ一周する文様が稀に見られる。(2)

次に上位分類の囲む表現はどうであろう。四角内×形文は着物には見られないが、暖簾等で暖簾と母屋の紐に括った端切れ状の方形の布に認められる。幟の棒と連結する部分にも類例がある。五例は下らない。この系統に、垣根・出入り口・板戸の引き戸・障子の引き戸に表現された四角内×形文・四角内二重×形文（第4図右上）がある。四角内×形文が、丸い形の器物の中央に表現された例もある。円内×形文は五例に満たない。それは、第3図の右下の荷を担いだ人物の着物に表現されている。×形の外を点の円で描いた稀な例があり、点円内×形文とする（第6図）。絵は黒焼見世（薬）を描いており、中央右の直立した人物の着物に表現されている。

ここで、×を囲んだ上位分類項目として新たに菱形を取り上げたい。菱形を四区画したものは四つ割菱と呼ば

第２図　近世風俗絵（1）（三谷 2015 より）

第３図　近世風俗絵（2）（三谷 2015 より）

第４図　近世風俗絵（3）（三谷 2015 より）

第５図　近世風俗絵（4）（三谷 2015 より）

第６図　近世風俗絵（5）（三谷 2015 より）

れる（新村編二〇一八）。中世以来の家紋として用いられており、そのため×形文と無関係と考えてきたが、他の×形文を囲う図形の関係からすると分類項目に含めて考えるべきである。[3] これを菱内×形文とするが、一五例は下らず点置×形文に次いで多くの類例が見出せる（第2図）。絵の右下の跪いた人物の上半身に表現されている。

　このように、四弧×形文を除く多くの文様が確認でき、本書も含め近世絵画等を子細に観察すると、更にバリエーションが加わるだろう。

　この他に、上位・下位分類に当てはまらない×の内側に円を重ねた×形文の表現が見られる。この表現は、串屋一と魚屋三の二つの絵に見られ、前者は小さく重ねた壁紙、後者は大福帳・富座帳等の帳簿中に文言と共に表現されている。これらは借用に関わる記号とみられ注意を要する。

四　近世以降の×形文二相

『新編江戸見世屋図聚』によって、角置×形文・点置×形文・無地×形文・二重×形文・三重×形文・飾付×形文・五点付×形文を見出すことができた。更に囲みを基準にした分類では、四角内×形文・四角内二重×形文・円内×形文・点円内×形文・菱内×形文を見出した。このように、近世においては多様な×形文が文様として採用されている。このうち、着物に連続して認められる個々の記号は、呪術的記号としての意味合いが薄れ陶磁器等にも多用されている文様（絵柄）として定着した。呪術的記号の×形文が、縁起を担いだ絵柄の要素として採用されたものであろう。

一方、伝統的な呪術的意味を持った×形文も存在する。×形文が複数配置されて呪術的文様を構成している例として、京都府醍醐寺境内にある三宝院の唐門や神奈川県建長寺の唐門がある。三宝院の唐門は慶長四年（一五九九）に創建された平唐門形式で（第７図）、扉と両脇壁面の下方に角材による四角内二重×形文の造形を菊紋や桐紋の彫刻と共に添えてある（浅井二〇一一）。正保四年（一六四七）移築された建長寺の唐門は、方丈龍王殿の正門にある向唐門形式で、寛永三年（一六二六）から寛永五年にかけて増上寺に建立された崇源院霊牌所に関わる建物の一つとされる。観音扉の左右中心部に大きく四角内二重×形文、下方にその半分の横長にした四角内二重×形文を角材によって配置している（田村二〇一一）。これらの×形文は、扉を飾る重厚な意匠と共に邪悪の侵入を阻止する呪術的文様として機能させたことは明白であろう。前述した中

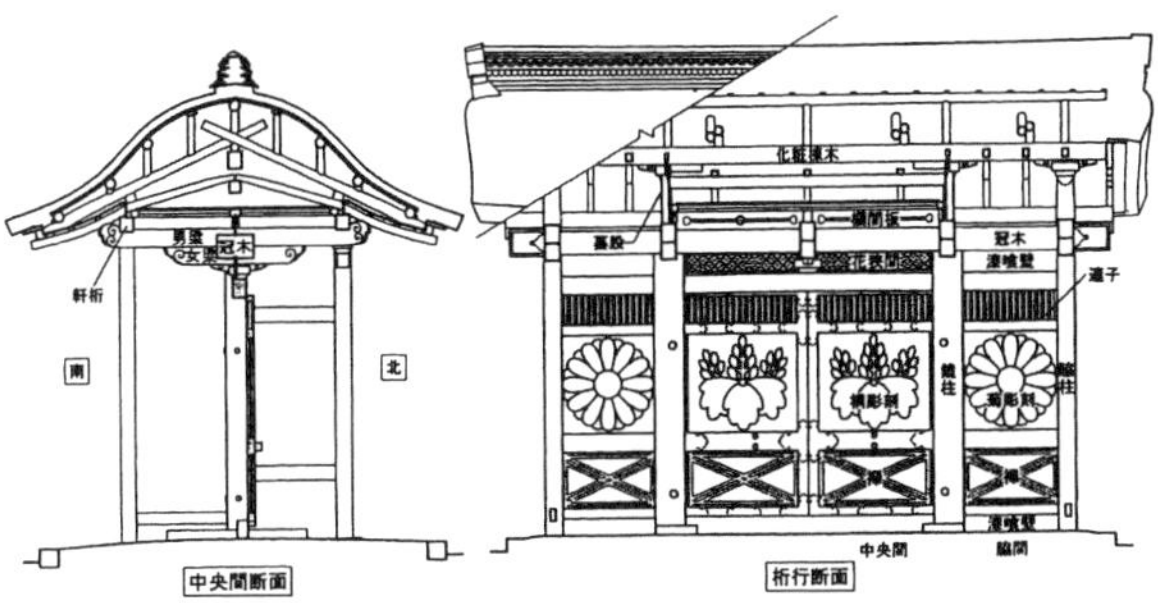

第７図　三宝院唐門（浅井 2011 より）

世墓碑×形文の伝統を継承しているものと考えられる。近世及び近現代においても神仏・霊廟・記念すべき建造物等の多くの例に×形文が採用されている。[4] また、建築物以外にも用いられた例に、神仏に関わる近世の熊野観心十界曼荼羅図がある（第8図）。その中の、心を囲む円の両脇幡に×形文を描いている（小栗栖二〇〇六）。

一方、魔物を防ぎ丈夫に育つ目的で幼児の額に描く×形文がある。柳田国男が「阿也都古考」として考察している（柳田一九九八）。藤原為房の日記にある康和五年（一一〇三）の記事から、額に犬の字を書く行為を阿也都古と言う前提に立つ。驚歎を表現したアの声とヤツコを切り離し、東北地方の額に犬や×を記すヤスコをヤツコからの転化と捉えた。小本村司の『杜陵方言考』を引いて、盛岡地方では、小本の若い頃まで「夜行の小児、額にヤスコを描いて出すのが、常の習ひ」だったと述べている。小本は明治三七年に高齢で亡くなっており、今から八・九十年前までヤスコの×形文が呪術上の意味を持っていたとした。その時期は、柳田の論文が出た昭和五年から遡れば近世末頃に当たっている。ヤスコも呪術的記号として用いられた。

近世×形文の特異な使用例に、罪人の証としての入墨がある。入墨は「敲刑・追放刑の付加刑として行なわれる前科者の証明」で、享保の御定書から明治三年（一八七〇）まで続いた（笹間一九八〇）。二本線・三本線・菱形等の記号を腕や額に施すもので、地域によって様々な表記がある。紀州では「悪」、芸州広島では初回「一」、二回目は「ナ」、三回目を「大」と記す等、漢字の表記もあった。肥前や人足寄場では×形文が採用された（山本二〇〇二）。人足寄場は「江戸幕府が設けた留置労役所」で寛政二年（一七八〇）から維新まで続き平均四〇〇〜五〇〇人が収容されたとされる（阿部一九七九）。本例は×形文が、犯罪人その人を指し示す目印として機能した（第9図）。

以上のように、着物等の文様としての×形文、中世末から近世・近現代まで寺社建造物の文様として受け継がれてきた×形文、近世絵画の×形文、近世末期頃の幼児に描いた×形文、これらは幸いをもたらす善用として用いられてきた。これに対して入墨としての×形文は、近世の悪行を示す罪人や罰を意味する記号であった。前者

第８図　熊野観心十界曼荼羅図（小栗栖 2015 より）

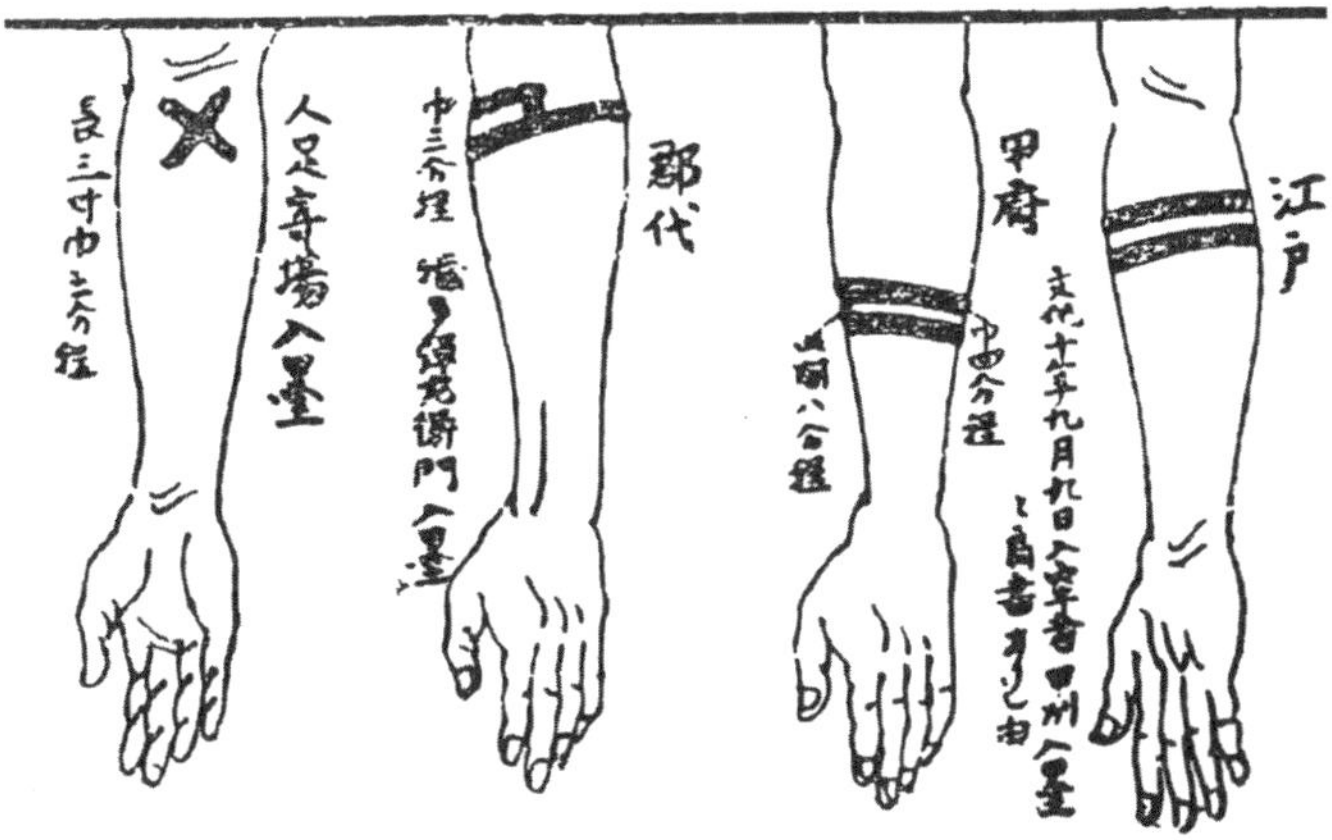

第９図　×形文の入墨（山本 2002 より）

は固より、縄文・弥生時代からの伝統的な呪術的記号に基づくものであり、入墨のそれは江戸時代に限定される特別な表現だった。

五　おわりに

本論で述べてきたように、呪術的記号もしくは呪術的文様は、縄文時代から弥生時代・古代・中世・近世においても受け継がれている。中でも近世の×形文は、呪術的記号以外に様々な用い方があり、それまでの時代とは区別される。着物等の文様に取り込まれた×形文は、多くのバリエーションを誕生させた。罪人や罰を指す入墨の×形文は、近世だけに認められた記号として機能し、子供の額に×形文を記す習俗等もあった。×形文は、近世において大きな変容を遂げたと言えるだろう。

近世から近代の激動の時代に活躍した福沢諭吉の著書『福翁自伝』の中に、文献を会読させる緒方塾の様子が語られている。そこでは良ければ白玉、悪ければ黒玉、特に良ければ白い三角を付けると記している。江戸末期には、できの悪い表現を、現代のような×ではなく黒丸で示していたのである（福沢二〇一〇）。冒頭の試験問題やアンケートの〇×の表記は、近代以降に定着したものである。

このように、広い意味での前近代における近世はその最終段階にあり、×形文で見てきたように多様性に富んだ時代であった。江戸時代は、経済・政治機構、参勤交代制をはじめとする各種法度の整備、鎖国体制の堅持等によって安定して武家政権を持続した（北島一九七九）。×形文の多様性は、このような政権下の中で育まれてきたのである。

現代は、インターネットや人工知能が社会生活に進出し、動力にしても牛馬・人力を主体とした時代とは大きく異なる。その始まりが近代であり、それを特徴づける視点の一つとして、ハード面の「交通通信手段の革命的変化」、ソフト面の「慣習支配からの脱却」があったのである（三谷二〇一七）。近世と近代では次元が異なり、誤り・否定・禁止・危険・駄目等を意味する近現代の×形文は、近代以降の合理主義から誕生したものであろう。
特定の表号に関する物質的資料を検討する場合、最初に近世の類例から検討し、その時代を遡って論究することが望まれる。その視点に立ってこそ総体的な在り方が把握できると考える。

註

（1）土器等に付された×形には、大極論として工人の都合か、呪術性を意図した使用者の都合かの二極論がある。筆者は後者の立場を採るが、それは工人に拠るならば大きな印を付す必要がない点、日常使用者の立場に立てば目障りになる点が指摘できるからである。

（2）肥前磁器の中にいくつか確認でき、一八世紀後葉から一九世紀初頭とされる色絵区割人物文蓋付碗には、蓋のつまみ部と身の高台部に施している（柴田・家田編二〇〇二）。

（3）源氏塀と呼ばれる塀は、腰長押と笠木の間に二重の「たすき」を設けたもので（新村編一九九八）、その中心部には菱形文が形成される。菱形文と×形文の親近性が感じられる。

（4）前近代と考えられる×形文が、今日まで継承されている地方域の類例二つと、明治期の事例を紹介する。秋田県唐松神社の本殿は、延宝八年（一六八〇）に新築、享保五年（一七二〇）に消失その後再建された。渡り廊下の框に角材による四角内×形文が並び、破風の位置には角材による二重×形文を配する（秋田県教委一九八九）。これを三角内二重×形文とする。同県古四王神社の本殿は、同神社が廃墟になっていたのを元亀元年（一五七〇）に建立したものである。天明五年（一七八五）に拝殿が造られ、万延元年（一八六〇）本殿と繋ぐ渡り廊下が造られ、その際に本殿向拝を改造した。明治四一年（一九〇八）撤去された。本殿正面の桟唐戸には、角材による上下に横長の四角内×形文が二組づつ配置され、本殿外壁の側面と背面に角材の四角内二重×形文を並べている。内部奥壁にも角材の×形文を配する（古賀二〇〇三）。同県公会堂は、明治三七年（一九〇四）に竣工し大正七年（一九一八）の火災で消失した。モダンな近代建築の正門は両脇がやや低い四本の石柱で構成されており、その下方に四つの四角内×形文が中央の両扉と両端に同じ大きさで配置してある。×は立体的に表現するが、その縁に彩色を施し二本の×が交差した二重×形文に表現した（今村編一九八〇）。近代以降に×形文の使用期間が明白な事例として貴重である。

参考文献

秋田県教育委員会　一九八九「四三．唐松神社」『秋田県の近世社寺建築―近世社寺建築緊急調査報告書―』秋田県文化財調査報告書第一八七集
浅井健一　二〇一一「三宝院唐門における漆塗について」『月刊文化財』五七五号　第一法規
阿部真琴　一九七九「人足寄場」『日本歴史大辞典』第七巻　河出書房新社　五八二頁
池上　悟　二〇〇七『石造供養塔論攷』ニューサイエンス社　一二～一七頁
池田奈緒子　二〇一六「信濃における近世墓石の一様相」『考古学論究』第一八号　立正大学考古学会
今村義孝編　一九八〇『写真集　明治・大正・昭和　秋田』国書刊行会　七四頁
利部　修　二〇一四「本州北端の刻書土器―日本列島の×形文図像から―」『駒沢史学』第八二号　駒沢史学会
利部　修　二〇一七「平安仏教の×形文―真言密教との関連で―」『考古学論究』第一九号　立正大学考古学会
北島正元　一九七九「江戸幕府」『日本歴史大辞典』第二巻　河出書房新社　七九・八〇頁
古賀修一　二〇〇三「第一章　概説」『重要文化財　古四王神社本殿保存修理工事報告書』古四王神社
小栗栖健治　二〇〇六「コラム二四　熊野比丘尼と地獄・極楽」『熊野信仰と東北―名宝でたどる祈りの歴史―』畊藝社
笹間良彦　一九八〇『図説江戸の司法警察事典』柏書房　二二七・二二八頁
柴田明彦・家田淳一編　二〇〇二『柴田コレクションⅧ―華麗なる古伊万里の世界―』佐賀県立九州陶磁文化館
末木啓介　一九九八「集落出土のヘラ記号からみる須恵器の生産と流通―武蔵国の場合―」『研究紀要』第一四号　埼玉県埋蔵文化財調査事業団
田村　匠　二〇一一「建長寺唐門保存修理工事の紹介」『月刊文化財』五七五号　第一法規
塚田良道　二〇〇七『人物埴輪の文化史的研究』雄山閣　九九頁
鶴巻康志　二〇一〇「越後国（新潟県）五頭山麓〈北沢窯〉・五頭山麓〈笹神窯〉」『中世のやきもの―六古窯とその周辺―』ＭＩＮＯ　ＭＵＳＥＵＭ
新村　出編　二〇一八「掛ける」「ばつ」「罰点」『広辞苑』第七版　岩波書店　五三四・二三五六・二三六四・二四五一頁

新村　出編　二〇一八「菱」『広辞苑』第七版　岩波書店　二四五一頁
新村　出編　二〇一八「源氏塀」『広辞苑』第七版　岩波書店　九四二・九四三頁
福沢諭吉　二〇一〇『福翁自伝』　講談社学術文庫　八九～九二頁
松原典明　二〇〇六「戦国期の同型式石造物からみた宗教事情―特に北武蔵を中心にして―」『考古学の諸相Ⅱ』　匠出版
三谷一馬　二〇一五『新編江戸見世屋図聚』　中央公論新社
三谷太一郎　二〇一七『日本の近代とは何であったか―問題史的考察』　岩波新書　五～九頁
柳田国男　一九九八『柳田國男全集』第一三巻　筑摩書房
山本博文　二〇〇二『歴史学事典』第九巻　弘文堂

第二節　近世扇子の用途と系譜―画像を基に―

一　はじめに

筆者は、秋田県樋口遺跡の発掘調査によって出土品の桧扇を身近に観察する機会に恵まれた。平成一四年（二〇〇二）に実施した樋口遺跡の確認調査においてである（利部他二〇〇三）。その成果が報告書として纏まったのが平成一八年（二〇〇六）桧扇を構成する一〇枚の板材が写真や実測図と共に公にされた（高橋・山田編二〇〇六）。発見当時は、桧扇と幼少期より現在でも使用している団扇（うちわ―以下同様に用いる）との連続性を、当然のように考えていた。

桧扇は、「桧の薄板を重ね、下端の穴に糸を通して要とし、上端を白や紅の糸で綴り連ねたもの。衣冠または直衣の時、笏にかえて用い、板の数は、近世は二五枚または二三枚。女房の桧扇は大翳または祖扇をいう。」と『広辞苑』にあり（新村編二〇一八）、団扇の記載はなく、笏、大翳（おおかざし）、祖扇（あこめおうぎ）との関連性を述べている。桧扇は、扇ぐための団扇とは基本的に異なる。桧扇が扇子の形状と類似することから発した筆者の思い込みがあった[1]。

このような経験から、同じ送風機能を有する団扇と扇子、そして桧扇の理解を深めたいと以前から考えていた。

二　分析視点

最古の扇子について、元慶元年（八七七）の銘を持つ「檜扇」とする宮脇祥三の記述がある（宮脇二〇〇八）。そこでは、扇子を桧扇と紙扇に分けて、紙扇を片面貼りの蝙蝠扇から両面貼りへの変遷を述べている。扇子を、形態の類似から桧扇と紙扇に括った解釈である。(2) 今日、庶民で愛用されている扇子は、主に涼を得るための自発的な風起こしの道具として用いられる。桧扇が「扇」とされる意味では、先の団扇とする思い込みの解釈は、当たらずとも遠からず、と言えるかもしれない。

団扇は、「細い竹を骨とし、紙または絹を張って柄をつけた、あおいで風を起こす道具。多くは円形。」、「軍配団扇の略。」ともある（新村編二〇一八）。風を起こす機能があり、扇風機やクーラーのない時代にあっては重宝した道具である。今日の団扇は紙を両面に貼って円形の形状にした、やはり風起こしの道具である。

扇子の多様な用途は、近世の版画や絵画に表現されている。これらは画像として括られる。近世の扇子は最も庶民生活に浸透しており、その利用を表現した画像は、使用実態を把握するのに格好の素材である。本稿では、扇子の用途が多様化した近世の用例を、画像資料の考古学的視点で把握する。その上で、改めてその機能を基本に据えた桧扇との関係、また団扇と扇子の関係性にも間接的に触れてみたい。

三　扇子の用途

扇子には、桧扇と紙扇のあることは前述した。これを扇子Ａ（桧扇）と扇子Ｂ（紙扇）に分類する。扇子Ａは冬扇、扇子Ｂは夏扇と、平安時代より呼ばれていたと言う。また前者は平安時代初頭、後者は同中期に製作され、扇子Ａは備忘録として始まり専ら儀礼用として用いられたとされる（宮脇二〇〇八）。対する扇子Ｂは、涼をとる機能（送風）や儀礼に加え、様々な用途に用いられ今日に至っている。高田倭男は、鎌倉時代の戦闘具の軍扇、室町時代の武士の威儀具、中世以降の芸能具、服飾・看板用の家紋等を具体的に記述し、多くの扇に纏わる名称を紹介した（高田一九八五）。近代化が定着してくる以前の近世は、中世武家社会とは異なり庶民にも扇子の使用が拡大してきた。

第１図　近世の絵画（1）（藤澤 2006 より）

第２図　近世の絵画（2）（小林 1993 より）

江馬務は扇子について深く追求し、「扇とその礼法」や「扇の史的研究」を纏めている（江馬一九七六）。前者では「清風を送る外、婚礼、還暦、祝儀の持物や祝の品や返礼、見合の押へ、結納の品、盆正月のお得意配り、引札用、社参りの笏代り、献上台の代り、座具の代り、顔隠し、落語家や歌稽古の拍子取、熊谷はこれで敦盛を招き、那須与一は的とし、能ではこれを盃にし、望月では獅子頭の代りとなる。舞踊の持物に木遣の音頭取、三つ扇は棟上に、紙は襖張、骨は字つきや灸箸になる等々」と、扇子の使用例を具体的に述べた。

筆者には、これらの一つ一つを画像資料で示す力量はないが、以下に近世の絵画や版画等により、扇子Bの大まかな用途を纏める。遮蔽、送風、演技（舞踏・曲芸・話芸等）、ステータスシンボル・神事・家紋・装飾、更に遊具の八つの観点で分類する。以下では、扇子Bの画像表現を観察する。美術鑑賞とは異なる、考古学的資料の観察に基づく情報収集の立場からの視点である。

第１図は、天明四・五年（一七八四・一七八五）頃の

第３図　近世の絵画（3）（永田監修2014より）

勝川春潮作の錦絵である（藤澤二〇〇六）。花見の名所現東京北区の飛鳥山を訪れた三人の女性を描く。左端の一人が陽光を扇子で遮っている。その右側の二人は、ひそひそ話をしている様な素振りで、その一人が扇子で口元を覆っている。扇子を左手で翳しており、送風でないことを示唆する。二つの扇子は遮蔽として用いられている。

第2図は鈴木春信作の「浮世美人寄花　路考娘」錦絵である（小林編一九九三）。鈴木は宝暦一〇年（一七六〇）頃〜明和七年（一七七〇）に活躍し錦絵の創始者とされる（藤澤二〇〇六）。右側の女性は、肩に三段の扇絵を描く地紙を容れた箱を担いでいる。その右手の扇子は大きく開き、袂に風を送り込む仕草である。対面する左側の女性も団扇を持ち、その左には水を容れた盥を配置し、夏の季節を演出している。

第3図は葛飾北斎作の「三番叟図」肉質浮世絵である（永田監修二〇一四）。三番叟は「能の『翁』に出演する翁・千歳・三番叟の三役中の最後で（高橋二〇一四）、天保年間（一八三〇〜一八四四）頃の作品である。鶴の羽織を纏って座した男性の間を狂言役が務めた舞である。中央の翁が、正面で右足を下ろす瞬間を大きく開いた扇

子と共に描いている。この例は技芸の一種とされる。

第４図は、「仰向けに寝て、両足を高く空に差上げ、その足底で開いた傘を水車のようにまわしたり、石を初め俵や樽、タライを足底で差上げ、また人間を足底でクルクルとまわすなど。」の曲芸である（古河一九八二）。東の介が、仰向けになって大きな樽を足裏で匠に操作して、右手でバランスをとりながら左の扇子を大きく開ける。小道具の扇子を開いて見せる余裕で、力量を誇張し芸を優雅なものにしている。この例も技芸の一種である。

東の介（文字絵尽）

第４図　近世の絵画（4）

（古河 1982 より）

第５図　近世の絵画（5）（三谷 2015 より）

第６図　近世の絵画（6）（三谷 2015 より）

第７図　近世の絵画（7）（現代書館編 2015 より）

第5図は、歌川国貞作の画像で、天保九年（一八三八）『人形手新図更紗』の一部である（三谷二〇一五）。辻談義の看板を掲げ、講釈師が取り巻く聴衆より一段高い所に座を構え、扇子を縦にして話芸を披露している。小道具の扇子から名調子が伝わってくる。これらも技芸の一種と見做される。

第6図は北川美丸作の画像で、文政四年（一八二一）『茶漬原名寄評判』の一部である。茶漬店の風景を描写している（三谷二〇一五）。右端の二人の武士が扇子を持ち、中央から左側の町人は扇子を用いていない。町人でも富裕層は扇子を用いており、位の高い人が持ち歩く一種のステイタスシンボル（威儀具）である。

第7図は、天明年間（一七八一～一七八九）初頭頃の勝川春章作とされる西方力士の画像である（現代書館編二〇一五）。西方土俵の柱の一本に、弓を柱に沿わせて設置し、その中央にある環状の輪に扇子を交差して配置してある。相撲の本義は神事である。現在の屋形は吊り屋根であるが、昭和二七年夏場所まではそれを支える四本柱であった。本場所の偶数日には、向正面と西の間の柱に弓を取り付ける。これを飾り弓と呼んだ。

第８図　近世の絵画（8）（永田監修 2014 より）

第8図は、明和二～安永七年（一七六五～一七七八）の月岡雪鼎作「しだれ桜三美人図」の画像である（永田監修二〇一四）。枝垂れ桜と柳の下で、三人の婦人が観桜を楽しんでいる。背を向けた左側女性の背中と袂には、両端を紐で飾った扇子の家紋が認められる。『新編江戸見世屋図聚』には、小間物屋の店先の様子が描かれ、左の羽を広げた円形の鶴と二重の扇子が一部重なった紋がある（三谷二〇一五）。扇子を家紋に用いた例として佐竹家の家紋が著名である。

第９図　近世の絵画（9）（三谷 2015 より）

第 10 図　投扇興の画像
（新村編 2018 より）

第9図は、歌川国貞作の画像で、文政六年（一八二三）『おつま八郎兵衛　小脇差夢蝶鮫』の一部である（三谷二〇一五）。銭湯の番台人と湯上がりの左に荷物を抱えた女性が、言葉を交わしている。女性の和服には、正位と倒位で連結した扇子の絵柄が全面を覆う。

第10図は、江戸時代の遊具の一つ投扇興である。「台の上に蝶と呼ぶいちょう形の的を立て、一メートルほど離れた所にすわり、開いた扇を投げてこれを落とし、扇と的の落ちた形を、源氏五十四帖になぞらえた図式に照らして採点し、優劣を競う。」もので、安永二年（一七七三）頃から盛行したとされる（新村編二〇一八）。

以上、用途別に八つの領域を画像で辿ってみた。絵画や版画は用紙に表現したもので、今日認められる電子画像とは異なる。建築物の画像や洞窟の壁画等とも異なる言わば、平面的動産画像の範疇である。平坦な水平面や曲面に表現した画像の領域で、今日の写真や包装紙の印刷もこの領域に含まれよう。

四　扇子Aの系譜

前項では画像によって、近世扇子Bの用途を遮蔽・送風・演技・威儀・神事・家紋・装飾・遊興の八つの分野に纏めた。これらは古代を引き継いだ中世の用途を発展させたものである。絵巻物には、古代・中世の扇子が散見するが、皇族・貴族文化を大衆化して描いたものに一二世紀とされる『鳥獣人物戯画』がある（小松編一九八七）。

絵巻に描いた扇子は、いずれも小骨が細く対の綴目のない扇子Bである。太刀に見立てた菖蒲を腰に射据え、高下駄に笠を被った蛙が、右手の扇子で手招きしている。経机の前の僧が扇子を広げ、後で端座した一人が団扇を膝の上に立てる等の様子を生き生きと描く。扇子や団扇が、動物や人物の持ち物や竿の先端の象徴物として用いられている。

その扇子や団扇に関する絵巻から宮本常一は「貴族社会が有識や故実にしばられて儀礼的な行動を主としていたにに対し、民間ではそれらを模倣しつつも戯画化して自分たちの生活に合わせて取り入れ、遊びとしていった。」と記している（宮本一九八一）。『鳥獣人物戯画』の扇子や団扇は、古代の閉鎖的な用途が大衆化された証であり、その頃の状況を良く伝えている。扇子Bが、中世武家社会を通じて皇族や僧侶、武士等の有力者から庶民に定着するのである。その結果、用途が拡大していくが、扇子Bの本質的な機能は遮蔽と送風にあると考える。『小野雪見御幸絵巻』の一場面に、折敷の酒杯と皿盛りを、白河上皇に差し出す童女の姿がある（小松編一九九一）[3]。『葉月物語』の一場面には、殿方が香炉の上で扇子を振り火を煽っている（小松編一九八八）[4]。両画像は、平安時代後半の情景を良く伝えている。

宮島新一は、中世における扇子の類例を多数紹介している（宮島編一九九三）。その中で服部幸雄が、用途の神事と関連する依代、遮蔽機能にも触れている（服部一九九三）。

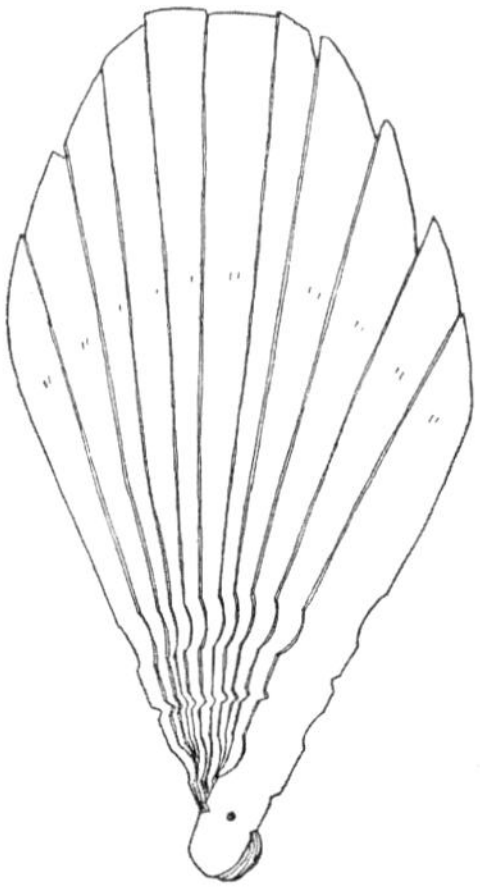

第11図　古代の遮蔽具（1）
（町田・上原編1985より）

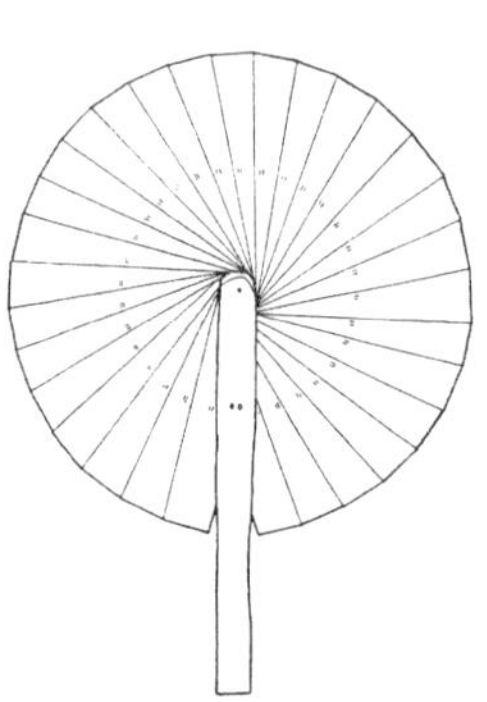

第12図　古代の遮蔽具（2）
（町田・上原編1985より）

平安時代後半の扇子Aは、島根県の佐太神社、広島県の厳島神社、同前半では前述した東寺千手観音立像（八七七）等の類例がある。これらは宝器として奉納されたものである（江上一九九二）。彩色の絵を描いたり、気軽な書き付けもある。様々経緯や言われの基で宝器とされたものであろう。宝器は、神事や威儀具の用途と結び付く。

さて、九世紀を遡って桧扇とされるのに、平城宮出土の資料がある（第11・12図）。第11図（甲と表記）は、出土した一一枚の骨を復元した完形品で、七四七年頃とされる。第12図（乙と表記）は、残存した二枚の親骨と二三枚の小骨に、八枚の小骨を追加して復元したもので、八世紀とされる。報告ではこの他、五〇点以上の骨材が出土したことを記録している（町田・上原編一九八五）。

骨の法量は、甲が厚さ〇・三cm内外、本幅二cm内外、末端幅三cm内外、最大長三二・三cm、最小長二二・六cm。乙は親骨長二七・四cm、幅二・六cm、厚さ〇・三cm内外、小骨長一六・九cm、幅三〜二・四cm、厚さ〇・一cmとある。

扇は一般的に、基から先端までの長さが等しく、円周の弧を描く。一般的には要の角度が一二〇度前後に収まり、小骨を連ねたり（扇子A）全開にした状態では（扇子B）、縦に比べて横が極端に長い。この特徴と甲乙を比較すると、甲は縦長、乙は円形に近く、甲乙の形状は扇の概念からは著しく逸脱する。これらには、主たる機能としての送風は考えにくく、遮蔽機能に特化した遮蔽具と見做すべきだろう。甲は要に丁寧な細工があり手持ち用に作り、乙は親骨の下方を棒状のものに据え付けた可能性が考えられる。翳とされる大きな円形の装飾を、長い柄で支えている竹原古墳壁画（六世紀）を想定すべきであろう（石山一九九三）。

古代において、扇に近い遮蔽機能を持つものに翳がある。中国では、柄の先端側に中核部を作り、それに羽を差し込んで弧状に作る。乙は、古墳時代の木製品・埴輪（鈴木二〇〇〇）に見られる翳と類似し、親骨の在り方からしても、寧ろ乙は子骨を繋いだ翳と考えられよう。そうであれば翳を、羽を差し込む翳A、薄板を連ねる翳B、間隔を保つ小骨に紙等を覆った翳Cと、発生時期も考慮した相違で分類が可能である。乙より三分の一切り取った形状の扇子Aは、威儀具としての遮蔽具であり、翳Bから発生したものと考えられる。扇子Bは翳の威信財としての性格が継承されたものであろう。従来の備忘録として笏の薄板を連ねたとする説は、当たらないと考えられる。

五　おわりに

本論では、近世扇子Bの多様性を画像で確認することに主眼を置いた。その上で、平安時代にそれまで遮蔽機能重視の扇子Aから、送風機能重視の扇子Bが発生し、中世武家社会で大衆に根付き、近世で繁栄する様相を辿った。更に、奈良時代平城京の資料より、扇子Aが翳Bの出自を持つことを想定した。

動産資料の平面に表現した絵画や版画は、一般に美術・芸術分野に属し考古学的資料として扱うのは稀である。しかし、物質的資料である限り考古学研究の対象とするのは当然であり、画像を、言わば歴史考古学の文字資料と同等に位置付けるべきである。

画像は具象性（実像）と抽象性（虚像）から心象を想起させる資料であり、美術・芸術領域と異なる考古学的資料として把握できよう（利部二〇一七）。扇子の追求と併せて、近世・近現代の画像資料を、日本列島の縄文文様から繋がる画像資料の末端に位置付けたいと考えている。

註

（1）扇子の意味に「おうぎ。」とあり（新村編二〇一八）、扇は「中国の団扇に対し、平安前期日本で作り始める。」とあることから（新村編二〇一〇）、扇は日本の呼び方である。扇子は中国の呼び名とされるが（高田一九八五）、今日、扇よりも扇子の呼び名が一般化しており、本稿では扇子の名称で表記する。

（2）後述するように、平城京からは棕櫚の葉形や円形の骨を連ねた桧扇が出土している。これらは扇形の形態をとらないことから、扇子から除外して扱う。

（3）扇子Ｂの判断は、扇で顔を覆い銚子を運搬する次の童女が、隙間のある小骨の扇を持参することによる。

（4）扇子Ｂの判断は、扇の先端が波状を呈することによる。

参考文献

石山　勲　一九九三「四．福岡県竹原古墳」『装飾古墳の世界　図録』　朝日新聞社
江上　綏　一九九二『日本の美術』第三一九号　至文堂
江馬　努　一九七六『江馬務著作集』第四巻　中央公論社
利部　修他二〇〇三「③樋口遺跡」『遺跡詳細分布調査報告書』秋田県文化財調査報告書第三六五集　秋田県教育委員会
利部　修　二〇一七「序章　心象考古学の構想」『『心象考古学』の試み―造形物の心性を読み解く―』　雄山閣
現代書館編集部編　二〇一五『相撲大事典』第四版　現代書館　六四頁
小林　忠編　一九九三『日本の美術』第三二一号　至文堂　一頁

小松茂美編　一九九一『住吉物語絵巻　小野雪美御幸絵巻』日本の絵巻一六　中央公論社
小松茂美編　一九八七『鳥獣人物戯画』日本の絵巻六　中央公論社
小松茂美編　一九八八『葉月物語絵巻　枕草子絵詞　隆房卿艶詞絵巻』日本の絵巻一〇　中央公論社
新村　出編　二〇一八『広辞苑』第七版　岩波書店　二七四・二六二・一六六五・二〇六〇・二四三三頁
鈴木裕明　二〇〇〇「古墳時代の木製威儀具」『大古墳展』東京新聞
高田倭男　一九八五「扇」『日本百科全書』三　小学館
高橋真作　二〇一四「作品解説」『氏家浮世絵コレクション』公益財団法人氏家浮世絵コレクション
高橋忠彦・山田祐子編　二〇〇六『樋口遺跡―一般国道七号琴丘能代道路建設事業に係る埋蔵文化財発掘調査報告書XⅧ―』秋田県文化財調査報告書第四一一集　秋田県教育委員会
永田生慈監修　二〇一四『氏家浮世絵コレクション』公益財団法人氏家浮世絵コレクション　五四・八〇頁
服部幸雄　一九九三「扇と芸能―扇の文化史的性格をめぐって―」『日本の美術』第三二〇号　至文堂
藤澤　紫　二〇〇六「勝川春潮」『別冊太陽　浮世絵師列伝』平凡社　六八頁
藤澤　紫　二〇〇六「鈴木春信」『別冊太陽　浮世絵師列伝』平凡社
古川三樹　一九八二『図説庶民芸能―江戸の見世物』雄山閣出版　八二頁
町田　章・上原真人編　一九八五「七服飾具」『木器集成図録　近畿古代篇』史料第二七冊　奈良国立文化財研究所
三谷一馬　二〇一五『新編江戸見世屋図聚』中央公論新社　四八・一〇五・一六七・二四九頁
宮島新一編　一九九三『日本の美術』第三二〇号　至文堂
宮本常一　一九八一『絵巻物に見る日本庶民生活誌』中央公論社　一六頁
宮脇祥三　二〇〇八「扇子―その歴史から扱い方まで―」『美の壺　扇子』日本放送出版協会

第三節　唐草花文の分類と変遷

一　はじめに

唐草文は「織物・染物・蒔絵などで、蔓草のからみ這う形を描いた文様。唐草。忍冬唐草・葡萄唐草・宝相華唐草・蓮華唐草など種類が多い。」とあり、(1)忍冬は「スイカズラの漢名。」とある。(2)そこでは忍冬文を「忍冬のような蔓草を図案化した一種の唐草文様。建築・工芸の装飾に用いる。古代エジプトに起こり、ギリシャ・ローマから西域・中国を経て朝鮮・日本に伝来し、飛鳥時代から奈良時代にかけて盛んに用いられた。パルメット唐草。」と解釈している。唐草文は「蔓状の曲線をつないで作られる、あるいは蔓草がからみ這う形」を表現したもので、(3)中国文様の日本語訳である。

原形の植物は不明とされ、西方での葡萄唐草文・忍冬唐草文、東方での宝相華唐草文・牡丹唐草文、日本における菊唐草文等が生まれてきた。(4)特異な唐草文としては、近世磁器に見られる鮹唐草文等の言葉もある。これらの名称は葡萄唐草文を例にすると、主題の葡萄文に対して唐草文は副次的な文様の関係にある。

唐草文を構成する各部位の呼称は、軒平瓦（奈良県岡寺）に関して稲垣晋也が「中心飾から左右均正に派生する波状唐草文で、波状の本幹の所々に萼状の托葉をつけて、これより葡萄の花、房実、葉等のつく小茎を分枝する」と記述している（第1図－1）。この場合、本幹・托葉・花・房実・葉・小茎によって部位が表現されているが、(5)本稿では本幹を茎、小茎を枝、房実を房等と呼称していく。中央から左右に、葡萄の房と花が交互に配置されており、端部と葡萄に挟まれた部分の表現を花と見做している。筆者も花の呼称に賛成で、これを唐草花文と呼称したい。

葡萄に挟まれた花は、茎の端や途中にある枝の先端に付き、左右に外反する萼状の托葉と中心部に接する紡錘

1　奈良県岡寺均正葡萄唐草文（註5より）

2　ネブカドネザル2世宮殿玉座の間正面（註10より）

第1図　葡萄唐草文とパルメット文

形で構成されている。この姿態を指して近年パルメット文と理解する傾向がある。(6) パルメット文は「棗椰子の葉が天に向かって広げた形」から生じたとされる。(7) 第1図－2は紀元前六世紀のパルメット文である。環状部分の中心に大きく外反する萼状部分と複数の花弁状の組み合わせがあり、これが本来のパルメット文である。更に、環状の重なる部分にある萼状部分が短くその上に三角状の組み合わせもあり、これもパルメット文のバリエーションと把握する場合がある。先の稲垣の場合もそうである。

筆者は唐草花文を、後述するが萼状部分とその上を併せて花と捉え、萼状部分上の中心部が一つだけの単文、それが複数に分かれる複文に分けて把握する。よって唐草花文を、単文の唐草花文Aと複文の唐草花文Bに分類する。本文で主として取り上げるのは主に唐草花文Aであり、筆者はこれをパルメットと解釈しない立場を採る。はじめに、そのことについて言及し、その上で唐草花文の時代変遷を把握してみたい。

二　唐草花文について

第2図－1は、東京国立博物館が所蔵する法隆寺献納宝物、飛鳥・白鳳期の灌頂幡である。(8) 幡の先端部にある

1　灌頂幡透彫（註８より）　　2　小幡透彫（註10より）

第２図　金銅製品唐草文

金銅透彫りの作品で、蹴彫りによって姿態が詳細に観察できる。全体は側辺がやや膨らみのある縦長の二等辺三角形である（写真では先端が一部欠損）。内面には、唐草文を背景にして下方に蓮花文を配置している。

はじめに蓮花文を観察する。蓮花文は、厨房が透けており二重の圏線が巡る。圏線上には、一〇枚の花弁が配置されている。

ここで注目されるのが、各弁の中央寄りに小葉を入れて単弁に仕上げてある点である。これによって単弁一〇葉蓮花文の呼称が確定する。(9)

この視点で萼状部分を含む唐草花文を観察すると、細長い輪郭線（沈線）の内側に、基部側が閉じる沈線が重なる纏まりが存在する。これらは萼状部分と分離して存在しており、これらを花弁と見做すことができよう。また花弁の下の外反する姿態の殆どが萼と見做される。多くの唐草花文では、花・蕾・芽・茎等が差別化されず同じ輪郭の姿態で表現されることが多いため、これまでは花弁の範囲を明確化できなかった。

以上より蓮花文左下の唐草花文は萼の上に三弁の花片があり、右側の萼と花片間に葉が想定される。同じく右下の唐草花文は萼の上に二弁の花片があり、左側の萼と花片間に一葉が想定される。蓮花文の上左右の唐草花文は、左右共に片側の萼と二弁ずつの花片、一葉が想定される。蓮花文の真上中央部分では、左右に反る萼があり、それと接して左右に水平な姿態があり、それを芽としておく。芽に接して上方に葉が想定される。幡の頂部にある唐草花文は、萼の上に五弁の花片が存在する。

第2図－2は七世紀とされる金銅小幡である(10)。東京国立博物館所蔵で、上下の天女と両端の唐草文を狭い縦帯で三区画している。ここでも小葉の存在から化弁が明瞭で、外反する萼、二弁の花片、萼と花片間の葉が観察できる。また、茎から派生する芽も確認できる。芽は小葉らしいモチーフから蕾が連想できる。また下の天女は、左右に三枚の花片を摘まんでいる。

このように、蓮花文の花弁にある小葉より、花弁と萼が明瞭に区分でき、芽や葉も想定できた。これらの花は唐草花文Bであるが、以上の観察より、輪郭だけで表現される唐草花文A・Bにおいても、輪郭の姿態で萼と花片が区別でき、芽や葉も想定できるであろう。よって花片と萼で花を表現すると、唐草花文Aは外反萼単弁文、唐草花文Bは外反萼複弁文と称することができる。更に左右対象形とそうでないものを、均整、偏向とに分けて区別したい。但し、複雑にデフォルメされた文様はその限りではない。

三　外反萼単弁文とその出自

外反萼単弁文の類例として、南北朝時代の雲崗石窟第一二洞窟の拱門天井の壁画を取り上げる（第3図－1）。龍が絡み合って横位に展開し、胴体から唐草文風の体毛が派生している(11)。中央の下端に外反萼単弁文が直立しており、中央上端で二匹の双龍の口が接する対象物を意識した配置になっている。直立した花文の右側にも二つのくねった外反萼単弁文が確認できる。龍の体毛には、左下側と右上側にも外反萼単弁文が表現されている。

1

3

2

4

5

1　雲岡第12窟栱門天井（註11より）
2　三段式神仙鏡内区（註12より）
3　河南省楊官寺石墓（註11より）
4　河南省長沙馬王堆１号墓帛画（註14より）
5　河南省長沙馬王堆１号墓棺側板（註14より）

第３図　中国外反萼単弁文の類例

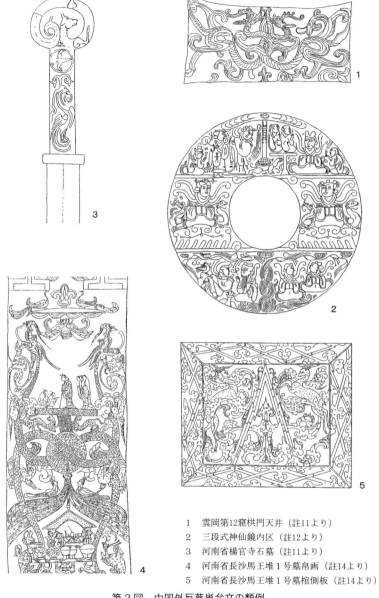

壁画は五世紀後半とされ、画面では龍と外反萼単弁文の緊密さが強調されている。龍の胴部・体毛と外反萼単弁文が屈曲して展開する様は、後の唐草文及び唐草花文に継承された可能性を示唆する（①）。

第3図－2は鏡の内区文様である。林巳奈夫は『漢代の神神』の中で、凡そ後漢後半から三国時代とされる三段式神仙鏡の項目を立て論じた[12]。上段は天空つまり天の紫微宮を指し、諸神の最高位天皇大帝が右側に座す。中央下位の亀には華蓋が立ち、紫微宮を覆っている。中段には、右の東王公と左の西王母が龍と虎を従えて座す。仙人になって到達できる仙界を表現している。下段は中央に絡み合った建木があり、その左には人間文化の創始者で古代の帝王蒼頡が座す。建木を配した大地の中心を指しており、先の雲岡における対象物は建木と判断される。

林は、各段の支配者の世界を宇宙全体の表現と捉えている。注目したいのが、蒼頡の眼前に垂れ下がる姿態である。それは建木に菊花状の花が存在することから、枝の先端に付く外反萼単弁文と把握できる。三段式神仙鏡の下段では、蒼頡と共に神農が対峙して描かれることが多く、薬草との関連を想定させる（②）。

次に外反萼単弁文状の姿態を持つ類例として、前漢後期の河南省南陽市の楊官寺画像石墓出土の環刀を取り上げる（第3図－3）。図の実長は約20㎝である。柄部には、二つに分かれる鶏冠を持つ鳳凰、その上部の烏を描いた太陽を刻む。その裏面には「怪獣と龍身人首の神がからんだ状況」があり、上に蟾蜍と兎を描いた月を刻む[13]。鳳凰に付く鶏冠の先端は、それぞれ外反萼単弁文状の姿態に表現されている。

この環刀は、陰陽と神仙思想の世界を描いており、仙界への乗り物とされる鳳凰や龍を刻んでいる。二つの外反萼単弁文が表現された鳳凰の鶏冠は、神仙世界を象徴しているものと思考される（③）。

第3図－4は、河南省長沙市馬王堆一号墓から出土した前漢初期の帛画である。曽布川の解釈を辿りながら説明する[14]。帛画は幅のあるT字形で、横位の上段の右側に烏を描いた太陽、左には蟾蜍と兎を描いた三日月、それらの中間に蛇尾の女神を描く。更に、下側の左右には中央を向く龍がそれぞれ配置され、下端中央には門と二人の人物を描く。陰陽と仙界世界を表現している。

縦位の図は、下段の地下と中段の地上の様子を描くが、第3図－4は中段の様子である。外側を向く二匹の龍が中央の壁を通って絡み合い、その中央に墓主が杖をついて立つ。曽布川は龍の機能を龍舟或いは龍車と見做し、梟の上で双鳥の乗る蓋を『漢書』王莽伝を引いて華蓋とした。この華蓋の中央に接して、且つ仙界の門に入り込んだ状態で、雲気文を意識した外反萼単弁文があるのである（④）。

同一号墓朱地彩絵棺の側板漆画（頭部側）の中央には、昇仙のための鹿を両脇に描いた仙山がある[15]（第3図－5）。仙山中央には、外反萼部分を除いて先端が尖る三つに分かれた複弁文がある。同側板の側縁部には、類似した外反萼単弁文も認められ、側板全体に配置された雲気文と溶け込んでいる。外反萼単弁文と同複弁文が雲気文風に表現されている（⑤）。

これらの資料を纏めてみる。①では、龍の体毛に外反萼単弁文が付き、周りにも外反萼単弁文が確認できた。5世紀後半の南北朝時代である。②では、神仙鏡の蒼頡眼前に仙草と推定される外反萼単弁文が確認できた。後漢後半から三国時代である。③では、環刀柄の鳳凰鶏冠に外反萼単弁文が確認できた。前漢後期である。④・⑤では、馬王堆一号墓帛画に雲気文風の外反萼単弁文、同棺頭部側の仙山中央部や側縁部にも雲気文風の外反萼単弁文が確認できた。これらは、雲気文で外反萼単弁文や同複弁文を表したものである。前漢初頭である。

以上、1～5の資料を七世紀から遡って検討した。外反萼単弁文が、植物文として確認できたのは2の後漢後半から三国時代であり、唐草花文に採用されている。外反萼単弁文が、神仙界への乗り物とされる龍（1・4）、鳳凰（3・4）、鹿（5）と関連している。左右対称の雲気文による表現は、雲気文との強い結び付きを想定させる。

四　日本の外反萼花文

前項では、主として中国における八世紀以前、神仙世界の外反萼単弁文について検討した。ここでは法隆寺夢殿観音菩薩立像の光背（以下、夢殿観音光背等と呼称）を考慮して論を進める（第4図－1）。それは夢殿観音光背が明瞭な雲気文による環状の唐草文を残しているからである。

夢殿観音光背は、中心部に素弁八葉蓮花文があり、次に雲気唐草帯、それを連珠帯が囲む。ここまでが頭光部に当たる。連珠帯を境に蓮花唐草文帯、周辺縁の火焔帯となり、ここまでが頭光外部である。これを七世紀以降に確立する連珠付きの軒丸・平瓦に対比させると、連珠帯と蓮花唐草文が外区、火焔帯が周縁、連珠帯の内側が内区であり、[16]本論でもこの名称区分を用いる。

さて村松まり子は、夢殿観音光背を取り上げて論じ、内区の雲気唐草文と外区の蓮花唐草文について言及した。[17]中国の火焔文が北魏頃から現れるとした上で、パルメット文が北魏の雲崗石窟に定着し（北魏前期）、孝文帝が平城から洛陽に遷都した四九三年以降（北魏後期）の龍門石窟からの影響を重視した。パルメット文が南朝からの唐草文の影響を受けて、「なめらかで伸びやかな」唐草文が形成されてきたとした。西方のパルメット文と中国の雲気文の融合を、夢殿観音光背にある蓮花唐草文に見出した。村松によってパルメット文の変容が指摘された。

筆者は、村松が北魏後期にパルメットの変容を指摘するのに対して、北魏前期にそれと中国古来要素の融合を考えたい。それが前項で論じてきた神仙世界の植物文であり、それを象徴するのが外反萼単弁文である。第3図－1の龍門の中央下端は、中国古来の外反萼単弁文、龍の体毛の表現はパルメット風の文様を意識したもので、それが彫刻された雲崗石窟第一二洞窟は北魏前期に制作されている。[18]

同じく、雲岡石窟第九石窟の二王門も北魏前期である。[19]門柱上の装飾は横位に展開し三相に分けられる。上相は斗栱で支えた鴟尾を持つ建物。下相は門楣。中層は中に炉を置き左右に鋸歯状の花綱を持った飛天が四つずつ配置される。上相には鴟尾の間に四つの三角火焔形があり、その内区文様の頂点に均整外反萼単弁文を各々配置する。中相の花綱下位の三角区毎にやはり三角火焔形が八つ描かれ、その中心部に均整外反萼単弁文を配置する。逆に上位三角区には、偏向外反萼単弁文やそれに基づく文様を配置する。下相の門楣上位には、横位側縁に輪繋ぎ唐草文の区画が二五個存在し、各々に均整外反萼単弁文を配置する。均整外反萼単弁文は同石窟第六窟（北魏前期）の文殊宝冠にも認められ[20]、そのモチーフは夢殿観音の複雑な宝冠中央下位にも認められる。

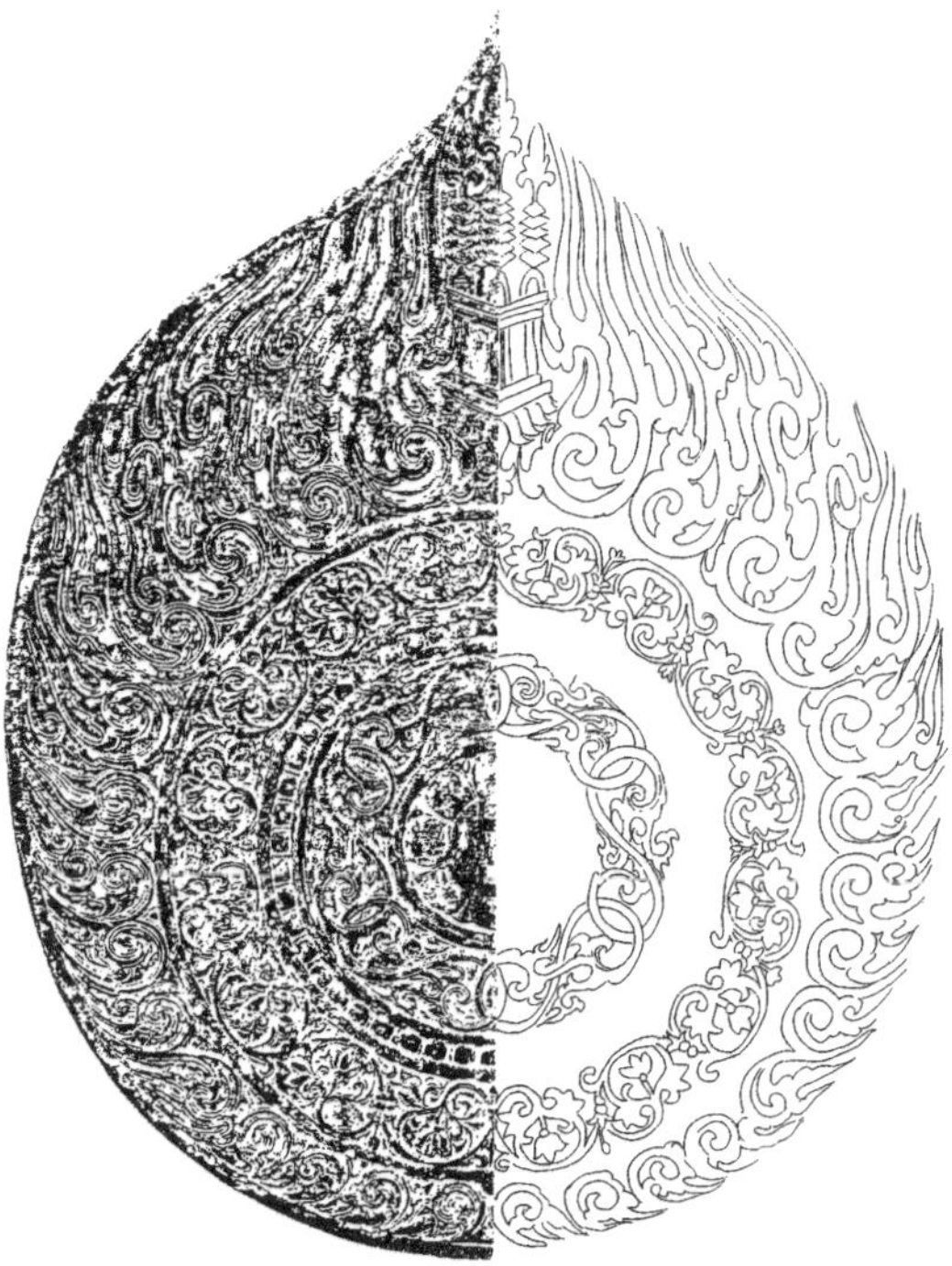

1　法隆寺夢殿観音菩薩光背（註17より）

2　河南省柿園漢墓主室天井南壁（註21より）

第４図　日本と中国の外反萼花文と雲気文

外反萼単弁文を理解するのに重要なのが、前漢の河南省永城県柿園墓主室天井壁画である。蘇哲はそれについて図を添えて記述いる[21]（第4図－2）。長さ七・五mの龍を中心に朱雀（上）・白虎（右下）が位置し、龍の首部・腹部・尾部、朱雀の髭部、白虎の口に均整外反萼単弁文、左右や下部に連なる雲気による植物文があり、これらを神仙世界の霊芝と見倣した。

第3図－1は雲岡石窟北魏前半の資料で、モチーフは柿園墓の系譜上にあり、神仙思想を表現している。以上より、北魏前期に見える均整外反萼単弁文は、中国古来の神仙世界に登場する霊芝と考えられる。同図の2～5も同じように判断できよう。従って、雲岡石窟二王門にある偏向外反萼単弁文も同類と見倣すことができる。

以上を前提に改めて第3図－5の中心部、第4図－2の周縁部を観察すると、外反萼上に認められる左右対称形も霊芝と見倣されよう。それらは先端が尖り、萼は丸みがあり、外反萼複弁文の祖型と考えられる。これより北魏前期の外反萼単弁文や外反萼複弁文は、パルメット状の姿態であっても、その意味は霊芝を象徴文とした神仙界を表現したものと理解される。

夢殿観音光背の雲気唐草文は、中心の仏教蓮花文に寄り添った神仙界を象徴している。外区波状唐草文は、正面形の蓮花と霊芝をパルメット風の文様で展開させたものと思考する。

火焔形光背の先端は、中央の七重塔、両脇の五重塔を乗せた仏塔であるが、九輪部を霊芝の均整外反萼複弁文で飾ったものと考えられる。五重塔の霊芝は、同寺金銅釈迦三尊像脇侍宝冠の正面下端部にも認められるし[22]、橘夫人厨子阿弥陀三尊像及び後塀には外反萼単弁文と共に造形されている[23]。なお、後塀にある蕾の表現が、前述した柿園墓主室天井壁画中にあり、注目しておきたい。

五　外反萼花文の変容と変遷

前項では、外反萼単弁文を中心に外反萼複弁文にも触れてきた。ここでは、両者を含んだ外反萼花文の変容と大まかな変遷について考察する。日本における七世紀までの外反萼花文は、主として神仙思想の霊芝を基本とすることは前述した。八世紀以降ではモチーフが他の形状に置き換えられたものが増えていくが、その大きな節目をここでは変容と表現する。東寺講堂に鎮座する五大菩薩座像の一つ、金剛宝菩薩座像を手掛かりに進める（第5図－1）。金剛宝菩薩は、頭光と身光を乗せた唐草文の光背を持ち、宝冠を戴いて蓮花の上に座す[24]。はじめに光背を検討

1　東寺講堂金剛宝菩薩坐像（註24より）

2　堆紫角違唐草彫大丸盆（註25より）

第５図　平安時代以降の外反萼花文

する。頭光の直上中軸線上に、茎を結んだ均整外反萼複弁文がある。これは中尊を含む他の四尊に共通する。本尊に限ってはその左右に偏向外反萼単弁文が配置される。注目されるのが、宝冠正面の日輪上でやはり茎を結んだ萼に載る宝珠の存在である。それまでの宝珠は蓮花座に載り萼を伴わないのが一般的であり、ここに密教の独自性を見出すことができる。宝冠下位の左右から伸びた唐草文上に、蓮花座宝珠が載るのも四尊に共通する。

この装飾は請来仏とされる五大虚空蔵菩薩騎像の五尊にも見られるが、総て均整外反萼に載り異なる。五大菩薩の唐草文は本来、均整外反萼を意味すると理解される。このように、神仙思想の系譜を持つ外反萼は、宝珠を戴く受け部としての重要な機能が託された。本来、花か蕾が位置すべき萼上に宝珠を載せる変革が見られ、概ねこれ以降、外反萼上に様々な造形が認められるようになるのである。

一方、外反萼花文は様々な装飾に溶け込んで用いられてきた。第5図－2は、鎌倉彫、の堆紫角違唐草彫大丸盆である。鎌倉彫は中世以降と考えられており、資料は中世若しくは近世の可能性がある。[25]外縁には巻きの強い内面には巻きの弱い均整外反萼単弁文が配置される。近世初期肥前磁器には初期から外反萼単弁文や複弁文が用いられている。[26]巻きの弱い均整外反萼単弁文や複弁文は近世中期には認められ、前者は特に五弁花・六弁花文の先端等に多用されてきた。

六　おわりに

本論では、七世紀の法隆寺に関わる唐草文の金銅製透彫り灌頂幡を検討し、従来不明瞭であった花片と萼を規定した。それを外反萼単弁文・複弁文と整理し均整・偏向の区分も行った。これらをパルメットと呼称することに対して、中国古来の神仙思想にある霊芝と考え、前漢前期から北魏前期までの資料を提示して検証した。西域パルメット唐草文の影響を受けつつも、外反萼単弁文・同複弁文は神仙世界を表現した象徴文として把握することを主張した。それを反映した日本の類例として、法隆寺夢殿観音光背を取り上げ、雲気唐草文の分析から中国思想を読み解いた村松の考えを、更に一歩進めてみたのである。

七世紀の仏教関連遺物には、外反萼単弁文・同複弁文が比較的顕著に表れている。天武天皇が皇后の平癒の為に発願し持統天皇が創建した薬師寺に、七世紀末〜八世紀初頭とされる薬師寺金堂薬師如来座像が脇侍を添えて鎮座する。如来の台座は宣字座の形式で、中央部には異形の人、その上下框にある蓮花文の斜め四隅に均整外反萼単弁文が見られる。しかも、異形の人の直下框には四神が配置される。薬師寺東塔等の擦銘には「龍賀騰仙」の文字があり、羽化登仙も表現されている。如来座像には、四神思想と共に、不老不死の神仙思想が示されており道教的信仰に傾倒していた天武・持統の意向が反映されているのである。[27]従って、外反萼単弁文・同複弁文が神仙思想を表現した象徴文として重視されたと考えられる。

また本論では、外反萼単弁文・同複弁文の変容を密教と関連して述べ、その後の在り方についても言及した。それらのモチーフは、現在でも宗教・信仰用具、染め物、陶磁器、工芸品等々と、多くの造形物に認められるのは周知のことである。

外反萼単弁文・同複弁文の類をパルメットとせずに、霊芝や芝草とすることを一九八六年、すでに土居淑子が『古代中国の画象石』の中で丁寧に考察している。[28]それにしても、土居の指摘が何故受け入れられなかったのか。一九八〇年代の日本の考古学において、神仙思想を取り上げることが少なく、共存する唐草文に触れてないことが要因として挙げられる。それは漢代植物文に限った研究であった。

本論では、唐草文の一部に土居の解釈を目指して、方法論を模索したものである。昨今は「パルメット風」、「パルメット状」の使用も間々認められ、現状ではパルメットと断言しない賢明な表現法と言えるだろう。

註

（1）新村　出編　二〇一八「唐草」『広辞苑』第七版　岩波書店　六二一頁
（2）新村　出編　二〇一八「忍冬」『広辞苑』第七版　岩波書店　二二四四頁
（3）弓岡勝美編　二〇〇五「唐草文」『きもの文様図鑑』平凡社　二四頁
（4）藤井健三　二〇〇八「唐草」『帯と文様』世界文化社
（5）稲垣晋也　一九八二「飛鳥白鳳の古瓦」『飛鳥白鳳の古瓦』縮刷版　東京美術　三〇頁
（6）註（5）の文献において稲垣は、軒丸瓦（鐙）の第五類忍冬・唐草文の項目で、忍冬がスイカズラでないこと、「文様史の上からは、古代エジプトの睡蓮花文のパターンをメソポタミヤ（アッシリア）では聖樹椰子の葉に応用して完成された形」と述べ、蓮華文の一部にパルメットを入れたと説明している。二八一・一八二頁
（7）古代オリエント博物館　二〇〇六「パルメット」『華麗なる植物文様の世界』山川出版社　二一頁
（8）中野政樹　一九九九「法隆寺の工芸」『日本美術全集』新装版　第二巻　学習研究社
（9）石田が一九五九年に行った蓮花文の分類に従った。石田茂作　一九七七『仏教考古学論攷』六　思文閣出版
（10）西上ハルオ著　一九九四『世界文様辞典』創元社
（11）町田　章著　一九八七『古代東アジアの装飾墓』同朋舎出版
（12）林　巳奈夫著　一九八九『漢代の神神』臨川書店
（13）註（11）に同じ。九三頁。
（14）曽布川　寛著　一九八一『崑崙山への昇仙』中央公論社
（15）註（14）に同じ。
（16）稲垣晋也編　一九七一『日本の美術』第六六号　至文堂
（17）村松まり子　一九八八「仏像光背の装飾文様―特に法隆寺夢殿観音像について―」『文化財学報』第六集　奈良大学文学部文化財学科
（18）宿　白　一九八九『雲岡石窟』第一巻　平凡社
（19）久野　健　一九九七「法隆寺の創建」『原色日本の美術』第二巻　小学館　一五三頁
（20）雲岡石窟文物保管所編　一九八九『雲岡石窟』第一巻　平凡社　一一三頁
（21）蘇　哲著　二〇〇七『魏晋南北朝壁画墓の世界』白帝社　七頁

(22) 久野　健　一九九七「法隆寺の美術」『原色日本の美術』第二巻　小学館　一七五頁
(23) 註（21）に同じ。二一六頁。
(24) 上原昭一編　一九八〇『日本美術全集』第六巻　学習研究社　図版九
(25) 郷家忠臣編　一九七二『日本の美術』第七〇号　至文堂
(26) 大橋康二著　一九九四『古伊万里の文様』　理工学社
(27) 利部　修　二〇一四「日本の神仙思想と道教的信仰―鳥・鳳凰・朱雀―」『中華文明の考古学』　同成社
(28) 土居淑子　一九八六『古代中国の画象石』　同朋舎出版

第四節　日本列島の細頸壺

一　はじめに

細頸壺は学術用語としては定着していない。細長い頸が、その幅より膨らんだ胴部に付いた形態を示す。しかし、胴部の膨らみに対する頸の細さは相対的なものであり、考古学用語として定着している古代の長頸瓶より幅が狭い印象のある水瓶（すいびょう）の形態を指標とする。どちらにも帰属し難い類例のあることを予め断っておく。更に、細頸壺の細頸の範囲を長頸瓶のように極端に細長い形態に限定せず、頸の幅と同じかそれより長いものとして把握する。以上の条件を満たしたものを細頸壺とし、形成の母材は問わない。

一方で、水瓶は今日も活用されている器種であり、細頸壺を水瓶形として当該形態に遡って使用することも一案である。試しに水瓶を『広辞苑』で引くと、「〔仏〕十八物の一つ。水を入れる器。飲用水を入れる浄瓶と厠に用いる触瓶とがある。青銅・白銅などで作る。瓶。→軍持。」とある（新村編二〇一八）。つまり水瓶は仏具に余りにも特化し限定的であり、その用語を借用するには違和感がある。これが細頸壺の用語を使用する理由である。また『広辞苑』では、水瓶（すいびん）と読んで「細首の水入れ。」としており、寧ろこの意味の方が、形態を包括する用語としては細頸壺に近いが、水の入れ物に限定されており不適切である。

筆者が細頸壺を取り上げるのは、僧尼が常時身辺に供える十八物中にある水瓶が、なぜに細長い頸の貯蔵具でなければならないのか、という素朴な疑問から発している。これより、仏具以外の細頸壺の実態、総体の中での水瓶の在り方等を理解するため、先ずは仏具に限定せず細頸壺の機能・形態差に留意した類例を取り上げることからはじめたい。

近代・現代における科学技術の発展は目覚ましく、化学製品や加工製品が数多く誕生している。石油等を原料としたビニールやプラスチック製品もその一つであり、その中に、霧吹きの機能を持つ細頸壺も存在する。また、透明の硝子製で頸の長いフラスコ形の実験器具も近代以降の製品である。現代のビール瓶やワインボトル、口の縦が横より長いペットボトルも細頸壺の形態を持つ（國見二〇〇六）。以上のように、近代とそれ以降を含んだ細頸壺は用途・形態・材質が多岐に亘り複雑化しており、以下ではこれらを除く近世までを主な対象とする。

二　近世・中世にみる使用形態

日本における近世は、多種多様な文化を生み出した活気に満ちた時代である。近・現代直前の近世は、大局的にはそれまでの多様な文化が重層化した時代である。「最初に近世の類例から検討し、その時代を遡って論究する」ことが（利部二〇一八）、分類作業を行う上で有効と考えられる。はじめに、近世における細頸壺の実態を垣間見ることにしたい。

近世は磁器の生産が開始され、高級な容器から雑器まで多様な製品が出回った。庶民にもその使用が広まり、陶磁器の在り方は多様な文化の一端を反映している。それを伝えるものに絵画がある。以下に絵画を通じた類例を辿ってみたい。

第1図は寛政六年（一七九五）閏、大槻玄沢の私塾芝蘭堂に蘭学者を招いて太陽暦の元旦を祝った時の絵である（山本二〇〇二）。三つのテーブルを合わせた上に、八個の細頸壺を描いている。中央テーブルの注口と把手の付いたもの以外は、概ね撫肩の細頸壺の形態である。ワイングラスが主体をなすことから、細頸壺は硝子製の洋酒ボトルの可能性がある。

第2図は、貞享三年（一六八六）刊行の鹿野武左衛門による『鹿の筆巻』の挿絵である（安田二〇〇二）。芸者を招いて酒を飲む姿を描いている。武左衛門の背後には幅広の掛け軸があり、それとの間に台に乗せた花瓶があ

第１図　芝蘭堂での祝賀会（山本 2002 より）

第２図　鹿野武佐衛門宅の宴会（安田 2002 より）

る。口縁部が大きく開いた細頸壺の形態で、絵柄が施されている。

第3～5図は三谷一馬の『新編江戸見世屋図聚』の一部である（三谷二〇一五）。第3図には瀬戸物屋の様子が描いてある。棚の下段左側には、大型の細頸壺が三個並び、その左には唐草文が認められる。上段左側には、四角な胴部を持つ細頸壺が二個、左端には瓢箪形の細頸壺が認められる。中段の左側には、頸が横長で注口や把手の付く壺が認められることから、そのタイプの細頸壺も取り扱っていた可能性がある。なお本書には、煮物を肴に熱燗を容器のちろりで注ぐ煮売酒屋の様子が描かれ、その傍らと店の入り口に大型の徳利が数本認められる。この絵を参考にすると、先の大型の細頸壺は徳利として利用された可能性がある。瓢箪形の細頸壺は、色絵花卉文瓢形徳利・色絵瓢文瓢形徳利等として知られており（矢部一九九一）、その形態から徳利の可能性がある。

徳利の酒器については菅間誠之助の論考がある（菅間二〇〇〇）。江戸で消費された酒について論じ、江戸時代武家の酒の扱いについて「公式には朱塗りの大杯一つを使った回し飲みか、お流れ頂戴型の飲み方をし、無礼講のような私的な酒宴になってはじめて銘々に杯が配られている」と論じた。それを描いた絵には細頸壺の徳利も垣間見られる。更に、弘化四年（一八四七）個人が細頸壺形の徳利を用いて飲酒する四つの絵を用い、江戸時代後半には大衆の個人飲酒が普及したことを述べている。それは同時に、徳利としての細頸壺が庶民生活に浸透したことを明らかにしたことでもある。一方、醤油や油類の貯蔵にも細頸壺は適しており、明暦三年（一六五七）江戸に酒醤油問屋が誕生したとする記述もまた、江戸に細頸壺が流通したことを裏付ける。これらを列島規模で鳥瞰すると、江戸時代細頸壺の生産と消費は膨大なものであったと言えよう。

第4図は硝子工房を描いている。撫肩の細頸壺の他に、肩が張る頸の短い細頸壺も認められる。これらが硝子製品であることが分かる。硝子技術の定着に関する『武江年表』享保年中の記事を念頭に三谷は、「西川如見著『長崎夜話草』享保五年に眼鏡・硝子・数珠・玉細工・造珊瑚珠の五つが上げられていますので、恐らく享保より以前に多く作られていたと想像されます。」と、硝子技術が享保以前に定着したことを示唆した（三谷

第３図　瀬戸物屋の絵（三谷 2015 より）

第４図　硝子工房の絵
（三谷 2015 より）

紙屋

第５図　紙屋の絵（三谷 2015 より）

第６図　板碑の線刻画（斎木 2013 より）

第７図　水瓶と管耳瓶（水澤 2006 より）

二〇一五)。

　第5図は紙屋の様子を描いている。店奥の壁には、七福神一つ恵比寿神の掛軸が掛けられており、手前に丁寧な透かしのある脚の付く机がある。台の両側には重ねた箱があり、中央に二重台があり立花二瓶が置かれている(三谷二〇一五)。立花は幣を表すと考えられ、台の透かしは四方である。台の透かしは、四方が三方よりも上位にあり貴人が用いるとされる。恵比寿神との対応が考えられ、幣が神に添えられたものであろう。

　次に、中世における仏具の考古学的資料を二つ示しておきたい。第6図は、千葉県香取市宮作堂前の板碑である。総高九八cmの正面に、植物を挿した二つの花瓶を両側に添えた宝篋印塔を線刻している。貞和六年(一三五〇)の年紀がある(斎木二〇一三)。二つ目は出土資料である。第7図-1・2の水瓶は、愛知県岩屋寺と石川県白山橋遺跡で見つかっている。また、同3・4の管耳瓶とされる耳の付く細頸の瓶が、佐賀県医王寺遺跡と群馬県上栗須寺前遺跡から出土している。これらは全国的にも数が少なく貴重な例である（水澤二〇〇六）。この他、中世絵巻物には水瓶や浄瓶、花瓶が散見できる。

三　仏具としての水瓶

（一）水瓶の本義と細頸壺

日本に仏教が公式に伝来したのは、欽明天皇七年（五三八）と考えられている（大野一九六六）。仏教は律令国家の精神的支柱となり、神道と共に両輪をなした。法具としての水瓶は、出家して具足戒を受けた者が携行する「楊枝・澡豆（清めに使う粉末）・三衣（袈裟）・瓶（水瓶）・鉢・坐具（敷もの）・錫杖・香炉・漉水嚢（水こし）・手巾（手ぬぐい）・刀子（こがたな）・火燧（火うち石）・鑷子（毛抜き）・縄牀・経・律・仏像・菩薩像など」であり、十八物の一つとされる（佐和編一九六三）。

法具としての水瓶には、王子形・仙盞形・志貴形の三形態のあることが知られ（有賀編著一九九三）、以下に水瓶の簡単な説明を列記する。王子形水瓶は、胴部が卵形や棗形で口縁部は朝顔形に開く。仙盞形水瓶は、胴部上位にも口が付き上口には尖台の飲み口が付く。胴部の口から水を注ぎ込む。志貴形水瓶は、胴部の肩より下に注口が付き大きく伸び、中軸上の口縁部が朝顔形に開く、とある。第8図の志貴形水瓶は、頸が太く本稿の細頸壺にはそぐわないが、細頸で口縁部・注口・把手の在り方に共通する例があり細頸瓶の参考例として掲載した。

また水瓶は梵語の軍持の訳語とあり、義浄の『南海寄帰内法伝』を引いて「凡そ水に浄・触を分つ、瓶に二枚有り、（中略）浄は則ち浄手にて方に持ち、必ず須く浄処に安著すべし。触は乃ち触手にて随い執り、触処に之を置くべし、唯、斯の浄瓶及び新浄器に盛る所の水は非時に飲むべし、（中略）其の瓶を作る法は、蓋は須く口に連ぬべし、頂は尖台に出し高さ両指なるべし。」と記述している（有賀編著一九九三）。文献には、水瓶に浄瓶

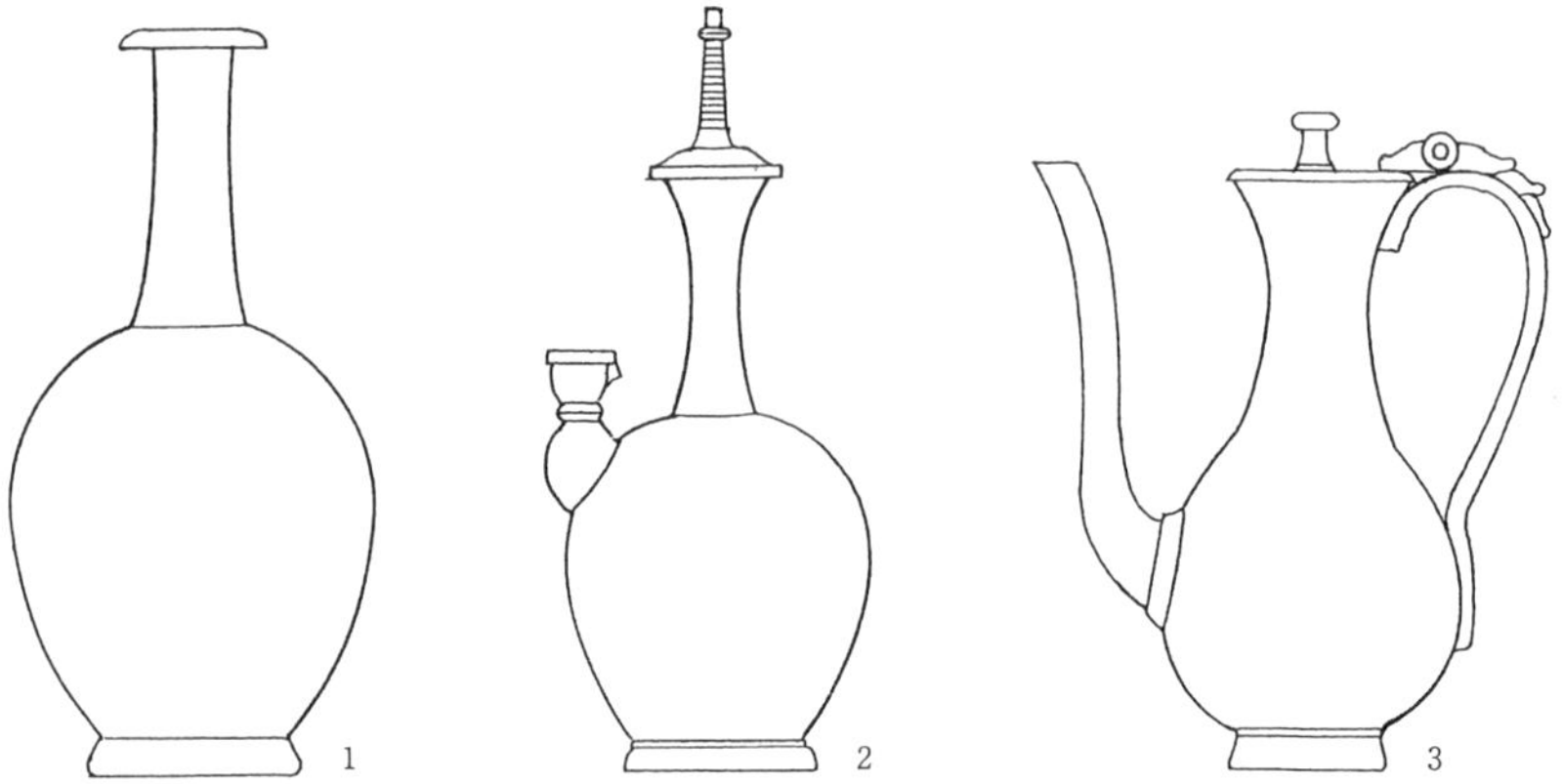

第８図　水瓶の三形態（有賀編著 1993 より）

と触瓶の二種があり、それらの使用方法、浄瓶の製作法を述べており、後者によって浄瓶の形態的特徴が明らかとなる。いわゆる仙盞形水瓶は浄瓶を示している。

考古学の立場から見た水瓶はどうであろうか。一九七六年刊行の『新版仏教考古学講座』には中野政樹の論考がある（中野一九七六）。ここでは、前述文献の記述や三形態の具体例を示した他に、『法隆寺縁起幷流記資財帳』より「丈六分、仏分、観世音菩薩分」として、水瓶を仏前に添えたこと（浄水・聖水の閼伽）、観音山古墳（群馬県）の古墳時代仙盞形の例、聖衆来迎寺（滋賀県）龍頭の注口例、東大寺（奈良県）布薩会専用の水瓶等を紹介した。「元来は僧具であったものが、仏前に水を供える容器となった」ことの指摘は重要である。その後、『仏教考古学事典』に水瓶の項目が取り上げられ（岡本二〇〇三）、考古学的に定着していく。しかし、考古学の立場から水瓶の定義には触れられず、細長い頸が必要条件とされることはなかった。

仮に昭和三七年（一九六二）刊行の『日本考古学事典』で水瓶を捲ると、「〔歴史〕陶製または金属製の壺に注口があり、一方に把手、上部に蓋をつけた容器で、液体を容れたものである。」とある（大場一九六二）。この頃は、注口・把手・蓋の付くことが水瓶の条件で、やはり頸が細長い特徴に注意が払われていない。水瓶は、後に須恵器器種の学術用語になる長頸瓶（壺）よりも胴部幅に対する頸幅が極端に細く、考古学の分類では頸の細さが重視されなければならない。土器等の出土品で水瓶と認知する前提には、細長い頸（幅の狭さ）は欠くことのできない条件である。水瓶の語彙に対する仏教界（機能重視）と考古学界（形態重視）の差異として認識される。これは、考古学が他学の語彙を援用する上で生じてきた問題点として把握される。

楢崎彰一は『世界陶磁全集2』の中で、奈良時代から平安時代の器種を「液体容器としての水瓶・浄瓶・長頸瓶・平瓶・双耳瓶・横瓶などの各種瓶類」と述べ（楢崎一九七九）、水瓶・浄瓶・長頸瓶を区別しそれが現在の学術用語に、徐々に踏襲されてきた。一方で、楢崎の表記には「フラスコ型の細頸瓶から転化した長頸瓶」、「細長い口頸部と卵形の胴をもった水瓶や肩に注口をもった浄瓶」の表記が見られるものの、水瓶と長頸瓶の区分には触れていない。

一方で同書坂詰秀一による記述は、水瓶とは別に「北山、永田・不入窯は、細頸瓶（浄瓶）」としており（坂詰一九七九）、浄瓶の用い方に消極的である。先の水瓶に含む使用方法の相違による浄瓶・触瓶の名称区分が、根底にあるからであろう。また同書中村浩の記述は、陶邑窯跡Ⅳ期の説明で水瓶、長頸壺と区分するが（中村一九七九）、二年後の自著『和泉陶邑窯の研究』では、文章で「水瓶形」「水瓶」と記述し、挿図では水瓶の用語は用いず長頸壺に一括した表現を行った（中村一九八一）。このように、少なくとも一九八〇年頃の考古学界における水瓶・浄瓶・長頸瓶の区別は混沌としていた。

現在、液体容器としての陶磁器では概ね、長頸瓶より幅が狭く細長い頸を持つものを水瓶、その胴部に受口が付く浄瓶、同じく胴部に注口の付く水注が学術用語として定着しているようである。考古学における水瓶・浄瓶の種別表記は、あくまで便宜的な区分と理解すべきであろう。

（二）十八物以外の使用例

前項では水瓶の本来的な用途について触れたが、それ以外の細長い頸を持つ細頸壺の在り方を奢侈品・菩薩の持物・花器・宝瓶・液体以外の収納品と5つの項目に纏めた。以下に解説する。

第9図－1左は、群馬県高崎市の綿貫観音山古墳石室出土の銅製水瓶である。総高三一・三cm、口径六・九cm、胴部最大径一三・三cmで、擬宝珠形の撮みのある蓋にはピンセット状の舌が付き、大陸からの招来品と考えられている（梅沢一九八一）。綿貫観音山古墳は、東国最大の前方後円墳である太田天神山古墳の後裔とされ、豊富な出土品から六世紀後半と考えられている（梅沢一九九九）。水瓶は大型で一点のみ出土しており、他に仏教関連遺物が認められないことから奢侈品として被葬者が入手したものだろう。同右は金属器を写した奈良県慈恩寺古墳の須恵器で、七世紀前半の資料である（山田一九九八）。これも奢侈品と判断される例である。

第9図－2は十一面観音菩薩の持物としての水瓶である（入江・青山一九八五）。仏像の水瓶は、多くは観音菩薩に認められる。菩薩は最高位の如来に次ぐ仏格を得ており（石井二〇〇四）、修行によって最高位に到達できる、言わば修行僧としての意味がある。中でも観音信仰は、「現世利益的な内容なので、中国・日本の民衆の人気を獲得して、観音信仰が広く流行した。」とされる（菅野二〇〇一）。その『法華経』の「観音菩薩普門品」が、中国や日本で独立した経典になったのが『観音経』なのである。本来、三十二相を備えた聖人（男性）の教えが、三十三身を現し男女を問わず救済することで人気を博した（菅野二〇〇一）。

観音像の持物に水瓶を伴う事例は、一九七三年刊行の『重要文化財一　彫刻Ⅱ』や『重要文化財三　彫刻Ⅲ』の「千手観音」（平安～室町時代）や「十一面観音」（奈良～室町時代）に、多くを見出すことができる（文部省文化庁監修一九七三）。七世紀の金銅仏の他（柴田編一九九九）、近世の造仏聖円空が、畿内・東日本の各地に水瓶を具えた十一面観音を残している（後藤他一九八六）。千手観音も含んだ十一面は、観音の本面を含む十一面があらゆる方向を示し総ての人の救済を意味する（石井二〇〇四）。水瓶は「生命の水や不老不死の甘露水をたたえ（中

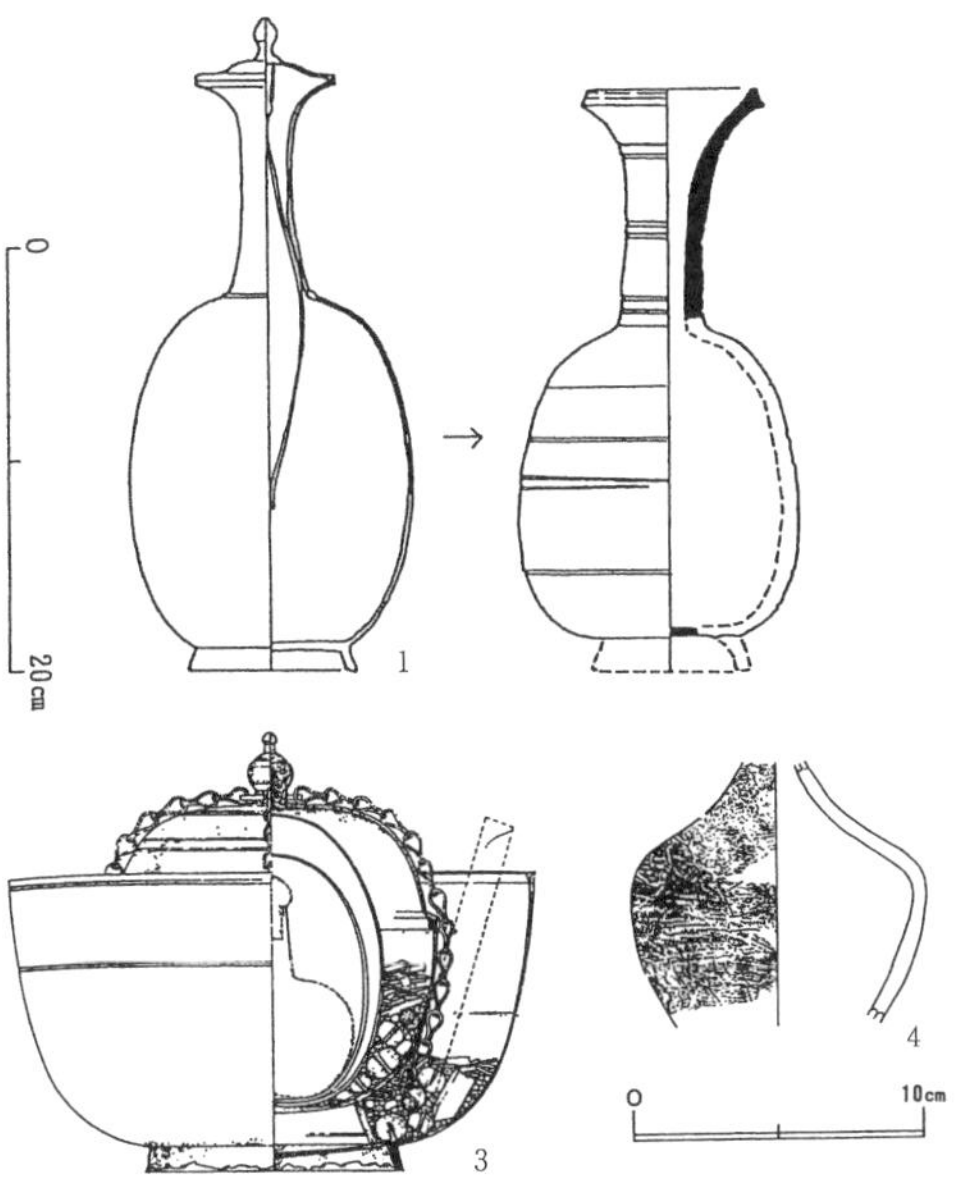

（1は、山田1998より）
（2は、入江・青山1985より）
（3は、大庭他2001より）
（4は、利部・和泉編1990より）

第９図　様々な細頸壺

第10図　花瓶としての細頸壺（小松1992より）

略）穢れを浄化し、煩悩の炎を消し去る」のである（増田編二〇〇七）。菩薩像の水瓶はそれを象徴する。平安時代以降は、蓮花を添えた事例が多く認められる。

花を差した水瓶との関わりでは、観音菩薩から分離した状態を花瓶（以下の漢字だけの表記は、かびん）と称したい。花瓶については石田茂作の論考がある。石田は、花瓶を（けびょう）と呼び花瓶と区別するが、花瓶の使用は供養仏具のそれを祖元と考えるのが筆者の立場である。石田は「実証的には平家納経安楽行品裏絵に火舎六器に隣って瓶に櫻花を挿してある」と、供花の道具とした最古例を平安末期と考察した（石田一九七七）。金銀で表現したこの裏絵を観察すると、銀と金で表現した二つづつの花と瓶は、花を口縁部の真上に描くが瓶に挿入されず分離している（小松二〇〇五）。しかし、瓶は亜字形花瓶（けびょう）とされる特徴を持ち、花の中心軸が瓶の中央軸と一致することから花瓶を連想させるには十分である。供養具としての花瓶は、絵巻物にもしばしば認められる。菅原道真の生涯を綴った『松崎天神縁起』（一三一一）には、道真と対面する叡山座主の脇に不動明王の掛軸があり、その前面に密教法具が配置される（第10図）。その奥まった左右端に細頸壺の花瓶が位置し、そこに蓮花と異なる植物が挿入されている（小松一九九二）。この縁起は弘安元年（一二七八）の年紀がある「弘安本」によっており、花瓶は鎌倉時代の類例と見做される。

密教に特化したものに宝瓶がある。大日如来を教祖としこの世の真理を絵画化した、『大日経』に基づく胎蔵界曼荼羅と『金剛頂経』による金剛界曼荼羅に描いてある。第11図上は敷曼荼羅（灌頂会に際し檀の上に敷く）中の胎蔵界曼荼羅である（頼富監修二〇一二）。下は中心部分の中台八葉院で、中心の大日如来を八菩薩が放射状に取り巻く。この四隅に宝瓶が位置する。全体（上）における文殊院・除蓋障院・蘇悉地院・地蔵院で構成する四隅にも認めるが破損が著しい。大きさは縦二七七・六cm、横二七九・七cmで、天永三年（一一一二）の制作である。宝瓶は、「五宝・五穀・五薬・五香の二十種を容れ、浄水を満たした香水瓶である。その瓶口に宝華妙華を挿して蓋とし、頸には綵帛を以て装飾する」とある（有賀編著一九九三）。図の宝瓶は、口を朱の宝華で塞いだ上に三

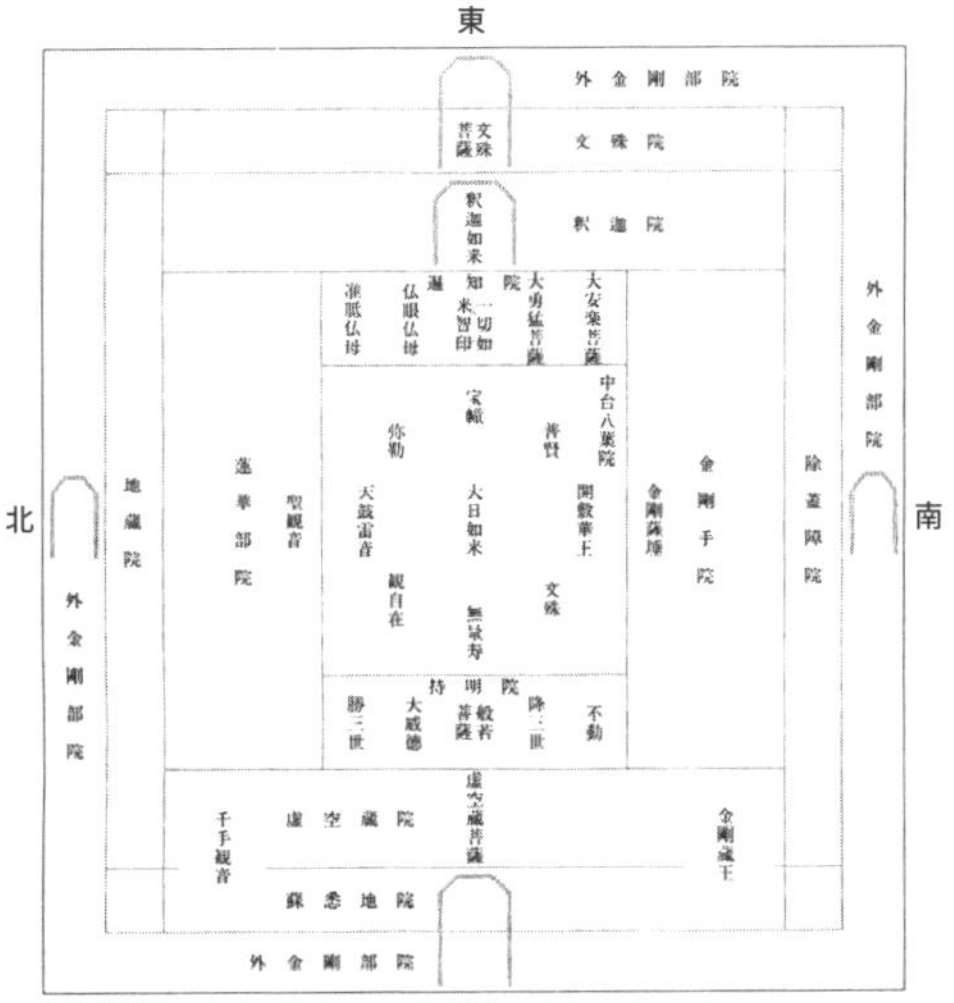

(全体)

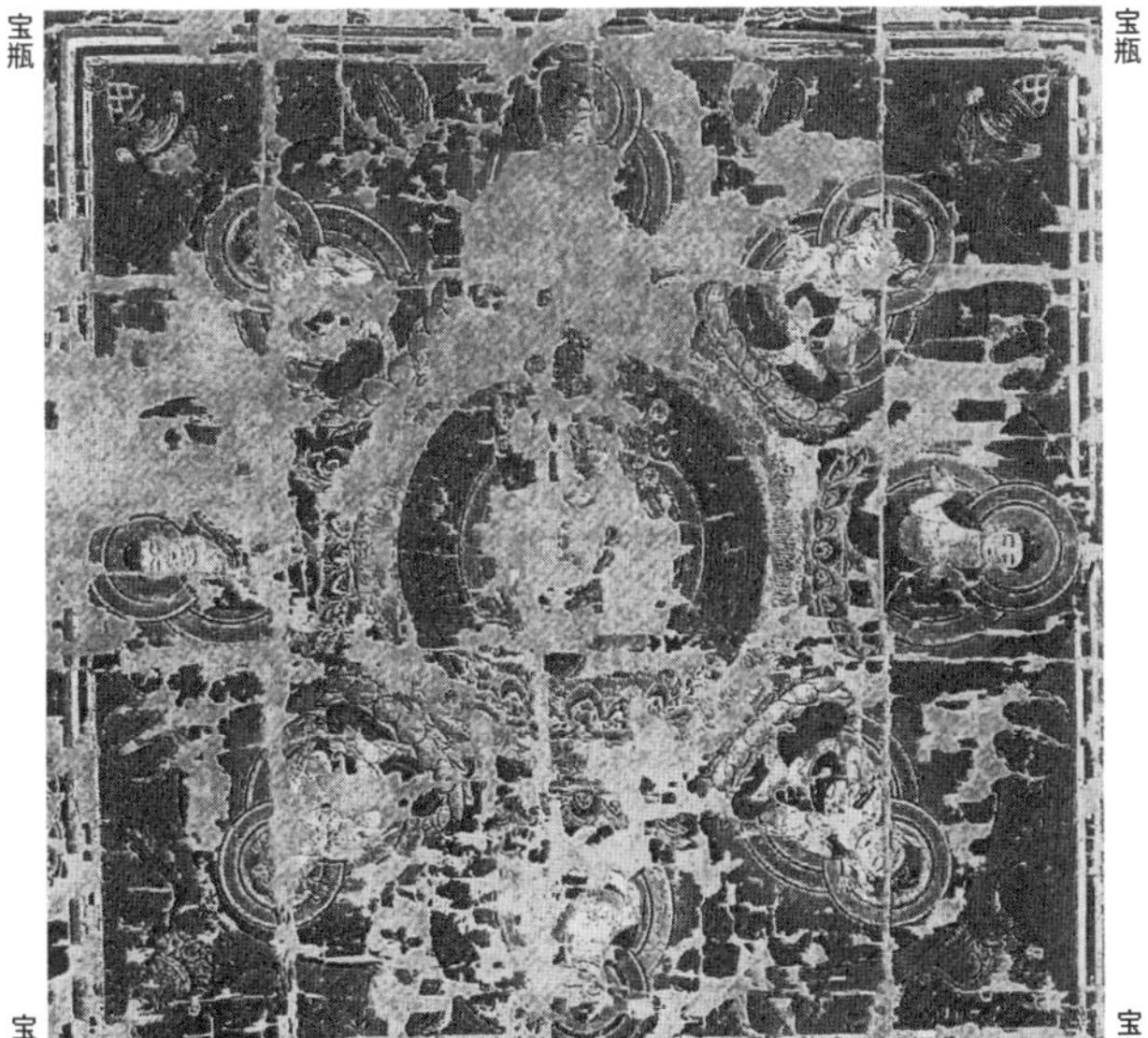

(部分)

第 11 図　胎蔵界曼荼羅と中台八葉院（頼富監修 2012 より）

股杵、やはり朱で肩の把手に繋いだ綵帛を描いている。宝瓶は如来や菩薩と共にある密教法具であり、花瓶の供養具とは立ち位置を異にする。なお両界曼荼羅における宝瓶の在り方は、胎蔵界が先の場所、金剛界は九つに区画された中央最上段の大日如来を描いた一印会の四隅に描き定番となるが、頸の細いものとやや太めのものがある。

第9図－3は、法隆寺五重塔の心礎から出土した舎利容器の瓶である（大庭他二〇〇一）。調査は大正一五年（一九二六）と昭和二四年（一九四九）の二度実施された。心礎の中央に円錐状の孔を穿ち、上に蓋受けの段を造っていた。孔中央の銅製大鋺には、三重の外容器で囲まれた硝子製舎利瓶が容れられ、舎利瓶の口には宝珠形の栓がしてある。一つ目の外容器は金製、二番目が銀製、三番目が銅製合子で、合子の撮みと舎利容器が細長い頸を持つ壺である。舎利容器は、二次調査で調査対象外、一次調査では「丁香と水とが記され、舎利不明」とされる（太田編一九七二）。実態は不明であるが、本来は舎利に相当する物質の存在が考えられる。

四　細頸壺の分類

前項までは、近・現代にも触れながら古墳時代まで遡って論じてきた。しかし、細頸壺の形態は、更に弥生時代、縄文晩期まで遡る。第9図－4は筆者が発掘調査を担当した秋田県大館市の諏訪台C遺跡から出土した弥生初頭の細頸壺である（利部・和泉編一九九〇）。口縁部と底部を欠くが、頸部に外反する痕跡がなく更に延伸する。縄文晩期の資料は、村越潔の『亀ヶ岡式土器』によって知ることができる（村越一九八三）。村越は甲野勇の論文を引いて、壺形土器各種とした五九個体を模式図で示し（任意縮尺）、器種の特徴や用途を解説した。そこに五例程の細頸壺が見出せる。以上、列島の縄文・弥生時代資料を詳細に検索すると、纏まった資料が見出せるだろう。

さて、縄文時代から近世にかけての細頸壺を分類するに当たっては、秋田市右馬之丞窯跡の鳥形瓶（須恵器）のように、細い頸が鳥形の胴部（平面観が同心円状をなさない）端に付く例を念頭に置く必要がある（伊藤一九九八）。つまり、胴部平面観が同心円状でその中心軸上に口頸部が位置する壺をⅠ類（同心円壺）、そうでないものをⅡ類（偏行壺）とする。Ⅱ類は、胴部が同心円でない条件を持つ。本稿近世までの類例の大部分はⅠ類であり、近・現代にはⅡ類も増加する。

次にⅠ類の形態的分類を、機能論を考慮して考察する。参考にしたいのが、第8図の水瓶における1の王子形、2の仙盞形、3の志貴形の三形態である。3の類例は頸が太く細頸壺とは言えないが、頸が細く胴部に注口を持つ類例は散見する。これらの比較で導かれる機能は、1の形態は、胴部に蓄える際の入口と出口が胴部中軸線上にある。2は胴部に入口があり、出口が胴部中軸線上にある。3は入口が胴部中軸線上にあり、出口が胴部にある。これらは、胴部に蓄えられるものの入出機能の三機能差として認識できる。この機能差が、そのまま三型式の形態差として把握されよう。簡易から複雑への工程を考慮して、1の形態をA類、3の形態をB類、2の形態をC類とする。その他として、これらの機能と異なる、第9図－3のように口に栓をして密閉貯蔵する機能（a類）、図6のように細長い口頸部側面と底面で軸を受ける機能を有する場合（b類）、の二つを併せてD類とする。

以上を整理すると以下のようになる。

細頸壺の分類

Ⅰ類（同心円壺）…Ａ類（入口と出口が口頸部）

Ｂ類（入口が口頸部、出口が胴部に付く）

Ｃ類（入口が胴部に付き、出口が口頸部）

Ｄ類…その他ａ類（密閉）

その他b類（軸受け）

Ⅱ類（偏行壺）

細頸壺の分類は、細長い頸の壺を時代相に限定せず、その出現から今日までを見通す立ち位置で試みたものである。壺の分類では砂状の物質も考慮している。分類項目に、時代を限定して用いている考古学的用語や今日の日常用語を当てはめると、ⅠA類が水瓶・徳利・ペットボトル、ⅠB類が水注、ⅠC類が浄瓶、ⅠDa類が舎利容器・宝瓶、ⅠDb類が花瓶、等が該当する。Ⅱ類には鳥形瓶、身近な例として目薬の容器がある。

五　おわりに

本論では、縄文時代から現代に及ぶ細頸壺について、古墳時代から近世までを中心に論じてきた。その目的の一つが細頸壺の分類である。細長い頸のある壺に対しては、考古学的時代区分の、ある時代相や文化相に適応した独自の学術用語がある。それらを包括したのが細頸壺の用語である。

分類の類型化は、独自の学術用語間の関連性の把握に役立つ。ⅠA類では、今日まで引き継がれる形態であっても、古墳時代からの水瓶・近世からの徳利・昭和からのビール瓶等と、用途によって発現時期が異なり、重層的な変遷が認められる。ⅠB類も今日見られるが、古墳時代を含んで遡った例は確認できない。またⅠC類の浄瓶も今日認められるものの、仏具に関した独自の領域として受け継がれてきた。今日の生け花に見える一輪挿しは、ⅡDb類の典型である。ワインボトルを寝かせる常態は、ⅡDa類を表している。このように、分類項目によってマクロな歴史変遷を辿れる可能性がある。

現在、世界を対象に多くの人々が用いているペットボトルは、人間に必要な水分を補給するため、一定期間Ⅰ

Ｄａ類の常態を保ち、飲用としての一時はＩＡ類に含まれる。口の小さい水筒（Ⅰ・Ⅱ類）のように、口元が触れる部分を外から蓋でねじ込んで衛生面を確保する機能がある。

水筒と同じく携帯具としての利便性もある。従来の素朴な細頸壺に理化学的な改良が加えられ、一九七三年に完成している（サラ二〇一一）。しかも廃棄を前提に作られている。細頸壺の進化した姿を見るのである。分類項目のそれぞれを歴史的に描き出すことも、考古学的な作業として必要だろう。更に海外の類例を比較して分類項目の過不足を検討したい。

参考文献

有賀要延編著　一九九三『平成新編仏教法具図鑑』国書刊行会　一八七・二五四頁
石井亜矢子　二〇〇四『仏像の見方ハンドブック』池田書店
石田茂作　一九七七『佛教考古学論攷』五　思文閣出版　四三頁
伊藤武士　一九九八「秋田城跡周辺須恵器窯の動向について」『秋田考古学』第四六号　秋田考古学協会
入江泰吉・青山　茂　一九八五『仏像―そのプロフィル―』保育社
梅沢重昭　一九八一「三二　観音山古墳」『群馬県史』資料編三　群馬県
梅沢重昭　一九九九「群馬県綿貫観音山古墳」『季刊考古学』第六八号　雄山閣
太田博太郎編　一九七二『奈良六大寺大観』第一巻　岩波書店　三八頁
大野達之助　一九六六『日本の仏教』至文堂
大場磐雄　一九六二「水瓶」『日本考古学事典』東京堂　二七四頁
岡本桂典　二〇〇三「水瓶」『仏教考古学事典』雄山閣
大庭　脩他　二〇〇一『荘厳』大阪府立近つ飛鳥博物館
利部　修・和泉昭一編　一九九〇『諏訪台Ｃ遺跡発掘調査報告書』秋田県教育委員会
利部　修　二〇一八「近世×形文の変容」『秋田考古学』第六二号　秋田考古学協会　四七頁
菅野博史　二〇〇一『法華経入門』岩波新書　一八一頁

國見　徹　二〇〇六「鉄道が遺した器Ⅱ」『考古学の諸相』Ⅱ　匠出版
小松茂美　一九九二『続日本の絵巻』二二　中央公論社
小松茂美　二〇〇五『図説平家納経』戎光祥出版
後藤英夫他　一九八六『円空巡礼』新潮社
斎木　勝　二〇一三「千葉県香取の阿波型板碑の存在」『考古学の諸相』Ⅲ　坂詰秀一先生喜寿記念会
佐和隆研編　一九六三『仏像案内』吉川弘文館　一九〇頁
新村　出編　二〇一八「十八物」『広辞苑』第七版　岩波書店　一三八六頁
新村　出編　二〇一八「水瓶」『広辞苑』第七版　岩波書店　一五四一頁
坂詰秀一　一九七九「関東の須恵器」『世界陶磁全集』二　小学館　一七六頁
サラ・ドリンクウォータ　二〇一一「ペットボトル」『人類の歴史を変えた発明一〇〇一』ゆまに書房
柴田　卓編　一九九九『法隆寺宝物館』東京国立博物館
菅間誠之助　二〇〇〇「江戸の酒」『江戸文化の考古学』吉川弘文館　一四八頁
中野政樹　一九七六「供養具」『新版仏教考古学講座』第五巻　雄山閣　四九頁
中村　浩　一九七九「畿内と周辺地域の須恵器」『世界陶磁全集』二　小学館
中村　浩　一九八一『和泉陶邑窯の研究』柏書房
楢崎彰一　一九七九「平安時代の施釉陶―青瓷と白瓷―」『世界陶磁全集』二　小学館　二七七・二七八頁
増田秀光編　二〇〇七『仏像の本』学習研究社　一七二頁
水澤幸一　二〇〇六「密教法具考」『考古学の諸相』Ⅱ　匠出版
三谷一馬　二〇一五『新編江戸見世屋図聚』中央公論新社　三七三頁
村越　潔　一九八三『亀ヶ岡式土器』ニュー・サイエンス社
文部省文化庁監修　一九七三『重要文化財二一　彫刻Ⅱ』毎日新聞社
文部省文化庁監修　一九七三『重要文化財三　彫刻Ⅲ』毎日新聞社
安田吉人　二〇〇二「大衆のための話芸」『ビジュアル・ワイド江戸時代館』小学館
矢部良明　一九九一『新編名宝日本の美術』第一八巻　小学館
山田邦和　一九九八『須恵器生産の研究』学生社

山本博文　二〇〇二「新しい学問は、武士に行動の理念を与えた」『ビジュアル・ワイド江戸時代館』　小学館
頼富本宏監修　二〇一二『東寺の曼荼羅図』　東寺宝物館

第三章　戦争遺跡の観点から

第一節　土崎空襲の考古学的背景—地理的環境の遠因—

一　はじめに

太平洋戦争が昭和二〇年（一九四五）に終戦となり令和三年（二〇二一）で七五年が経過した。昭和三〇年生まれの筆者が一〇代の後半、山形県立新庄北高等学校に招かれたむのたけじの講演を聴き反戦を意識するも、戦後三〇年近く経過した昔のこと、当時そんな思いがあったと思う。歳月が嵩むにつれて、自身の青年期が、いかに終戦に近かったかと今感じるようになった。専攻してきた考古学によって、近代戦争を語るべきと考えていたが[1]、そんな折手にしたのが『一度は行きたい「戦争遺跡」』である（友清二〇一五）。全国各地の戦跡が写真を添えて四三箇所掲載された文庫本は、筆者より二〇歳程も若い著者が、戦禍の記憶の劣化を憂いて世に送った記録本である。

筆者の住む秋田県でも、戦跡の調査と記録作成が開始されている。その成果が実ったのが、令和二年刊行の『秋田県の戦争遺跡』である（秋田戦争遺跡会編二〇二〇）。戦跡を戦争遺跡保存全国ネットワーク（結成当時の代表は村上有慶・十菱駿武）による①政治・行政、②軍事・防衛、③生産、④戦闘地・戦場、⑤居住、⑥埋葬、⑦交通、⑧その他に類型化して、五四箇所の遺跡を紹介している。しかし、周知の埋蔵文化財としては登録されていない。代表の外池智は本書に至る経緯とその意義を述べ、教育資源としての活用を重視した。平成二年（一九九〇）に始まる全国都道府県及び市町村による戦跡文化財登録は、令和元年（二〇一九）現在二九六件、それのない県が秋田県・山形県・奈良県・山口県・宮崎県である（外池二〇二〇）。男鹿市船越には、遺構の実態が明確な防空監視哨が残されており（五十嵐二〇一五）、戦跡文化財としての登録が急がれる。

埋蔵文化財が地域の歴史を理解する上で、教育資源として大きな役割を果たしてきたのは秋田県においても同様である。令和三年（二〇二一）、縄文遺跡群の世界遺産登録はその最たる証である。しかし一方で、秋田県の文化財行政が近代の戦争遺跡及びその関連遺物（戦争遺物）に注目してこなかったことも事実である。

本稿では太平洋戦争終結の間際、秋田県沿岸秋田市土崎で決行された土崎空襲の要因である石油製油施設を介して、県内における考古学的成果と近代戦争遺跡の繋がりを考えてみたい。なお、土崎空襲はその範囲が確定されている訳ではないが、秋田県の市街地で唯一大規模な空爆を受けた地名を考慮して、土崎空爆地遺跡と仮称する。遺跡の実態は乏しいが、秋田県の空襲を受けた場所を代表する遺跡として評価した仮の名称である。

二　土崎空襲

土崎空襲を知る上で貴重な資料に『土崎空襲の記録』がある（花岡編著一九八三）。空爆は土崎製油所が目標にされ（第1図）、昭和二〇年（一九四五）八月一四日一〇時四〇分に始まり翌二時二〇分に終わった（篠原一九八三）。花岡は秋田県庁職員から満州国官吏で労務動員業務に当たり終戦の翌年土崎に帰郷し、土崎空襲で失った同級生や身辺縁者の戦争による無残な死から、日本の侵略を告発する義務を自身に課して編んだ渾身の書籍である。三部構成の二部には、二三人の証言録を掲載している。

本書は花岡の「はじめに」と「おわり」を除くと、第一部の土崎空襲の記録、第二部の証言・土崎空襲、第三部の土崎空襲資料編で構成されている。一一項目に分かれる資料編のうち、項目一〇の「米軍報告」書は秋田県の土崎が空爆された理由を具体的に伝えている。報告は主要な町、地理、この地域の重要性、土崎の要塞施設と高射砲、軍司令部・部隊・兵舎・病院・倉庫、石油、上陸用海岸、工業（石油精製）、工業（油田）、工業（鉄、鋼鉄）、工業（鉱山）、工業（食品）、輸出（船）、輸出（港湾）、土崎と油田、輸出（自動車と機械措置）の細目に分かれ端的に記述している。

第１図　土崎空襲の中心空爆他（花岡編著 1983 より）

この地域の重要性では、「秋田地域の重要性は石油と銅の生産地」と明記し、黒川油田は日本最大の生産地、日本の銅精錬の約二二%を産出するとしている。以下には一～五の付帯事項があり、一雄物川河口の潜水艦基地の想定、二船川の海軍の常置編成の存在、三船川・土崎間の主力艦八隻の碇泊能力、四豊川海軍廠の存在、五シノンオケガハラの海軍航空隊の存在を記している。石油や銅は前戦に直接結び付く燃料と兵器製造素材であり、軍事的施設に囲まれ石油精製所と輸送基地のある土崎が、米軍報告の作戦番号三二八で攻撃目標（日本石油製油所）に定められた理由である。

次項では、港湾と石油に焦点を当てて考古学的成果との因果関係を述べる。

三　秋田の港湾

秋田県の海浜は、西に突き出た男鹿半島を頂点にして南の平沢、北の八森まで八の字状に発達している。南の海浜のうち、秋田市土崎から男鹿半島の船川にかけては比較的穏やかな内湾域が形成されている。内湾域の中央船川寄りの船越を通じて八郎潟調整池及び干拓地（旧八郎潟）が北に広がり、内湾域の両端には秋田市土崎港と男鹿市船川港がある。地図には、土崎港の北に近接して東北電力秋田火力発電所、船川港には国家石油備蓄基地と記してある（平凡社編二〇一八）。次に、大きく時代ごと内湾域に関する遺跡の歴史について辿ってみることにする（第2図）。

古代の秋田城は、中央政府による日本海側の東北経営の拠点として、太平洋側の多賀城（七二四年創建）と共に設置された奈良時代の軍事と政治を司る施設である。七世紀後半に越後国の沿岸部沼垂柵・岩舟柵に次いで、出羽国秋田の沿岸部に設けられた。『続日本紀』には、天平五年（七三三）「出羽柵遷置於秋田村高清水岡。」とあり（熊田他二〇〇一）、最上川下流域から雄物川の河口付近まで沿岸部を一気に北進している。秋田の沿岸部に関する記事として、『日本書紀』斉明天皇四年（六五八）には、「阿倍臣率船師一百八十艘伐蝦夷。齶田、渟代二郡蝦夷望怖乞降。於是勒軍陳船於齶田浦。」と見える（熊田他二〇〇一）。

奈良時代に始まる渤海使節の来日は、八世紀に一四回ありうち六回が出羽国で、出羽国が沿海州方面に対する国防上の重要な地域とし中央政府に認識されていた（渡部一九八一）。秋田城跡では水洗トイレが見つかり、相反する意見があるものの外交上の施設として機能した考えも示されている（船木二〇一八）。齶田浦の記事からしても、内湾域に秋田城関連の港が想定される。

沿岸部における中世前半の湊が明確でない中、一二世紀末～一四世紀の遺構や遺物が見つかっているのが、旧雄物川右岸に面した秋田城跡の鵜ノ木・大小路地区である。古代秋田城跡の機能が終えた後に開発された遺跡

番号	遺跡名	種別	所在地	時代	遺構・遺物
1	湊城跡	城館・町屋敷	秋田市土崎港中央三丁目他	中世・近世	柱列跡・建物跡・溝跡・井戸跡・土坑・焼土遺構・集石遺構・敷石状遺構・ピット：土器・陶器・磁器・土製品・木製品・石製品・金属製品・瓦・銭貨・動物依存体
2	寺小山遺跡	遺物包含地	秋田市土崎港中央七丁目	縄文	石錘
3	県立聾学校遺跡	遺物包含地	秋田市土崎港北二丁目17番	縄文	縄文土器・石器
4	後城遺跡	集落跡	秋田市寺内字後城	奈良・平安・中世	土壙墓・土壙・井戸跡・住居跡：土師器・須恵器・古瀬戸・越前焼・珠洲系中世陶器・青磁・白磁・古銭・鉄製品・木製品・宝篋印塔
5	秋田城跡	城柵・城館（国指定）	秋田市寺内字大畑他	縄文・奈良・平安・中世	掘立柱建物跡・竪穴住居跡・築地・柱列・井戸跡・鍛冶炉跡等：縄文土器・石器・石製品・土師器・須恵器・赤褐色土器・漆紙・木製品・鉄製品・木簡等
6	高野遺跡	遺物包含地	秋田市寺内字高野	奈良・平安	須恵器
7	菅江真澄墓	墓地（県指定）	秋田市寺内字大小路	近世	
8	児桜貝塚	貝塚	秋田市寺内字児桜29	縄文	貝塚 縄文土器・石錘・刻線礫
9	寺内焼窯跡	窯跡	秋田市寺内字堂ノ沢	近世	陶器窯跡・瓦窯跡・煉瓦窯・陶器物原・磁器物原：近世陶磁器・瓦・煉瓦・木製品
10	神屋敷遺跡	古墳擬定地	秋田市寺内字神屋敷1		直径7m、高さ1.5m程度の土盛り3基
11	根笹山遺跡	古墳擬定地	秋田市寺内字神屋敷137		径6m程高さ2mの円墳状の高まり

第２図　中心空爆地と旧雄物川河口の遺跡（神田編 2007 に加筆）

と考えられている。掘立柱建物跡・井戸跡・溝跡・土坑等、轆轤かわらけ・青磁等の輸入陶磁器・国内陶器等が見つかった（伊藤二〇〇六）。先に小松正夫が、中世前半の秋田城跡から西で隣接する後期後城遺跡（一四世紀後半～一六世紀）の推移を述べ、港に関する安東氏関連の町並みと指摘している（小松一九九七）。また秋田城の南二km旧雄物川右岸には下タ野遺跡がある。Ⅰ期一二世紀後葉～一三世紀前半、Ⅱ期一三世紀中頃～一四世紀中頃の年代が把握され、「雄物川舟運および日本海海運の中継地、流通拠点」を担っていたと考えられている（伊藤二〇〇七）。

中世後半の遺跡として著名なのが秋田市土崎にある湊城跡である。旧雄物川の河口右岸に位置する湊町で、十三湊を本拠地にした安東氏が、秋田湊の攻略した記事等から応永年間（一三九四～一四二八）には秋田平野に根を下ろしたと考えられている。遺跡自体は、江戸中期『出羽国風土略記』の「土崎の湊という當地に城跡あり」と対応させており、発掘調査で大規模な整地層が確認され、貿易陶磁を含む中近世の遺物が多数出土した（神田編著二〇〇七）。旧雄物川河口部はかつて湾状を呈していたことが正保二年（一六四五）頃の絵図で確認でき、湾状旧地形に中世後期の後城遺跡、穀丁遺跡、湊城跡が点在することから、秋田湊を湾曲した旧地形に対応させた名称とする可能性も指摘されている（神田編著二〇〇七）。

安東氏に関しては、秋田湊と能代市檜山で各々湊安東氏、檜山安東氏として並存したが元亀元年（一五七〇）に檜山安東氏愛季が支配し（史跡檜山城跡）、その後天正五年（一五七七）に大規模改修したのが男鹿市にある史跡脇本城で、愛季の居城となった。眼下には、中世末期～近世にかけて形成された脇本本郷集落がその遺制を今に留めている（工藤二〇〇五）。遺跡は、船越に近い沿岸部に海運の拠点として築城されたものである。

また、旧八郎潟南東部井川河口付近の左岸州崎遺跡では、三〇〇基を超える井戸跡・堀・道路・掘立柱建物跡等で構成された大規模な中世の集落が明らかになった。貿易陶磁や陶磁器、多量の木製品が出土し、少なくとも一三世紀後半から一六世紀後半の存続期間があり、文献に見られる湯河湊に関連するとされる（高橋・工藤二〇〇〇）。遺跡は湯河湊に関連した安東氏関係の遺跡と考えられ、湖東から沿岸部に繋がる水上交通が想定されている（加藤一九九九）。

近世には、東北地方から日本海を通って瀬戸内海に達した北前船の航路が開かれた（古田一九七九）。その後河村瑞賢によって、寛文一〇年（一六七〇）以降瀬戸内から江戸に通じる航路も開発された（高橋一九七九）。土崎の湊城跡では近世の陶磁器が多量に出土し、『秋田街道絵図』からは当時の活況振りが伝わってくる（神田編著二〇〇七）。近代から現代にかけて、土崎港や船川港は海運基地として重要な位置を占めている。

以上、古代から近世までの遺跡を辿り、内湾域における外交・交易等の様子を垣間見てきた。このように秋田沖の港湾は、古代より海洋の拠点としての役割を担ってきたのである。以上の海上交流を鳥瞰して述べた書に新野直吉の『古代日本と北の海みち』がある（新野一九九四）。

四　石油資源とアスファルト

秋田県の油田開発は明治初年に始まり、日本でも先駆的な地方とし評価されている。本県の油田開発について、藤岡一男が『秋田の油田』を著しており（藤岡一九八三）、それによると明治六年（一八七三）には、秋田市濁川で手掘井による出油があり濁川油田が発見されている。その後、手掘りから機械掘り、地質構造の理解も深まり多くの油田が見つかった。明治四三年（一九一〇）、日本石油の製油所が土崎に創設されているが、中でも活況を呈したのが八橋油田である。

八橋油田は、草生津川の油微から発して「北秋田油田から浜田油田に至る大八橋油田～日本の石油鉱業を支えて来た」とされ、昭和一七年（一九四二）のこととして「秋田市に日本一の大油田」と記述されている（藤岡一九七九）。しかし、戦時下体制による技術者や主要機器の不足から産油量は減退したとも述べている。なお八橋油田に関わる草生津は、臭水（くそうず）に由来する（新村編二〇一八）。

戦後の石油開発で注目されるのが、日本周辺の海域石油資源の開発である。昭和三〇年（一九五五）国策を担って誕生したのが石油資源開発株式会社（ＪＡＰＥＸ）で、海域の石油や天然ガスの探鉱が本格的に実施された。同社は昭和四三年（一九六八）に出光興産株式会社と大陸棚共同探鉱開発で合意、昭和四六年（一九七一）日本海洋石油資源開発株式会社が設立され、多くの成果を挙げている（日本海資開発編一九九六）。このように、昭和四五年（一九七〇）までの探鉱資料によって、秋田県から新潟県にかけての近海及び沿岸部の主要な油田やガス田の分布が示され（第3図）、秋田県が日本でも有数の油田地帯であることが改めて確認できる。

石油の一種である天然アスファルト（天然固形瀝青）＝土瀝青の事業は、秋田県金足村の黒沢利八によって寛政二年（一七九〇）に始まる（登一九九四）。天然アスファルト（以下アスファルトと記述）を燃やして、油煙で煤を採取し塗料と墨を得るものであった。文献史料には、天智天皇七年（六六八）に越国が燃土や燃水を献上したこと、鎌倉時代に石油採掘のあったことが知られる（中村一九七九）。これ以前、考古学ではアスファルトが縄文時代から使用されているのは周知のことであり、その利用は早期後半まで遡る（岡村二〇一七）。

考古学にけるアスファルト研究は、近年めざましく進展している。弓の矢に装着された石鏃の根元に、アスファルトの付着する例は全国的に認められる。他に万能ナイフとされる石匙や石槍、土器・土偶等の装着・補修材として利用され、土器に貯蔵した痕跡も知られる（第4図）。秋田県北秋田市の漆下遺跡からは、縄文時代後期を中心に膨大な遺物が出土した。そこからは同期の漆液容器、アスファルト容器、漆液・アスファルト混合容器が見つかっている（菅野編二〇一一）。混合容器から、漆液・アスファルトの混合液を斑なく仕上げる熱加工法が推測されてる。

アスファルト池として有名な「豊川油田の槻木、竜毛の土瀝青原鉱」は（藤岡一九八三）、槻木産アスファルト（槻木遺跡）として知られ、一九九〇年代までは東日本出土アスファルトの多くが槻木産と考えられていた。し

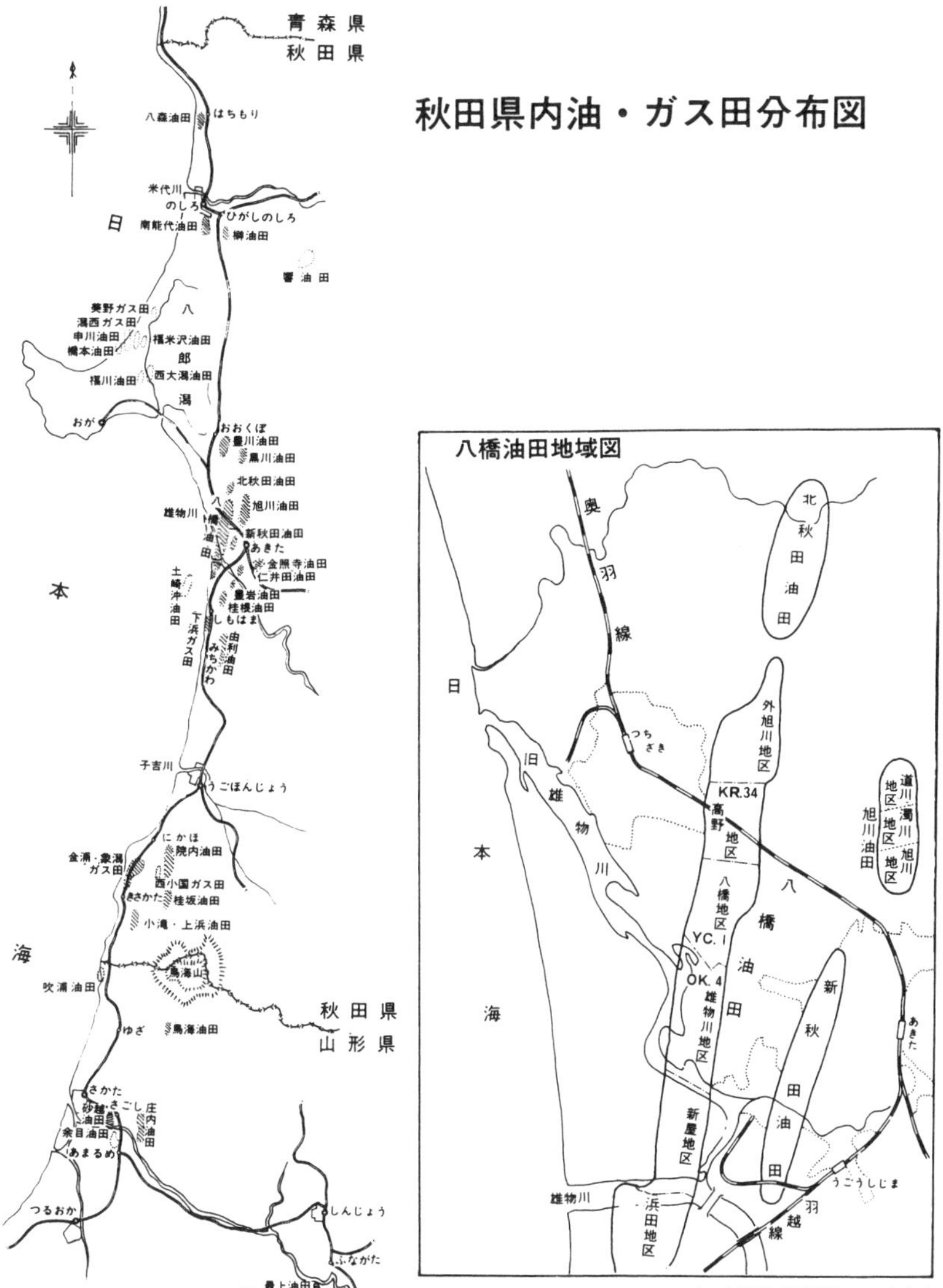

(日本海資開発編 1996 より)

第３図　八橋油田とその周辺

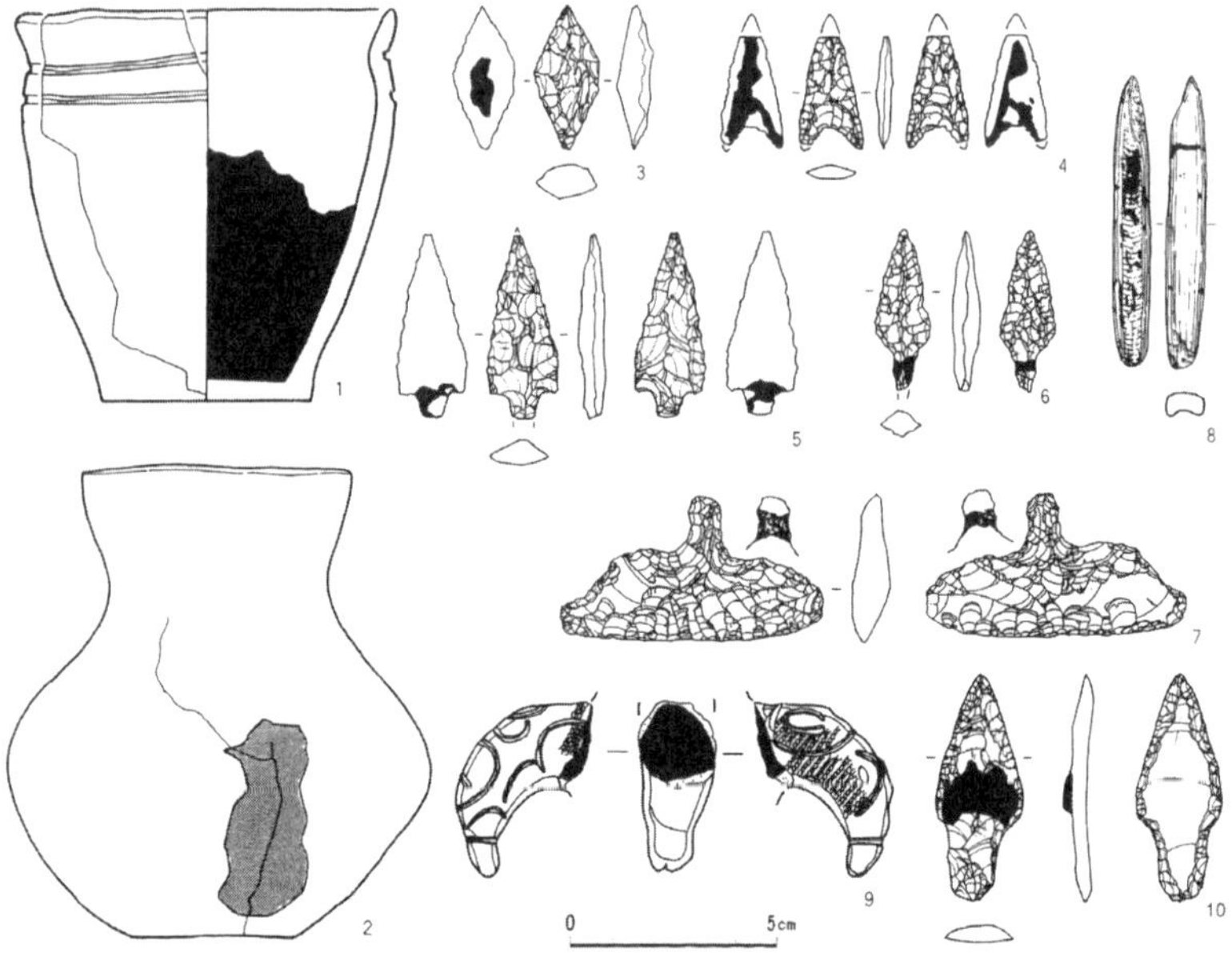

第４図　縄文時代のアスファルト（福田 1999 より）

かし、新たに櫻田隆と能登谷宣康が確認した滲出地によって（二ツ井町駒形）、各地に縄文時代のアスファルト原産地の存在が明らかになってきた（小笠原・櫻田・能登谷一九九九）。

阿部千春は、一九九九年段階の北海道のアスファルト関連遺物三六遺跡を一覧表にし、八遺跡一六例のアスファルト塊を確認している。これに、釜谷の産油地帯、長万部産油・産ガス地帯、石狩産油・産ガス地帯、日高産油地帯、天北産ガス地帯を併記し、これらアスファルト資料の原産地が道内各油田地帯に対応することを示唆した（阿部一九九九）。このように、これまで多くの遺跡で槻木産とされたアスファルトの考えは瓦解した。

平成一六年（二〇〇四）二ツ井町（現能代市）烏野上岱遺跡で、器を傾けてた際にアスファルトの水平線を示した縄文時代中期後葉の深鉢が出土し、近くの駒形不動沢を原産地とする流通も指摘された（新海編二〇〇六）。この竪穴住居跡の炉内には、別の深鉢がアスファルトを伴って出土している。これらの状況から、アスファルトの精製工房が想定された（岡村二〇一七）。

以上、秋田県は考古資料のアスファルトに恵まれており、また新たな解釈を伴う資料も発見されている。アスファルト研究の原点とも言うべき槻木遺跡は、豊川油田に含まれ、豊川油田は秋田市を縦走する大規模な八橋油田に連なっている。秋田市沿岸地域では、縄文時代以来の数少ない原産地が確認でき、アスファルトの一部が交易品として内湾からも流通していた可能性がある。

五　おわりに

土崎空襲の直接的要因は、ポツダム宣言受諾後の敗戦宣言（八月一五日正午の玉音放送）の遅れが招いたものである。それは敗戦に導くため、戦意喪失を目論んだアメリカによる列島拠点空襲の最終地であった。その遠因として、内湾域の石油（アスファルトを含む）とその輸送拠点としての港湾を取り上げ、考古学の立場から述べてきた。海上交通は、土崎及び周辺では古代から現代まで継続しており、当地域は縄文時代から石油が利用されていた日本列島でも有数の油田地帯であった。つまり港湾と鉱物資源、この二つの地理的条件が土崎空襲に大きく作用したのである。土崎空襲を教育資源として捉える場合、これらの地理的環境が遠因となっていることも忘れてはならない。

日本の先制真珠湾攻撃―アメリカの終結土崎空襲、両者は太平洋戦争の最初と最後の戦地として象徴的な場所である。土崎空襲は太平洋戦争を締め括る歴史的な事象であり、その痕跡は世界的な遺産と認識すべきである。そして、多くの証言によりその爆撃地が明確な土崎を、土崎空爆地遺跡として後世に伝えていく義務がある(2)。

先に遺跡の実態は不明と述べたが、事実を積み上げて、周知の遺跡にしていくことが望まれる。或いは失われた戦跡（文化財）として、その伝承を考えても良いだろう。いずれにしても、地域の教育を重視し、地域文化財の保存と活用を目的にしている県教育委員会の取り組みが大事である。遺跡の実態究明は、冒頭の『秋田県の戦争遺跡』の刊行によって歩み始めたばかりであり、県文化財保護主管課が主導して戦争文化財（戦争遺跡・戦争遺物）の記録保存に努めて頂きたい。幸いにも、令和三年三月に秋田県文化財保存活用大綱が示され、「これまで指定等がない分野（中略）の基礎調査を進める。」（指定等がない分野に戦争関係遺跡がある）と謳ってあり（秋田県教委二〇二一）、今後の活動が注目される。

近・現代の考古学研究は近年盛んに取り組まれ、近代は「明治維新（一八六八）以降、太平洋戦争の終結（一九四五）」までとされている（坂詰二〇一三）。最後に、土崎空爆地遺跡は太平洋戦争終結の遺跡として時代の節目にあり、日本の近代遺跡を代表する大切な遺跡である。その意味でも文化庁による理解と支援も期待したい。戦争の残虐行為を語り未来の指針を掲げた反戦家むのの意思を継ぎ（むの他二〇〇八）、秋田県の登録遺跡として後世に伝えることが大事である。

註

（1）平成三〇年（二〇一八）に秋田県埋蔵文化財センターが調査した久保田城跡に参加し、当時の遺物と建物の敷地跡の存在から戦跡を想定した。未報告であるが、その時の思いを自著のあとがきに「戦跡は、歴史を担う考古学が優先して取り込むべき対象である。」と、取り組むを、取り込むべきと強調して記述した（利部二〇一九）。

（2）『秋田県の戦争遺跡』に関わって、地域の平和活動を実践してきた一人に渡部豊彦がいる。志半ばで他界したが、その意思を継いだ奥様が実践録を纏めている（渡部二〇二一）。

引用・参考文献

秋田県教育委員会　二〇二一『秋田県文化財保存活用大綱　秋田の宝を未来につなぐ』　二七頁
秋田県戦争遺跡研究会編　二〇二〇『秋田県の戦争遺跡―次世代を担うあなたへ―』　秋田文化出版

阿部千春　一九九九「北海道におけるアスファルト利用」『月刊考古学ジャーナル』第四五二　ニュー・サイエンス社
伊藤武士　二〇〇六『秋田城跡』　同成社
伊藤武士　二〇〇七「秋田城跡と秋田平野出土の貿易陶磁―古代から中世前期を中心に―」『出羽の出土陶磁器―安東氏とその時代―』　日本貿易陶磁研究会　一三五頁
五十嵐祐介　二〇一五「男鹿半島の防空監視体制―船越防空監視哨跡―」『秋田考古学』第五九号　秋田考古学協会
岡村道雄　二〇一七『えっ！縄文時代にアスファルト？―縄文の生産と流通～東北日本のアスファルト―』　御所野縄文博物館
小笠原正明・櫻田隆・能登谷宣康　一九九九「二ツ井町富根字駒形不動沢地内のアスファルト滲出地について」『秋田県埋蔵文化財センター研究紀要』第一四号　秋田県埋蔵文化財センター
利部　修　二〇一九『考古学研究とその多様性―東北からの視座―』　雄山閣　二四四頁
加藤民夫　一九九九「州崎遺跡と湖東通り～中世秋田の交易史の視点から～」『出羽路』第一二五号　秋田県文化財保護協会
神田和彦編　二〇〇七『湊城跡―秋田都市計画道路事業（土崎駅前線）に伴う発掘調査報告書（平成一七年度調査区）―』　秋田市教育委員会　九頁
神田和彦　二〇〇七「安東氏と秋田湊」『出羽の出土陶磁器―安東氏とその時代―』　日本貿易陶磁研究会
工藤直子　二〇〇五「第一節　脇本城跡の概要」『国指定史跡脇本城跡―船川港重要港湾道路改修工事に係る埋蔵文化財発掘調査報告書―』　男鹿市文化財調査報告第二九集　男鹿市教育委員会
熊田亮介他　二〇〇一「第一章　古代編年史料」『秋田市史　古代史料編』第七巻　秋田市　四二三・四三九頁
小松正夫　一九九七「中世秋田城跡の行方」『生産の考古学』　同成社
坂詰秀一　二〇一三『歴史時代を掘る』　同成社　九頁
新海和広編　二〇〇六『烏野上岱遺跡―一般国道七号琴丘能代道路建設事業に係る埋蔵文化財発掘調査報告書ＸⅣ―』　秋田県文化財調査報告書第四〇六集　秋田県教育委員会
新村　出編　二〇一八「アスファルト」『広辞苑』第七版　岩波書店　五五頁
新村　出編　二〇一八「臭水」『広辞苑』第七版　岩波書店
新村　出編　二〇一八「石油」『広辞苑』第七版　岩波書店　一六三〇頁
篠原寅之助　一九八三「七、土崎空襲について」『土崎空襲の記録』　秋田文化出版社
菅野美香子編　二〇一一『漆下遺跡―森吉山ダム建設事業に係る埋蔵文化財発掘調査報告書ＸＸⅢ―第一～五分冊』　秋田県文化財

調査報告書第四六四集　秋田県教育委員会
高橋礩一　一九七九「河村瑞賢」『日本歴史大辞典』第三巻　河出書房新社
高橋　学・工藤直子編　二〇〇〇『州崎遺跡―県営ほ場整備事業（浜井川地区）に係る埋蔵文化財発掘調査報告書―』秋田県文化財調査報告書　第三〇三集　秋田県教育委員会
外池　智　二〇二〇「故・渡部豊彦先生に捧ぐ」『秋田県の戦争遺跡―次世代を担うあなたへ―』秋田文化出版
友清　哲　二〇一五『一度は行きたい「戦争遺跡」』ＰＨＰ研究所
中村幸一　一九七九「草生水」『日本歴史大辞典』第四巻　河出書房新社
新野直吉　一九八六『古代東北史の基本的研究』角川書店　七四頁
新野直吉　一九九四『古代日本と北の海みち』高科書店
日本海洋石油資源開発株式会社編　一九九六『日本海に油田を拓く』日本海洋石油資源開発株式会社
登　芳久　一九九四『アスファルト舗装史―技術導入からその確立まで』技報堂出版
花岡泰順編著　一九八三『土崎空襲の記録』秋田文化出版社　一八〇頁
福田友之　一九九九「青森県のアスファルト利用状況」『月刊考古学ジャーナル』第四五二　ニュー・サイエンス社
藤岡一男　一九七九「探鉱礼讃」『八橋油田のあゆみ』帝国石油株式会社秋田鉱業所　六七頁
藤岡一男　一九八三『秋田の油田』秋田魁新報社　六頁
船木義勝　二〇一八「秋田城の水洗便所と渤海使来着」『秋田考古学』第六二号　秋田考古学協会
古田良一　一九七九「北前船」『日本歴史大辞典』第三巻　河出書房新社
平凡社編　二〇一八『ベーシックアトラス　日本地図帳新訂』第三版
むのたけじ他　二〇〇八『戦争絶滅へ、人間復活へ―九三歳・ジャーナリストの発言』岩波新書
渡部育子　一九八一「日渤交渉と出羽」『秋田地方史論集』みしま書房
渡部恵子編　二〇二一『平和の種をまく』秋田文化出版

第二節　西ノ浜台地遺跡を現代に誘う――城郭の評価と活用――

一　はじめに

西ノ浜台地遺跡は、秋田県由利本荘市東由利老方字西ノ浜に位置し（第1・2図）、由利本荘市教育委員会の踏査によって、それまでの縄文時代遺物包含地に、改めて中世城館及び時期不明の墓域を含む複合遺跡としての認識が示された（三原・佐々木編二〇二一）。

これ以前、大規模な平坦部を囲むように長大な溝が整然と存在する状況に対して、城館と認定してこなかったことに疑問を感じていたのが、地元西ノ浜在住の寅田敏雄である。昭和五六年刊行の『秋田県の中世城館』や平成元年刊行の『東由利町史』にも取り上げられていない（秋田県教委一九八一、東由利編纂委編一九八九）。令和二年、町と縁があり町史にも関係した大野憲司と踏査する予定であったが、氏の急逝により実現しなかった経緯があり、氏の関与の絶たれたことが惜しまれる（利部二〇二一ｅ）。

令和二年、筆者は本荘由利地域史研究会で「由理柵と横手盆地―律令政府の進出―」と題して発表する機会があった（利部二〇二〇ｂ）。古代横手盆地の官衙を主体に、由利本荘市に想定されている由理柵との関係を述べたもので、老方地区はその中間に位置する。会に参加していた寅田から、遺跡踏査の誘いの手紙が届いたのが同年一二月、雪解けを待って翌三年四月一二日に現地踏査を実施した。その時点で地元教育委員会の調査成果は知らないでいた。

現地踏査では、事前に頂いていた寅田による資料で遺跡の大まかな感触を得ていたが（寅田二〇二〇）、現地にて約三〇〇ｍの空堀を実見し驚き、同時に何故これ程の遺跡が、前述刊行物に記載されていないのか不思議でならなかった。その後、寅田より踏査成果を地元の方に公表して欲しい依頼があり、東由利中学校近くの有隣館で発表する機会に恵まれた（利部二〇二一ｄ）。本稿はその内容を元にしているが、遺跡の評価とその文化財資料の活用について、周囲の歴史的環境も考慮して考えていく。

二　遺跡の立地と概要

遺跡が、由利本荘市教育委員会によって中世の城館とされていることは先に述べてある。城館の名称は、城郭が近世、城柵が古代に対応するように、中世に呼応させた語彙と一般には理解されている。これは、城の研究が近世の城郭に始まり、考古学によって古代の城柵、追随して中世の館跡と各時代の語彙が定着してきたことと関係する。城の形態には、七世紀大宰府北西に位置する水城のように防御施設を線状に設ける場合と（石松一九八五）、特定区域を囲う場合があり、後者を城郭と言う。従って、郭は「仕切られた区画」を指し（新村編二〇一八）、城柵や城館も城郭に包括できることから、本稿では城郭の語彙を用いていく。

西ノ浜台地遺跡は、西ノ浜集落の北側に接して位置する。遺跡内の東端には、薬師瑠璃光如来像を安置した薬師堂があり、そこを管理している小松幸円氏宅を含む数棟の建物が存在する。遺跡の南端には、国道一〇七号線から東に垂直に分かれ西ノ浜集落を貫く県道四八号線が通り、それに近接して鹿島神社が位置する。遺跡の北側斜面は、東西の石沢川と平行した段丘崖となり、遺跡の西側から南、更に西側へと大きく湾曲した段丘崖が連続する。遺跡は、段丘崖の背後にある帯状の高位段丘面東端に位置している。

西ノ浜集落の南東には、老方地区の中心地老方集落がある。この東側と南側には、石沢川（高瀬川）が形成した低位段丘面があり、これをＨ段丘、順次老方集落のＧ段丘、西ノ浜集落のＦ段丘と区分されている（板垣他二〇〇五）。城郭はＦ段丘面を利用しているが、そこは西ノ浜集落よりも一段高くなっており、空堀はその境を利用して構築されている。筆者はＦ段丘に二つの段丘が含まれると理解している。

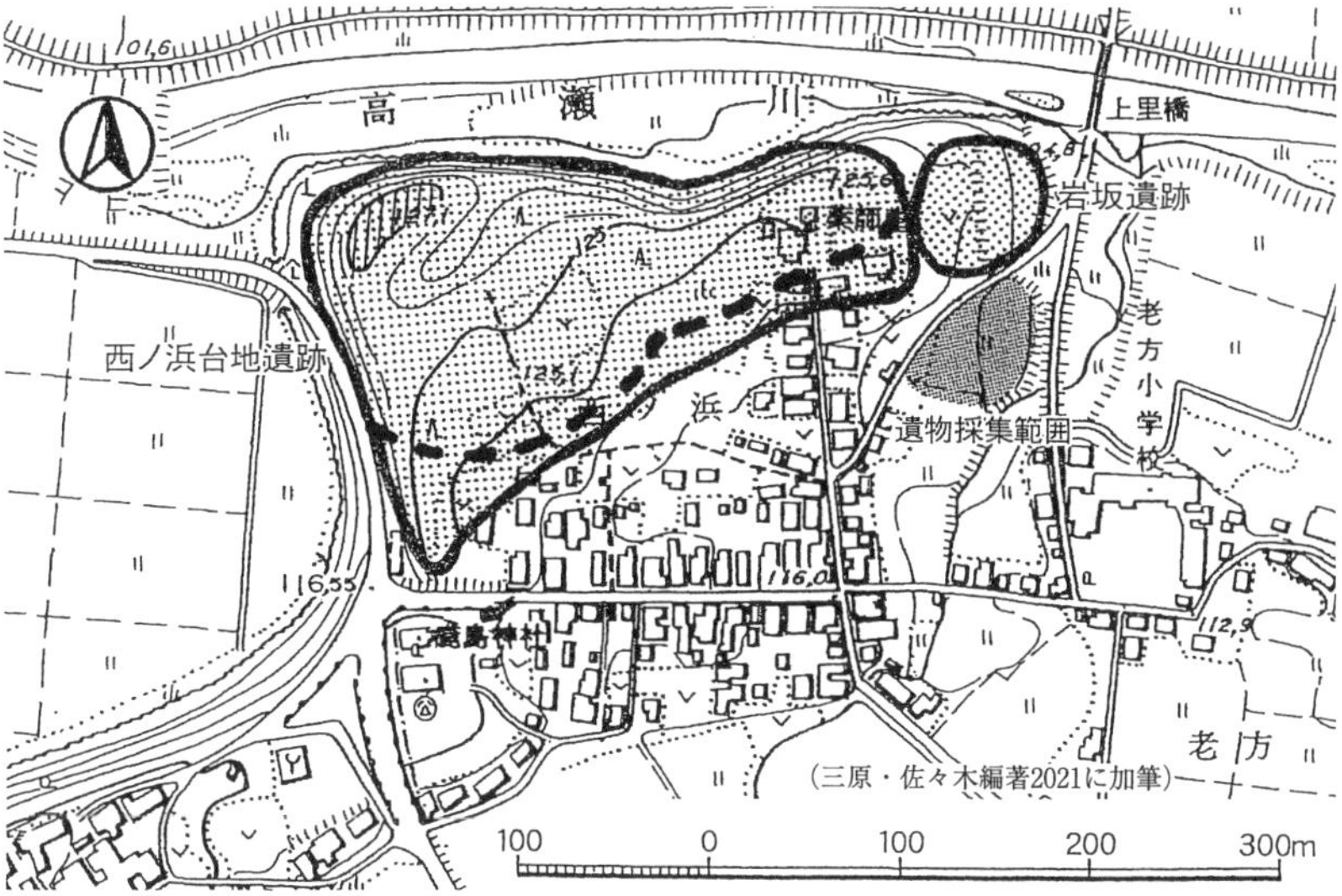

第１図　西ノ浜台地遺跡

西ノ浜台地遺跡の城郭は空堀・土塁・切岸・郭等が存在し、東西約三二〇m、南北最大約一五〇mの東西に長い瓢箪形の範囲である（第1図）。南を限る空堀は前述したように長さ約三〇〇m、幅が約五mで緩く窪んでおり、西側の沢やそれで隔てた尾根状地形を囲んで南側に膨らむように立地している。それは薬師堂の北東側から南西に延び中央で一端括れ、そこから西側に緩く湾曲して配置されいる。東端部は湾曲を強め石沢側に通じ、西端は北側に巻くように段丘崖を穿っている。一方、東部と南西部は明瞭な傾斜を示すが、それ以外の所はほぼ平坦である。中央の括れ部分は出入口と考えられる。

土塁は部分的な確認であるが、空堀・切岸に沿った内部（郭の端部）と外部に構築されている。内土塁は幅七m高さが一・五～二m、外土塁は幅三・五～四・二m高さが〇・五～〇・七mあり、空堀と内土塁の比高差は約五mである（土塁の規模は三原・佐々木編二〇二一による）。

城郭は、石沢川に開口する沢によって二分されており、東側を主郭、西側隅を副郭と把握している。主郭は東西方向に狭長な広い平坦面を持ち、平坦面の主として南側縁辺に認められた土塁以外に、窪みや盛り上がりは確認できない。その標高は一二五m前後、北東部が最も高く北西側に僅かに傾斜する。副郭とした尾根状地形は、主郭と同じ程度の高さがある。由利本荘市教育委員会は、そこに径三〜五m、高さ〇・五mの五基の高まり、他に五基程度の高まりを想定している。墓域に関する塚としているが（三原・佐々木編二〇一二）、規模や塚の在り方から十三塚等が想定される。当地区は、北側や西側の動向が眼下に一望できる立地条件を備えている。

三　遺跡の時期

（一）文献史料からの理解

西ノ浜台地遺跡からは城郭を推定する遺物は出土していない。手掛かりの一つが文書の記載である。『玉米古館並びに玉米殿油来聞伝之事』には、「御在城」の項目に次の三つの文面を含んでいる（高橋編一九六二）。

一　米本舘玉米殿上方より御下り被成候時御着之舘
昔は奥洲秀平殿時代共申し又は仙北安部貞任殿時代共申し米本舘を御ふしん被成御地頭御すへ置被成候よし
　中伝候
一　養田ノ舘は寺田川ノ上に御座候此舘にて玉米殿仙北よりの軍御請け被成候由
一　水上舘はあら沢口の山の上に御座候此舘にて玉米殿矢嶋よりの軍御請け被成候由

とある元禄七年（一六九四）の記事による。これによって、米本館は玉米殿の本城であること、養田館は仙北から水上館は矢島からの軍に備えた出城と理解されている（小松一九八九）。これらの城郭は西ノ浜台地遺跡を基点に、東約一・五kmに養田館、南約二kmに玉米館、その南約一kmには水上館が位置する（第2図）。また文面の「応仁の頃玉米殿此所を御知行にて御下り」の内容から、玉米殿が着任したのが応仁年間（一四六七〜六八）であり、このことから米本館の普請の年代が判明する。

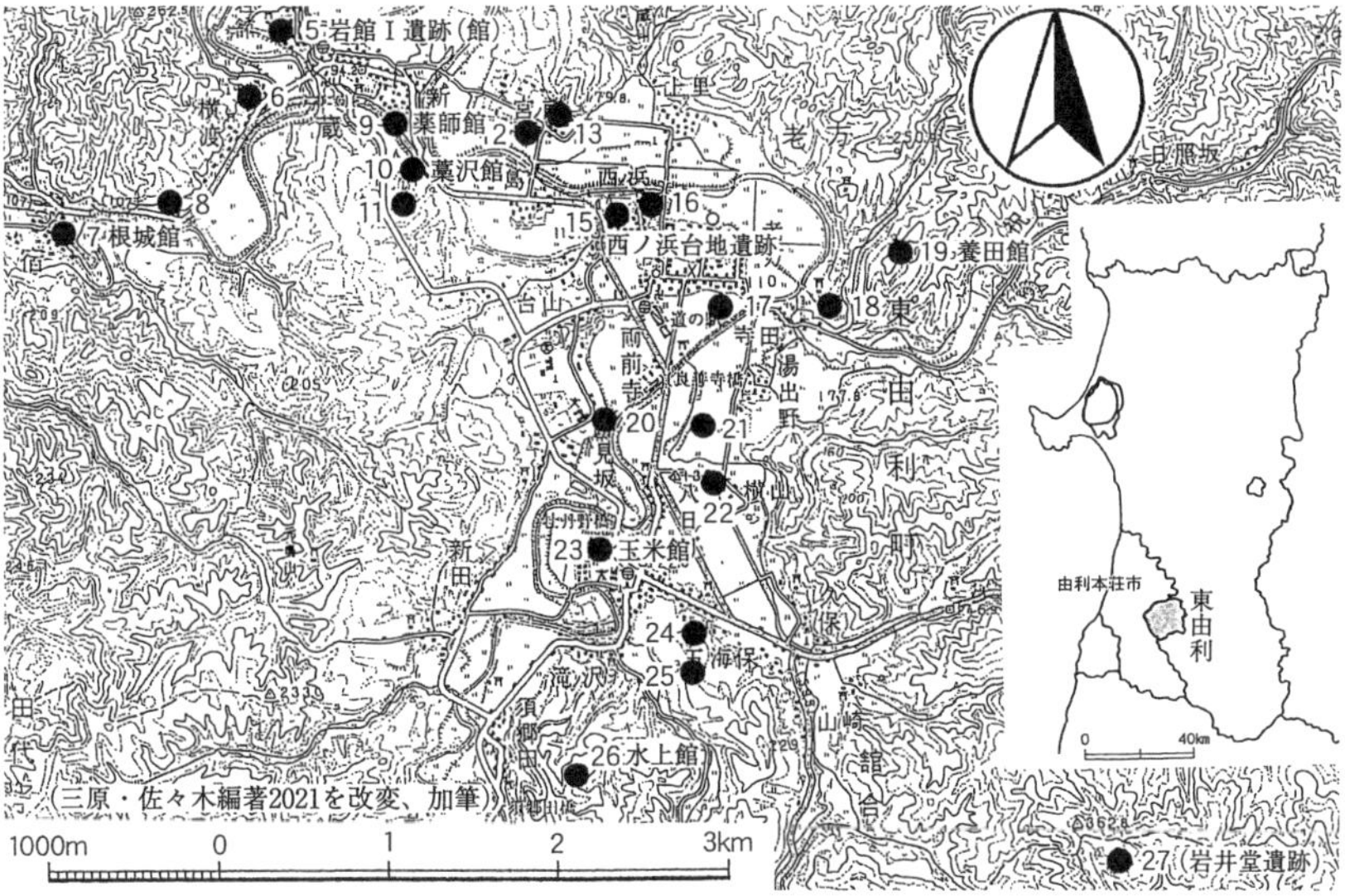

第２図　西ノ浜台地遺跡と周辺の城郭他

問題は、大規模な西ノ浜台地遺跡の城郭が、この文書に記されていない点である。小松正昭は下村氏の動向も含んだ同論考で、「その外現在確認されている館跡は大琴の高館・蔵新田の薬師山と藁沢・十二ノ前の山館・老方の西ノ浜・石高の片符沢等である。」と述べ（小松一九八九）、米本館の「前衛基地」としている。玉米殿の城の説明に、西ノ浜台地遺跡の城郭について触れていないのは不自然であり、これらの城郭よりも旧い時代の城郭であったことが推察される（寅田二〇二〇）。寅田は、「玉米・下村の図」に当地域の三城館が古館と記載されるが、西ノ浜台地遺跡は除かれていることも指摘している。なお、平成元年小松正昭の記述から西ノ浜台地遺跡が城郭として認識されていながら、同一三年（二〇〇一年刊行の『秋田県遺跡地図（由利地区版）』にその内容が盛り込まれていない点は銘記しておきたい（秋田県教委二〇〇一）。

（二）考古学的資料からの想定

西ノ浜台地遺跡の城郭を踏査して、長大な切岸が伴う空堀とそれらの内外土塁もさることながら、郭の平坦面

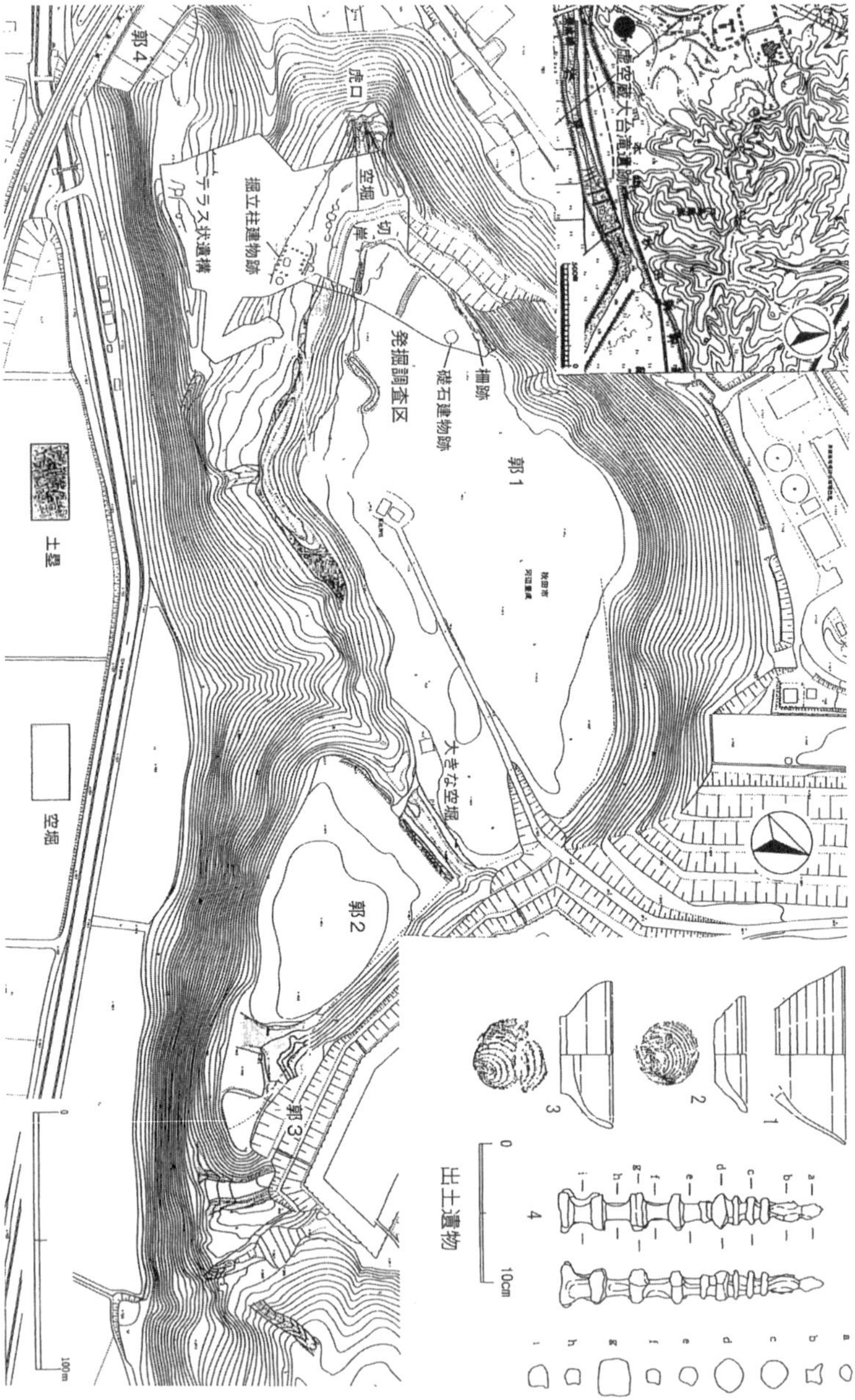

第3図　虚空蔵大台滝遺跡（利部2011より）

の大きさに違和感を感じた。西側沢頭の沢筋に沿った南西方向に区画施設を想定し、長大な主郭と狭い尾根部の副郭に区分した考えを持ったが、平坦面が続く主郭の大きさが気に掛かっていた。中世城郭の多くが、目視できる範囲に郭の輪郭が明瞭に把握できることが常だったからである。長さが約三〇〇mにも及ぶ平坦面には、埋没している空堀等の区画施設が想定されるが、溝状に窪んだ状況は認められなかったのである。

大規模な平坦面を持つ郭、この視点で関連するのが筆者が担当した秋田市河辺所在の虚空蔵大台滝遺跡である（利部編二〇〇七）。遺跡は、和田丘陵地の西側に形成された御所野段丘の南東にあり、東西約四五〇m×南北約三〇〇mの大きさである（第3図）。北から平坦部・斜面部・尾根部と連続する範囲六五〇〇㎡を調査し、「平坦面からは掘立柱建物跡・竪穴の礎石建物跡・竪穴状遺構・柵跡・空堀・土坑等、斜面部からは虎口・切岸・空堀・土塁・掘立柱建物跡・鍛冶炉・土坑等、尾根部からテラス状遺構・土坑等が検出でき、それらに関連した陶磁器・かわらけ等」が見つかった。遺跡をⅠa・Ⅰb・Ⅱa・Ⅱb・Ⅲ期と五期に区分し、Ⅱa期を大規模な城郭が造成された一一世紀末葉の年代に比定した。そして後三年合戦（一〇八三～八七）と関連した清原氏と関連する見解を示した（利部二〇一一）。

この平坦面が大規模な郭の主要面を形成しており、北から西側が弓形状に張り出した急斜面、南から東にかけて大規模な切岸・空堀、この下方に接した土塁に囲まれている。この北東には小さな二つの郭、南西には細長い尾根状の郭が接している。西ノ浜台地遺跡の口頭発表を行った後に、虚空蔵大台滝遺跡について論考を纏める機会が与えられ、当遺跡と、前九年合戦と関連し清原氏の本拠地とされる大鳥井山遺跡や安倍氏の本拠地とされる鳥海柵遺跡を比較した論を展開した（利部二〇一二）。

そこでは、虚空蔵大台滝遺跡の大規模な郭を郭1、隣接する北東の郭を東へ郭2・郭3、尾根部を郭4とし、他と比べて広範な郭1を本郭、郭2～郭4を支郭とする新たな解釈を提示し、この観点で大鳥井山遺跡と比較してみた。

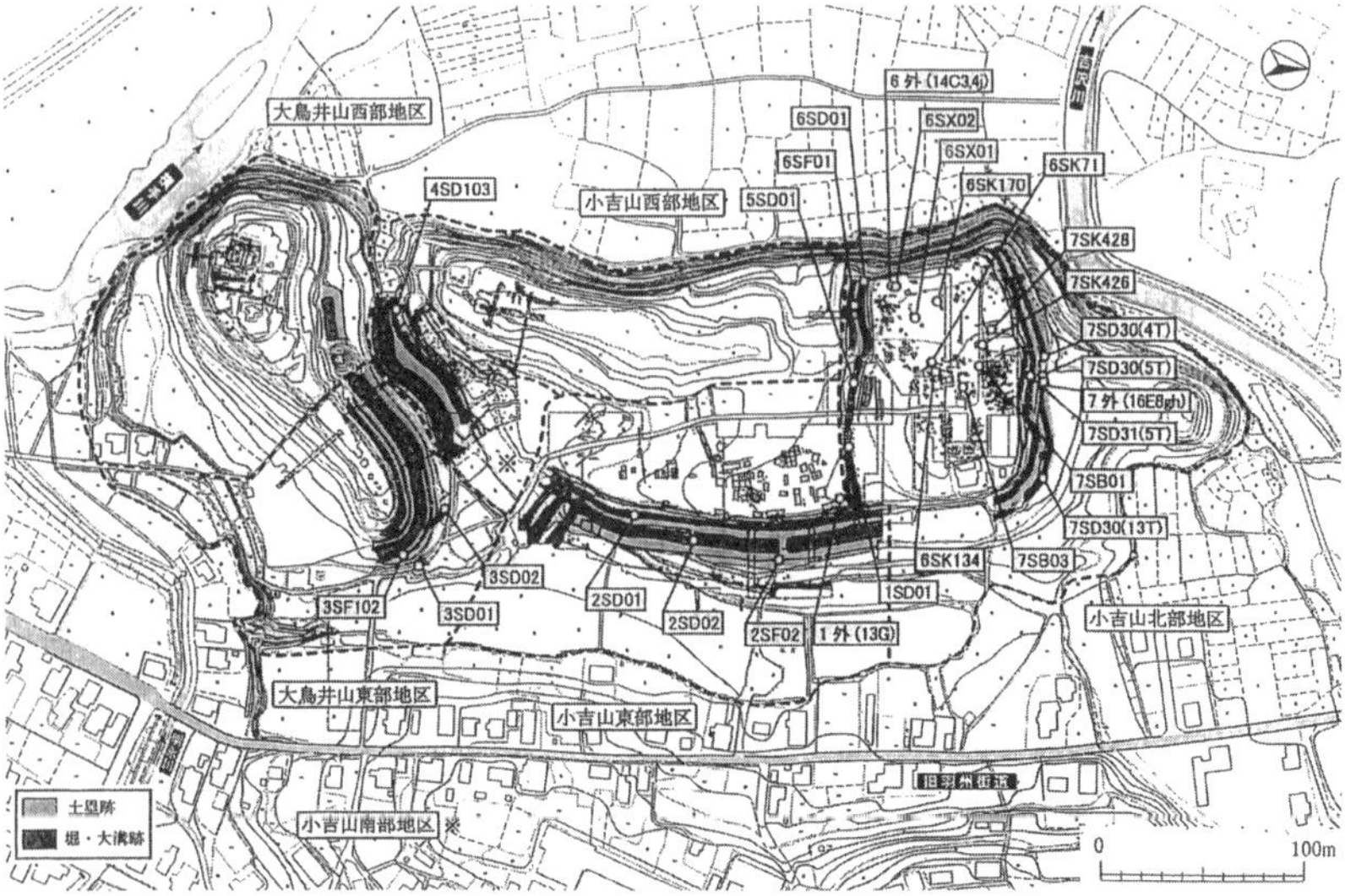

第４図　大鳥井山遺跡（島田 2011 より）

大鳥井山遺跡は、南北に長い小吉山と南で接する東北―南西軸の大鳥井山と二つの丘陵で構成されている（第4図）。北には吉沢川、南には横手川が流れ遺跡の西側で合流する。遺跡は「西側が急な崖であるのに対し、残り三方は地形に沿わせたように土塁と堀が構築」されている城郭であり、前九年合戦（一〇五一～六二）に関連する（島田二〇一一）。島田は、遺跡内を小吉山（北部地区・東部地区・西部地区・南部地区）と大鳥井山（西部地区・東部地区）に分けた便宜的な区分を行っている。

小吉山地区の郭を基にした区分は、八木光則によって提示されている（八木一九八九）。地形や郭の性格を考慮したもので、北の突出した区画、その南にある小高い小吉山の北側方形状の区画、小吉山、それと対峙した細長い平坦部と四つに分けている[1]。それに遺跡の南側で地形が分離している大鳥井地区の郭がある。小吉山地区において、北の突出した区域を除いた範囲は、北と東側に二重の空堀と土塁を巡らし、それが南を限る沢もしくは大溝と連続するが、これらに囲まれた広域な範囲を大きな郭と見做す解釈を行った。大きな郭を郭1、北側に接した突出する郭を郭2、小吉山と分離した大鳥井山を郭3

とし、郭1を本郭、郭2と郭3を支郭と見做すことができる。即ち、虚空蔵大台滝遺跡の本郭と支郭の関係が、大鳥井山遺跡においても共通しており、中世に一般的に認められる連郭式の城郭とは一線を画していると理解したのである。

以上の虚空蔵大台滝遺跡と大鳥井山遺跡の本郭は、大きく半分が自然地形の急斜面や沢地、半分が空堀・土塁等の防御施設で構成され、支郭はこれに接して付属する在り方である。防御施設の構築は、前者では約三〇〇m、後者では三〇〇mを超える距離がある。これらの視点で西ノ浜台地遺跡の城郭を検討してみたい。

遺跡は、東西に長くその西側隅は沢によって区画されており、これを副郭と見做している。遺跡の大部分を占める東西に長い主郭は、北側半分が自然地形の急緩斜面、南側が空堀・土塁・切岸等で構成されており、囲われた平坦面の主郭は、大きな郭の本郭、副郭を支郭と見做すことが可能である。空堀は約三〇〇mと前述の二遺跡ともかけ離れていない。更に加えるならば、当遺跡本郭の空堀中央には出入口が想定されるが、この在り方は、大鳥井山遺跡の東を限る長い二重の空堀・土塁の中央に出入口が位置する在り方と共通している。出入口の反対側に広い沖積地を見渡せ、出入口正面の低位段丘を見下ろせる平山城立地の共通点も指摘できる。これらのことから、当城郭の始まりを、大鳥井山遺跡以降で虚空蔵大台滝遺跡とも近い年代に想定しておきたい。具体的には、年代幅を大きく捉えて一一世紀後半～一二世紀前半に想定する。なお筆者は、先の論考で大鳥井山遺跡を中世の胎動期、虚空蔵大台滝遺跡を中世の始まりと位置付けている（利部二〇二二）。

また先の『玉米中古来書』に見える、奥州秀衡或いは安倍貞任時代とする文面は、実態をある程度伝えている可能性があり、「お着きの館」は、米本館でなく西ノ浜台地遺跡だったことも考慮すべきかもしれない。

四　西ノ浜台地遺跡（城郭）草創の歴史背景

西ノ浜台地遺跡に近い老方集落から南約五〇〇ｍには、国道一〇七号線に接して道の駅東由利や東由利支所があり、そこから南約一㎞には戦国時代の玉米城郭の位置する玉米集落がある。二つの集落を結んだ線を直径に見立てた円内が、東由利地域の中心域と把握されよう。この中心域の周辺を含んだ地域には、西ノ浜台地遺跡を始めいくつかの中世城郭が存在することは前述してある。その前史の古代についてはどうであろうか。以下、二つの点について提示しておく。

一つ目は奈良時代についてである。当地域が横手盆地の南部雄勝城と本荘平野由理柵の中間に位置することの評価についてである。『続日本紀』の天平五年（七三三）に「出羽柵を秋田村の高清水に遷し置く。又、雄勝村に郡を建て、民を居く。」の記事に依拠して（熊田他二〇〇一）、律令政府による秋田平野の出羽柵と横手盆地の雄勝郡への進出について、私見を述べたことがある（利部二〇二一b）。そこでは、想定される由理柵を基点にして後者への進出を、歩行困難な所は迂回しながら概略国道一〇七号線に沿うことを述べたが、これに関してやや詳しく説明する。

『続日本紀』宝亀一一年（七八〇）に「由理柵は賊の要害に居りて秋田の道を承く。また宜しく兵を遣して相助けて防禦せしむべし。」とあり（熊田他二〇〇一）、文献史上に一度だけ由理柵が現れる。(2) 七八〇年段階の秋田城跡との親密さが知られるが、問題はその段階の由理柵の存否とそこから横手盆地への進出についてである。

視点を当てたのが、秋田城跡創建期の土器群である。ＳＫ一〇三一埋土からは創建期須恵器が出土し、中に底径が広く回転糸切り技法を有する扁平な杯を含んでいる。それらは関東における盤状杯の系譜を引くと想定しており、『続日本紀』養老三年（七一九）「東海・東山・北陸三道の民を出羽柵に移住させる。」の記事とも符合する（熊田他二〇〇一）。

横手盆地に向けた律令政府の征夷は、『続日本紀』天平宝字三年（七五九）の雄勝城造営から、順次、横手市金沢・黒川の郡域拡大を経て（利部二〇二一c）、払田柵跡の創建をもたらすと考えている。それ以前天平九年（七三七）の大野東人の進軍が、出羽国守田辺史難破の進言で取り止めた経緯がある（新野一九八六）。つまりこれ以前に、湯沢方面から政府軍が入り込む余地はなく、秋田方面の進軍と併せて、由利方面から進出したと理解すべきであろう。その時点の、秋田平野への北進と横手盆地への東進の要が由理柵と考えられるのである。なお、由理は在地では由利の表記があり、「由」には経由地の意味があるとの見解を示しておいた（利部二〇二一a）。

このように本荘平野方面から横手盆地方面にかけて、東由利地域の中心域及び周辺は、その経由地また横手進軍の後方支援として重要な拠点であったと考えている。

二つ目は平安時代の岩井堂遺跡の存在である（第2図27）。中心域の南東側善徳部落の奥深い斜面から、土師器の甑が数個体見つかった。大野憲司は、追認の確認調査で場所を特定し、「甑を焼いた窯跡のようにも見える」と記述してある（大野一九八九）。窯跡に伴う数個体の甑であるなら焼成遺構の窯跡とするのが妥当、とする考えである。かつて筆者が県内の土師器焼成遺構を集成した際に、取り上げなかったことになる（利部一九九七）。遺物は実見できない状況であり、出典の図示されている縮尺が誤っているため推定の上訂正してある（第5図左）。県内で甑を焼成した遺跡は、他では湯沢市の広沢山遺跡のみである（第5図右）。当遺跡の調査は、湯沢市教育委員会によって昭和三〇・三一年に実施され、その後二八年を経て櫻田隆が調査を再開したが（桜田編一九八五）、住居跡や窯跡の原形が確認できず、甕や甑の破片が多数出土した。斜面地の調査であり窯跡に関連すると考えられ、それらは九世紀の特徴を備えている。岩井堂遺跡の甑も、形態や製作技法から同時期と考えられる。

問題は大野が、何故「このような山の中から」・「甑だけが固まって」・「このような交通の不便なところで」と疑問を呈していることに尽きよう。甑は一般に米等を蒸す為の器と理解されており、竈と共に住居跡に伴う。し

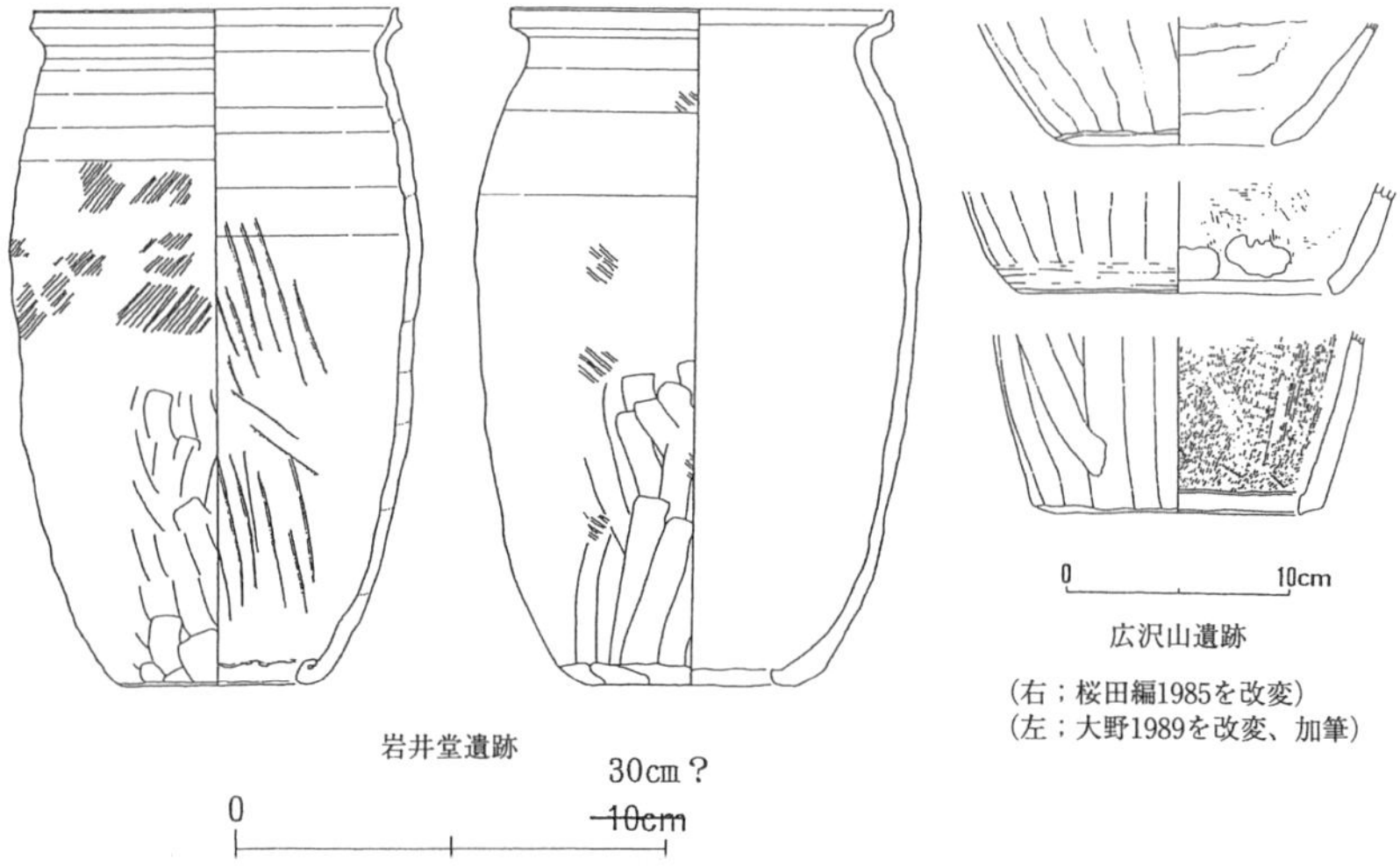

第５図　岩井堂遺跡と広沢山遺跡の甑

かし、県内の一〇〇〇棟を超えるであろう平安時代の住居跡から甑が出土した事例を管見では見出せず、奈良時代も同様である。竈が一般化する古墳時代後期の数少ない遺跡には、横手市下藤根遺跡のように七世紀の甑の出土した例がある（利部一九九三）。奈良時代以降、米等が蒸籠で蒸すことが定着してきたものと考えられる。その中での二遺跡の在り方は特殊である。

　このように仮定すると、岩井堂遺跡や広沢山遺跡はどう理解できるのか。住居が纏まった古代の集落においては、竈祭祀・地鎮・建築儀礼・祖先供養等、数々の儀礼行為が確認できる（平野二〇〇七）。甑は竈と密接に関わるが、集落外しかも山あいの甑の存在をどのように考えたら良いのだろうか。

　竈は煮炊きに欠かせないが、甑は蒸す機能を持った器であり、穀物の形を崩さずに調理する道具である。屋外の竈で、供物を天に捧げる竈祭祀を想定してみたい。竈から出る煙が、その中立ちになり、天に近い山あいが願いを成就する祈願場所として選択されたと考えられないだろうか[3]。そうであるなら、その儀礼の場が律令制下の郡域における国家的祭祀と想定されてくる。以上のように考えると、大野の疑問が解かれ、また二遺跡の特別な在り方も理解できる。岩井堂遺跡が窯跡だとしても、性格の異なる遺構が併存するのかもしれないし、祭祀の遺構が別途存在するのかもしれない。何れにしても岩井堂遺跡の甑は、九世紀当地域の重要性を示す資料に変わりはない。

五　教育資源としての西ノ浜台地遺跡

遺跡を教育や観光の資源として活用する取り組みは全国で見られる。中でも代表的なのは戦時を彷彿させる城郭が、都道府県や地方都市の歴史を物語り、そこが公園や憩いの場所或いは観光地になっている。しかし安土桃山時代の次、江戸時代の近世城郭は「戦闘用の役目を終え、為政者である将軍や諸大名の権威の象徴となり、政治の府」と理解されている（南條・奈良本一九八九）。そのため実践的な城郭とは一線を画している。

徳川家康による元和元年（一六一五）の一国一城令によって、全国の城は一握りの数に縮小し（岡本一九七九）、その後戦乱のない時代が永く続く。しかしその多くは、江戸末期の戊辰戦争によって戦場と化してしまった（奈良本一九七九）。江戸時代の城郭は戦乱を予期したものでなく、それ以前の築城意図とは根本的に異なるが、最終的には城郭の機能を発揮した。対する古代や中世における城郭は、戦う為の遺跡であり、鎬を削る戦場としての歴史を生々しく刻んでいる(4)。

中世初頭に想定した西ノ浜台地遺や周辺の城郭も、当時の戦乱の歴史を留めているのである。戦争を辞書で引くと、「たたかい。いくさ。合戦。」とある（新村編二〇一八）。城郭は基本的に戦争を行うための施設であり、地元有力者の権力を象徴するものでもある。城郭は規模の大きい点からしても地元の歴史教育の現存する素材（文化財）として、最も有効な遺跡に属している。城郭から戦争の悲惨さを学び、戦争をしない或いは無くすことの思索を養う資源として活用できないだろうか。戦争は平和と表裏一体である。大多数の人は絶対平和を望んでいるが、その達成を筆者は悲観的に捉えている。人類が動物から進化した以上、他を食して生きる根源的な性格を背負っているからである。[5] 食を安定させるには富の蓄積が必要であり競争を煽る。それが発展して戦争に繋がると考えている。

しかし、戦争を最小限に食い止めていく努力は必要である。戦争と平和は、車のアクセルとブレーキに例えるならば、資本主義の暴走に拍車を駆けるアクセルとそれを制御する平和主義を唱えるブレーキの関係に似ている。資本主義の暴走を諫めて論じたものに波頭亮の『文学部の逆襲』があるし（波頭二〇二一）、その暴走を千田謙蔵は「強欲資本主義」と表現した（千田二〇二〇）。偏った富の拡大により、世界戦争を誘発することが危惧される。絶対平和の確立は困難であっても、騒乱を未然に防いだり、小規模化することは可能である。その戦争を考える時、東由利の中心域に近い西ノ浜台地遺跡は、開発を免れて構造が温存され、たとえ築造時代が降るとしても、戦争を語る城郭として十分な内容と壮観さを備えている。これが、当遺跡を活用する理由の第一点である。

もう一点は、当地が人類の医学上の貢献者でコレステロール低下剤（スタチン）を発見した遠藤章博士を育んだ土地柄であること、そしてその顕彰碑が城郭から見通せる距離に存在する点である（第6図）。博士は旧東由利町法内の出身、ノーベル賞候補を称える顕彰碑は本荘高校下郷分校跡地に令和三年（二〇二一）設置された。その業績を示す顕彰状や写真・著書等を展示した遠藤章博士コーナーが八塩生涯学習センターに開設されている（小松他二〇二一）。人類の平和を願って作られたノーベル賞、その候補者の業績を記した顕彰碑は人類平和の道標になっている。戦争を語ることが、戦争回避の平和に繋がることであり、平和を象徴する顕彰碑を西ノ浜台地遺跡の城郭と対照できることが、遺跡の活用目的に叶っている。戦争と平和を語る二つの文化財（歴史教育資源）が、この東由利老方に併存しているのである。

由利本荘市は、自ら非核・平和自治体宣言都市を標榜している。この山あいの地から戦争の残掠さを真正面から捉え、八塩山が育んだ豊かな自然資源を背景に、西ノ浜台地遺跡の城郭資源を活用する形で、平和を希求する活動を発信してみてはどうであろうか。文化財に軸を置いた町作りである。全国に類を見ない戦争に特化した文化財活用を推進することが、結果として観光客を誘引することにも繋がるだろう。かつて筆者は、払田柵跡の紹介に当たって、秋田城跡（奈良）・払田柵跡（平安）・脇本城跡（中世）の国指定史跡と久保田城跡（近世）が、「一日で堪能できる全国的にも希なスポット」と記述したが（利部二〇一四）、それは学術調査に裏打ちされた遺跡であることを前提にしており、その土台に立つことが観光拠点として相応しいのである。

六　おわりに

本論は、東由利老方に所在する西ノ浜台地遺跡の城郭に焦点を当てて、その時期を想定し歴史的価値を述べ、戦争を考える歴史教育に重点を置いた遺跡活用を提示した。

先に東由利地域の中心域近傍に城郭が纏まることを述べたが、更に東由利総合支所を中心に半径一㎞の中心内域に本論主題の城郭が位置する（第6図）。南には発掘調査された縄文時代湯出野遺跡が対置するように復元されている（大野一九八九、第2図21）。石沢川を挟んだこ

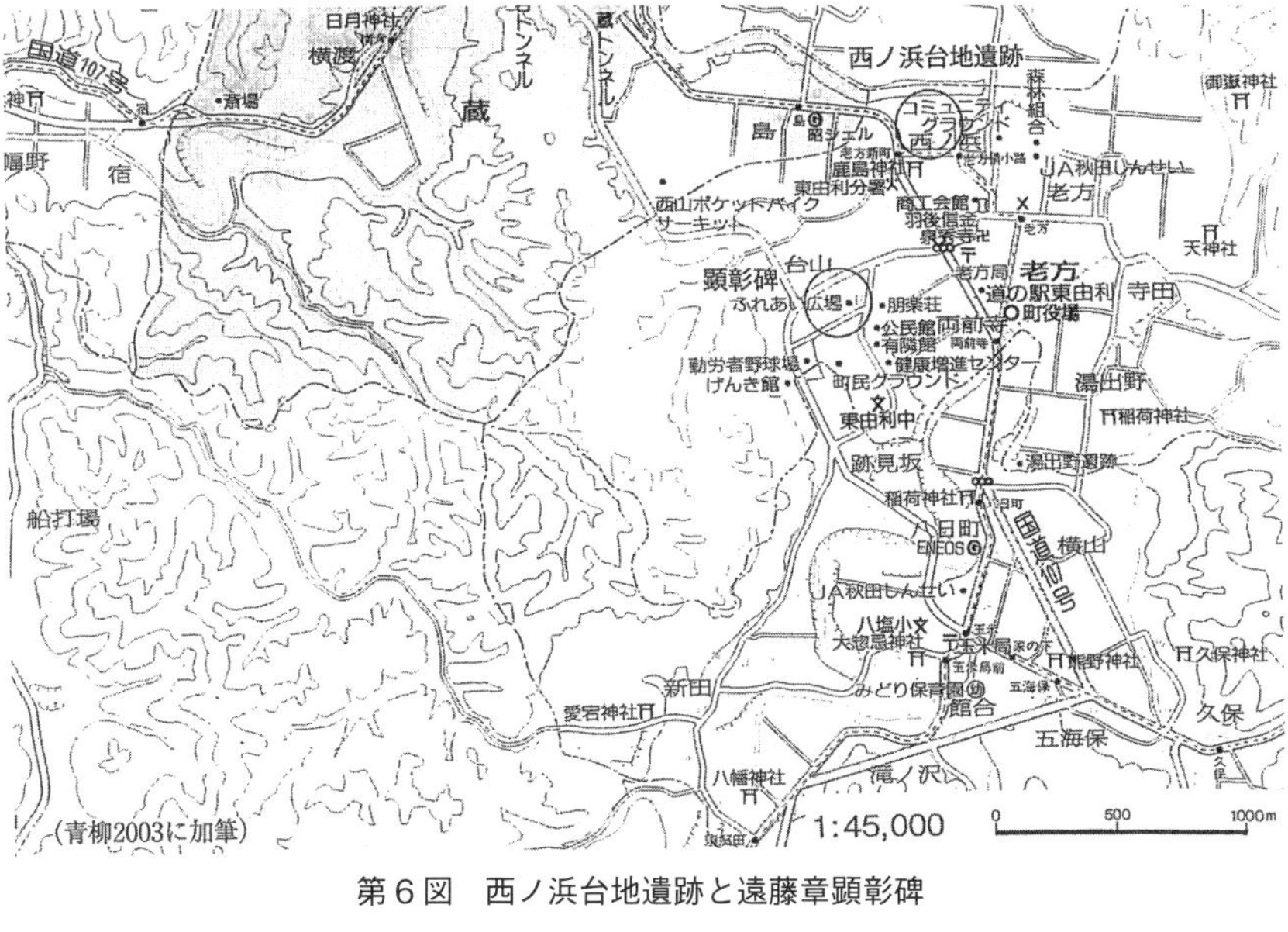

第６図　西ノ浜台地遺跡と遠藤章顕彰碑

の遺跡の対岸高台には、大規模集落が想定できる縄文時代の台遺跡があり（同20）、南端には二つの塚が現地保存されている。中心内域は、人が集まる支所や道の駅があり、そこを取り巻くように文化財が存在する環境にある。台遺跡は東由利中学校と隣接し、その区域には運動場や公園、図書館・公民館等が纏まった文教区域になっている。そして、その一郭にある顕彰碑が西ノ浜台地遺跡と至近距離にある。

城郭から連想する戦争には負の印象があり、考古学会においても近年ようやく太平洋戦争いわゆる戦跡の文化財保護が叫ばれ、秋田県でもその活動が始まったばかりである（秋田戦跡研編二〇二〇）。しかし城郭の遺跡を通じて、人類の戦争撲滅論議を展開している例は、管見では見当たらない。世界的な業績を刻んだ顕彰碑と、両輪を成して戦争論議を展開できる資源がそこにある。隣接した横手市には、『たいまつ』を刊行し続けた反戦家むのたけじが活動した歴史もある（むの他二〇〇八）。

平成二九年（二〇一七）のイージス・アショア配備計画の報道は記憶に新しい。北朝鮮の攻撃に対処するため、その迎撃施設候補として、秋田市の自衛隊新屋演習場と山口県萩市の自衛隊むつみ演習場が取り上げられた。令和二年（二〇二〇）拙速な計画が暴露され中止になったものの、国内配備の標的にされたことは事実（佐々木編著二〇二二）、戦争が身近にあることを実感した。そればかりか、本年（二〇二二）既に数回に亘り北朝鮮から弾道ミサイルが日本海に向けて発射されている。戦争遺跡の文化財を通じて人類の戦争について考えることは、今起きている戦争を阻止する上でも必然の過程である。太平洋戦争を体験した方が少なくなり、戦争の体験談や記録の風化が危惧される（半藤二〇一五）。

秋田県は、近年全国学力テストで上位の成績を挙げている。最近の『秋田魁新報』に、それまでの経緯と自身の半生が綴られた佐々田亨三の「シリーズ時代を語る」が連載された。その中核をなす「探究型授業」に辿り着くまでの、苦悩と工夫が伝わってくる（佐々田二〇二一～二二）。城郭は、野外学習に最適な学習素材であり、それを活用することで歴史教育と平和活動の相乗効果が期待できる。

佐々田は東由利の出身であり、現在遠藤章博士顕彰会会長を務めている。先の顕彰会副会長の小松幸円宅は、城郭内の台地東端にあり、江戸時代御本陣を務めた小松家二〇代目の当主である（小林二〇一七）。薬師堂を管理していることは前述したが、歴史や文化財に造詣が深い。

この度、私と遺跡を引き合わせてくれた寅田氏、踏査や補足調査で尽力して頂いた由利本荘市教委東由利教育学習課の小野利彦氏、更に調査に理解を示して頂いた地権者を始め、地元の多くの方が城郭の解明を望んでいる。そして、それを活用できる人的な環境にも恵まれている。その為には、遺跡の学術調査が是非とも必要であり、由利本荘市教育委員会の理解と、継続調査の英断が望まれる。その上で試案の城郭を通じ戦争をテーマにした活動が、案の一つとして俎上に挙がるならば嬉しい限りである。

註

（1）当初は八木区分に沿って、小吉山北側の方形状の区画を大鳥井山遺跡の主郭と捉えて論を展開していた（利部　二〇二一ｄ）。そこを主郭とする考えは、口頭発表以前既に千田嘉博によって示され、そこを中核とする論が展開されている（千田二〇一〇）。

（2）由理柵は、子吉川北岸地区や同南岸地域を中心に一四箇所が擬定地として推定されている（小松二〇一三）。筆者はこの所在地を、須恵器・鉄の生産地や工人集団の組織的な介入から「郡衙や城柵関連施設等」と「それ程遠くない場所」に想定したことがある（利部二〇一三）。その上で、旧本荘市街地の広範な南域に条里制を想定し、その基線と地理的環境を考慮して、提唱者が不明な陣場台を由理柵の所在地として推定した（利部二〇二〇ａ）。

（3）『礼記』記載のこととして、「『礼記』に「柴を円い祭壇上で燃やすのは天を祭るため」と記述されており（狩野・西脇訳注一九八七）、これと通じるような祭儀と考えられる。これは、「陰陽道で、土をつかさどる神」土公神に近いが（新村編二〇一八）、土公神は春に竈にいるとされ竈神との関係性が想定される。或いは古墳時代の竈祭祀以前の土公神から誕生したのかもしれない。鎌倉時代を描いた『吾妻鏡』には、泰山府君祭・呪詛祭・疫神祭等と共に竈神・土公祭が連記され（永原監修二〇一一）、道教的信仰に根差したものと考えられる。

（4）例えば『吾妻鏡』正治二年（一二〇〇）には、「梶原景時、この間当国一宮において城郭を構へ、防戦の儀に備えふ。（中略）

景時狐崎に返し合はせて相戦ふのところ、飯田四郎等二人討ち取られをはんぬ。（中略）当国の御家人等競ひ集まり、つひにかの兄弟四人を誅す。（中略）後の山に引きて相戦ふ。しかるに景時・景高・景則等、死骸を貽すといへども、その首を獲ずと云々。（中略）山中より景時ならびに子息二人の首を捜し出す。およそ伴類三十三人、頸を路頭に懸くと云々。」と戦闘の様子が記されている（永原監修二〇一一）。なお文献の旧字は常用漢字に改めた。

（5）生物の一種である動物は、「個体維持」と「種族保存」つまり食と性を「根源的な人間的現象」とする考え方があり（香原一九七五）、これに従うと捕食が競争を誘発し、引いては戦争に発展する根本的な要素を持ち合わせている。

引用・参考文献

青柳栄次　二〇〇三『秋田県都市地図』昭文社
秋田県教育委員会　一九八一『秋田県の中世城館』秋田県文化財調査報告書第八六集
秋田県教育委員会　二〇〇一『秋田県遺跡地図（由利地区版）』
秋田県戦争遺跡研究会編　二〇二〇『秋田県の戦争遺跡―次世代を担うあなたへ―』秋田文化出版
石松好雄　一九八五「大宰府　水城　大野城」『大宰府と多賀城』岩波書店
板垣直俊他　二〇〇五「東由利町の河岸段丘の研究　その二」『優秀研究報告集―V』財団法人齋藤憲三顕彰会
大野憲司　一九八九「第一編　原始民族の文化と遺跡」『東由利町史』東由利町　九三頁
岡本堅次　一九七九「一国一城令」『日本歴史大辞典』第一巻　河出書房新社
利部　修　一九九三「下藤根遺跡出土土師器の再検討―東北地方北部における位置付けを中心に―」『秋田県埋蔵文化財センター研究紀要』第八号　秋田県埋蔵文化財センター
利部　修　一九九七「第八節　東北西部―秋田県の事例と検討―」『古代の土師器生産と焼成遺構』真陽社
利部　修編　二〇〇七『虚空蔵大台滝遺跡―主要地方道秋田御所野雄和線秋田空港アクセス道路整備事業に係る埋蔵文化財発掘調査報告書―』秋田県文化財調査報告書第四一六集　秋田県教育委員会
利部　修　二〇一一「虚空蔵大台滝遺跡―清原氏の城館―」『前九年・後三年合戦―一一世紀の城と館―』高志書院
利部　修　二〇一三「由利地域の古代生産遺跡―須恵器・鉄・炭・塩・稲―」『古代由理柵の研究』高志書院　一九二頁
利部　修　二〇一四「考古ウォーキング　秋田県・払田柵跡」『考古学ジャーナル』第六五九号　ニューサイエンス社　三七頁

利部　修　二〇二〇a「報告二　出羽国北半の未発見城柵（二）―由理柵―」『第四六回古代城柵官衙遺跡検討会―資料集―』古代城柵官衙遺跡検討会
利部　修　二〇二〇b「由理柵と横手盆地―律令政府の進出―」（口頭発表資料）本荘由利地域史研究会
利部　修　二〇二一a「由理と由利の地名に関する考察」『由理柵はどこに―由理柵を探し続けて一〇年―』由理柵・駅家関連遺跡発掘調査報告書別集　由理柵・駅家研究会
利部　修　二〇二一b「由理柵と横手盆地―律令政府の進出―」『鶴舞』第一〇七号　本荘地域文化財保護協会
利部　修　二〇二一c「解説・由理柵と横手盆地―律令政府の進出―」（口頭発表資料）後三年合戦みさとプロジェクト実行委員会
利部　修　二〇二一d「西ノ浜台地遺跡―館跡の地表面観察と歴史的意義―」（口頭発表資料）東由利文化財保護協会
利部　修　二〇二一e「大野憲司さんを偲ぶ」『秋田考古学』第六四・六五合併号　秋田考古学協会
利部　修　二〇二二「虚空蔵大台滝遺跡を通じて―城郭構造の視点から―」『岩手大学平泉文化研究センター年報』第一〇号　国立大学法人岩手大学平泉文化研究センター
狩野直禎・西脇常記訳注　一九八七『漢書郊祀志』平凡社　一七一頁
熊田亮介他　二〇〇一『秋田市史』第七巻　秋田市　四三九・四四四・四五六頁
香原志勢　一九七五『人類生物学入門』中央公論社　一一頁
小林義人　二〇一七「ロマン漂う旧城下町」『子吉川の四季』読売新聞社
小松幸円他　二〇二一『遠藤章博士顕彰会会報』第二号　遠藤章博士顕彰会
小松正昭　一九八九「第四節　由利十二頭時代の玉米氏の消長」『東由利町史』東由利町
小松正夫　二〇一三「由理柵の研究史と擬定地の検証―実地調査を踏まえて―」『古代由理柵の研究』高志書院
桜田　隆編　一九八五『広沢山遺跡発掘調査報告書』秋田県文化財調査報告書第一二四集　秋田県教育委員会
佐々木勇進編著　二〇二一『イージス・アショアはいらね～市民運動の軌跡』イズミヤ出版
佐々田亨三　二〇二一～二二「シリーズ時代を語る①～⑳」『秋田魁新報』秋田魁新報社
島田祐悦　二〇一一「清原氏の本拠　大鳥井山遺跡と台処遺跡」『前九年・後三年合戦―一一世紀の城と館―』高志書院
新村　出編　二〇一八「郭」『広辞苑』第七版　岩波書店　八七三頁
新村　出編　二〇一八「戦争」『広辞苑』第七版　岩波書店　一六六六頁
新村　出編　二〇一八「土公神」『広辞苑』第七版　岩波書店　二〇八七頁

千田嘉博　二〇一〇「中世の館から城へ」『後三年合戦シンポジウム〜古代の城から館へ、そして中世の館から城へ〜』横手市教育委員会
永原慶二監修　二〇一一『新版全譯吾妻鏡』第二巻　新人物往来社　三七六・三七七頁
永原慶二監修　二〇一一『新版全譯吾妻鏡』第三巻　新人物往来社
奈良本辰也　一九七九「戊辰戦争」『日本歴史大辞典』第八巻　河出書房新社
南條範夫・奈良本辰也　一九八九「監修の辞」『日本の名城・古城事典』ティビーエス・ブリタニカ　一頁
新野直吉　一九八六『古代東北史の基本的研究』角川書店
高橋徳太郎編　一九六二「玉米古舘並に玉米殿油來聞伝之事」『東由利村郷土史』資料第一号　秋田県文化財保護協会東由利村支部　八頁
千田憲蔵　二〇二〇『すぐ国家を超えた世界政府を作るべし』（自家出版）八六頁
寅田敏雄　二〇二〇「謎の「西ノ浜遺構」を考える」
波頭　亮　二〇二一『文学部の逆襲―人文知が紡ぎ出す人類の「大きな物語」』ちくま新書
半藤一利　二〇一五『いま戦争と平和を語る』日本経済新聞出版社
平野　修　二〇〇七「古代集落内のカミ・ホトケの信仰」『原始・古代日本の祭祀』同成社
東由利町史編纂委員会編　一九八九『東由利町史』東由利町
三原裕姫子・佐々木健二編　二〇二一「第四章　調査の記録」『遺跡詳細分布調査報告書』由利本荘市文化財調査報告書第二九集　由利本荘市教育委員会
むのたけじ他　二〇〇八『戦争絶滅へ、人間復活へ―九三歳ジャーナリストの発言―』岩波新書
八木光則　一九八九「安倍・清原氏の城柵遺跡」『岩手考古学』第一号　岩手考古学会

（本論は二〇二二年二月二四日以前に脱稿したことを追記する）

第三節　虚空蔵大台滝遺跡を通じて——城郭構造の視点から——

一　はじめに

秋田県秋田市河辺に所在する虚空蔵大台滝遺跡は、秋田空港アクセス道路建設事業が発端で平成一六年（二〇〇四）に発掘調査を実施した（利部編二〇〇七）。遺跡は和田丘陵地に接する御所野段丘の南東に立地し、東西約四五〇m・南北約三〇〇mの北に弓形状に張り出した範囲である（第1図）。その南西側六、五〇〇㎡の調査区は、平坦部、南の斜面部、沢部を挟み南の尾根部に分かれる。平坦部の標高は四五〜四六mで推移し、台地状を呈した上面のほぼ全面に及んでいる。沖積地との比高差は凡そ三五m、平坦部の眼下には岩見川が西に流れ四㎞で雄物川に合流する。その地は、横手盆地から北西方向に流路を変更した雄物川の蛇行が収束する、秋田平野南端に位置している。

遺跡の東側には、遺跡間中心域の距離が約一㎞で和田丘陵地を利用した中世の戸島館跡が立地する。応安二年（一三九六）城内に鎌倉八幡神を勧請した伝えがあるものの、戸島館跡の始まりは不明である。永禄一三年（一五七〇）安東愛季が、檜山安東氏（能代市）と秋田安東氏（秋田市）を合併しており、丘陵尾根づたいに平坦地や土塁・堀切り等が連続する景観はその頃の威勢を伝えた戦国期城郭と認められる（石塚編一九九九）。その縄張りは確定しておらず、関連した施設が虚空蔵大台滝遺跡まで及んでいると見られる。中心部の最も高い標高は約八五m、比高差は凡そ七五mである。

虚空蔵大台滝遺跡は、中世と九・一〇世紀を含んで古代末葉の一一世紀中心の遺跡であり、平成二三年（二〇一一）、「清原氏の城館」という副題を添えて遺跡の概要を述べたことがある（利部二〇一一）。城館を用いた遺跡の表記は、『前九年・後三年合戦』の副題「一一世紀の城と館」に規制された面もあるが、中世の時代は城を表記する

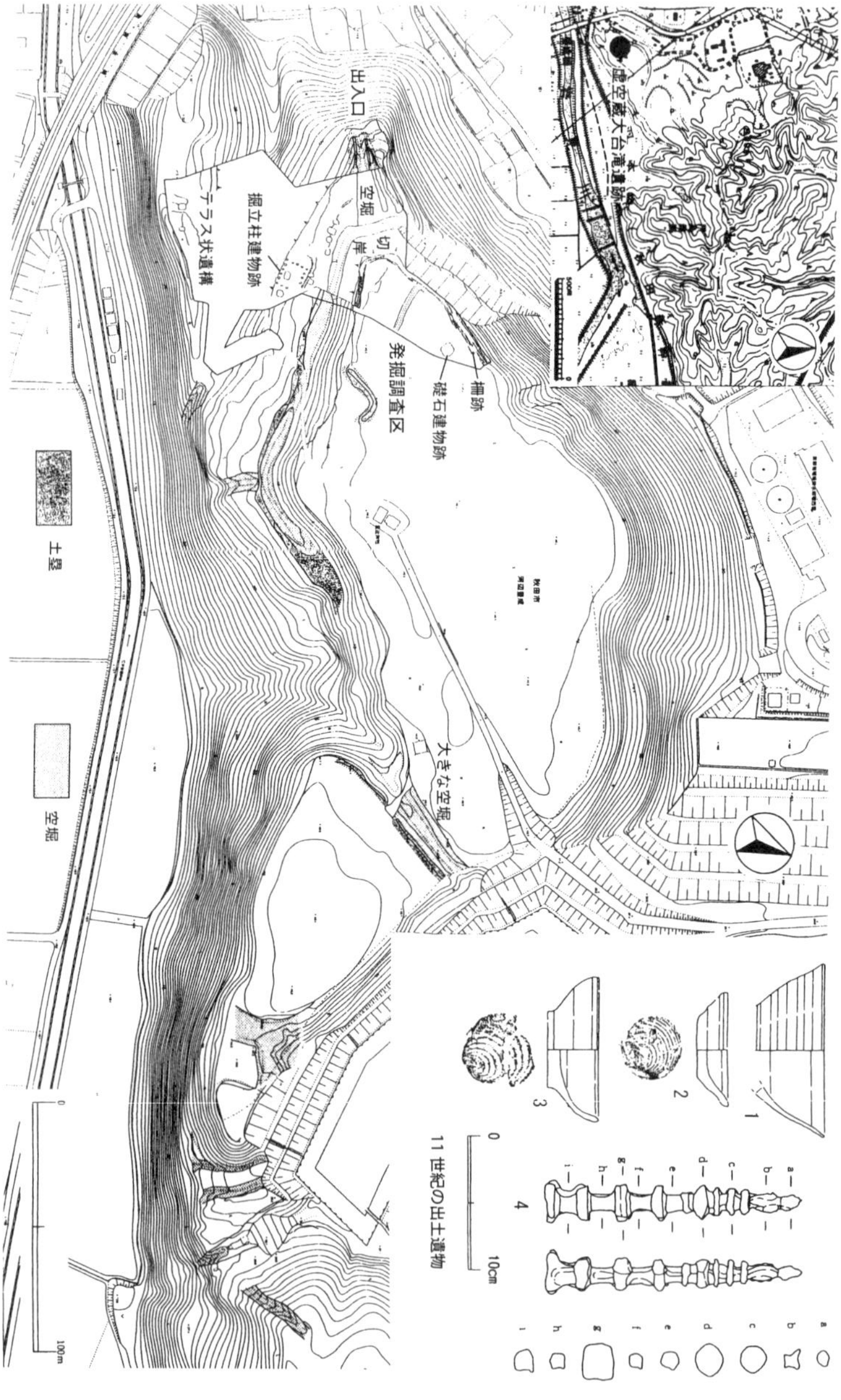

第１図　虚空蔵大台滝遺跡の位置・範囲・遺物

（利部 2011 より）

のに、城郭よりも城館が通用している慣習に依っていた。最新の『広辞苑』には、城郭の用語はあるが（新村編二〇一八）、城と館を結びつけた城館の用語は掲載していない。従前の辞書類で、城館を掲載する例は極稀である。(1)

城郭と城館の用語は、考古学用語辞書類の出発点とも言える『日本考古学辞典』（日本考古学協会編一九六二）を皮切りに、『改定新版　日本考古学用語辞典』（斎藤二〇〇四）等にも、「城郭」はあっても「城館」の記載はない。管見では、『日本考古学事典』（田中・佐原編二〇〇二）の小野正敏「城館」を知るのみである。城館は、城の館に特化した研究に用いる用語と言えよう。(2)古代城柵における郭の表記には、城の輪郭を示す外郭やそれと中心部政庁の間を仕切る内郭の表記があり、それぞれの内部を外郭域・内郭域と呼んでいる場合がある（小井川二〇一〇、八木二〇二一）。そこには外郭線の用例も見られる。一方払田柵跡では、「外郭線」（材木塀・築地塀）と「外郭」を区別し、郭を輪郭の内側として用いており（払田柵跡事務所一九九五）、郭を輪郭や領域とする二つの見方があり古代郭の表記には混乱が見られる。古代の郭表記が輪郭を示す場合には、輪郭及びその内部を含む中世・近世の郭の理解とは一線を画すことになるのである。本文では、城の立地や内部施設の構成に視点を置き古代から近世を通覧する立場から、郭を領域と見做し城郭の用語を中世・近世のみならず古代の城柵にも及ぼして用いていく。(3)なお郭は、一般に「城・砦で、堀や石垣などで仕切られた区画」を意味するとしているが（新村編二〇一八）、古代城柵の当事者がどのように用いていたかは別問題である。

また、城に関するくるわ（郭・曲輪）の表記も気にしておきたい。中・近世では、郭は曲輪とも表現し、「曲輪は城館の防御された削平地」とされている（千田一九九七）。これらは主に城を構成する区画域を意味し、曲輪は特に中世城郭研究で多用されている。鳥羽正雄は『日本歴史大辞典』城の項目で城郭史と表記し、古代から近代までの八区分を示した（鳥羽一九七九）。氏は城を「軍事的な目的をもって構築した防禦設備」とし、「中世以降複郭の城が多くなるにつれ、本城以外の諸区画を郭と書いて、「くるわ」とよみ、曲輪の字をもあてるようになった。」としている。城全般に関わる場合には、曲輪を排した郭で統一表記するのが相応しいと考えている。

二　虚空蔵大台滝遺跡の概要

遺跡の年代は凡そ九世紀から一六世紀に及ぶが、主体となる一一世紀及びその前後について述べていく。広い面積の平坦部は、東に位置する大きな空堀（推定）によって西側の略平行四辺形と略二等辺三角形に分かれ、後者は更に窪地の空堀（推定）によって略三角形と先端部（遺跡東端）に分かれている（第1図）。この南側の斜面と沢を挟んで東西の痩せ尾根がある。発掘調査区域は平坦部・斜面部・尾根部に分かれ、本稿では平坦面を西から順次、郭1・郭2・郭3と仮称する。このうち平坦部と斜面部は城郭の造成と密接に関連し、一一世紀の城郭と推定したのは斜面部の遺物の在り方による。はじめに各調査区域の遺構、次にそれらと関連した一一世紀前後の遺物について述べていく。

（一）斜面部（第1・2図）

斜面部上位では、発掘調査によって平坦部縁辺からの切岸（SV一九九八）、その直下の空堀（SD一六）、その外側に付属する土塁（SF一〇〇〇）、空堀に垂直方向に取り付く出入口（SC二〇〇〇）等が明確になった。更に斜面部下位には、切岸掘削時の厚い土砂の下から、テラス状遺構（整地面）、その広い面に建つ掘立柱建物跡（SB一〇〇八）、鍛冶炉・焼土遺構等が検出された。以下主な遺構を中心に述べる。

斜面上位の切岸は空堀と共にL字状を呈し南面と南西面を成すが、幅は南面約二五m×南西面約一七m、南面の高さは六・五〜一〇mである。空堀も切岸と同じく屈折するが幅が五〜六m、長さが南側で約二八m、南西側で約二二mである。深さは東端で一・六m、屈曲部では二・五m以上あり、底面は南側から南西側にかけて徐々に

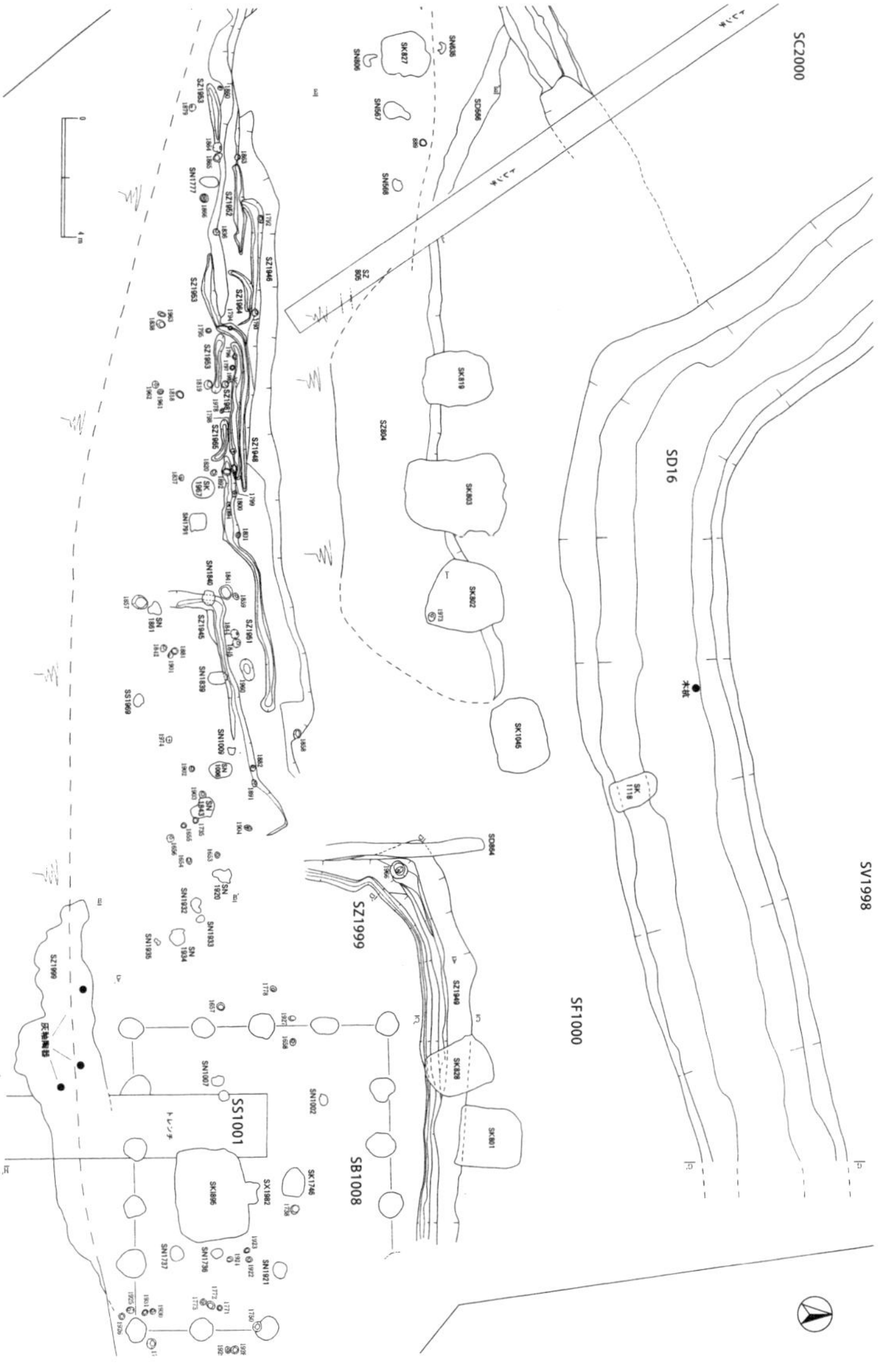

第２図　斜面部の遺構

（利部編 2007 より）

傾斜している。土塁は東端の断面で幅約六m、厚さ〇・二〜〇・三mの版築、更に上部に〇・三〜〇・四mの盛土を確認し、空堀屈折部辺りまで続いていると判断した。出入口は南西方向に狭い扇状を呈し、南東側が段を作り出入口の傾斜に沿い、北西側は幅一・五m前後で両側に小さな土塁を造り道状に平行する。空堀との接続部分は、撹乱を受けて地山が露呈しており全体に平坦で、南西側の土塁を基に推定した開口部の幅は約一〇m、南西方向に四度の角度で傾斜する。

斜面部下位の遺構群は、大半が城郭以前の切岸掘削土で埋め立てられており、便宜的に東側・中央・西側と区分してやや詳しく述べる。

東側では広いテラス状遺構が見つかった。東西の奥壁が約一四m、北西隅からの南北側壁が約四m、高さは奥壁で最大〇・八m、壁下に溝が巡る。造成面は東西約一九m×南北約一一mで、東側に更に延び南側は削平を受ける（SZ一九九九）。造成面より高い部分の奥壁に約二・五mの溝が確認でき、本遺構より古いテラス状遺構の存在が推定された。この遺構に沿って、東西五間×南北四間の掘立柱建物跡を検出した。北西隅の柱穴は、長軸〇・八二m×短軸〇・七二mの楕円形、深さは〇・七六mである。ここからは多くの箸や木屑が出土しており、北西に意味を持つ地鎮に関わるものであろう。柱穴のいくつかには、切岸掘削時の礫が埋め込まれ、城郭造成時に柱を抜いて建物を解体したのは明白である。

中央では東側のテラス状遺構面とほぼ同一の高さで、東西に長い小規模なテラス状遺構一〇基が重複して見つかった。奥壁と壁面下の溝・僅かな床面が残存し、最も良く残存する例では奥壁約八m×幅約二m、殆どが沢側に開く「コ」の字状を呈していたと考えられる。それらが重複していた範囲は、東側の南北幅が約五m、西側の南北幅が約一mで、その間は約二五mである。その西端は斜面西側の道路状遺構に接続し、出入口の西端へ徐々に高くなる。

次に、斜面下位で検出した鍛治炉二基と焼土遺構一八基について述べる。鍛治炉の一つは、東側のテラス状遺構（整地面）のほぼ中央で建物跡と重複して確認した。もう一つは、中央東側の小規模なテラス状遺構と重複して見つかった。前者は長軸〇・三三ｍ×短軸〇・二九ｍ、後者は長軸〇・二七ｍ×短軸〇・二三ｍで略円形を呈する。焼土遺構は、中央西端の一基を除き、東側から中央の東部分にかけて集中するが、二基は小規模なテラス状遺構を切っている。他に東部と中央で土坑一基ずつ、両地区で多数の柱穴約七〇基を検出している。

以上は、便宜的に斜面部上位と斜面部下位に分けて述べたが、斜面下位東部テラス状遺構の奥壁は斜面中位まで達していた。また、斜面中位の中央には東西の長さ約一五ｍ×最大幅約四ｍ、奥壁の高さ〇・三〜〇・四ｍのテラス状遺構が存在しており、城郭以前の斜面中位から下位にかけて開発行為に伴う掘削が及んでいたことが確認できた。

（二）平坦部（第１・３・４図）

当地区で、遺物が明確に伴って一一世紀の遺構と断定できる遺構は見つかっていない。古代から中世と推定された遺構には、空堀・柵跡・テラス状遺構・掘立柱建物跡・礎石建物跡・竪穴状遺構・土坑・焼土遺構・溝跡・柱穴・性格不明遺構がある。このうち、一一世紀とそれ以前に想定される主な遺構・遺物を中心に述べる。

空堀は重複する遺構より相対に旧く、城郭築城に近い年代を想定している。西側の崖面に垂直に造られ、その先端は縁辺に沿って僅かに突出する。確認した長さは二・五ｍで、幅約一・二ｍ、深さが約一・二ｍの箱堀である。突出部には一間×一間の掘立柱建物跡を想定した。西側柱穴が小さく南西柱穴が低すぎる点から、立派な櫓は想定できないものの斜面監視施設の可能性がある。後述する柵跡の一部に切られている（利部二〇〇八ｂ）。空堀には平坦部の区画その他の機能が考えられる。

斜面部の切岸・空堀・土塁と平坦部で対応するのが縁辺部の柵跡である。切岸側から出入口、西側崖にかけて連続するが、斜面の崩落等の影響で消滅している箇所がある。比較的良好に観察できたのは切岸上位の縁辺部

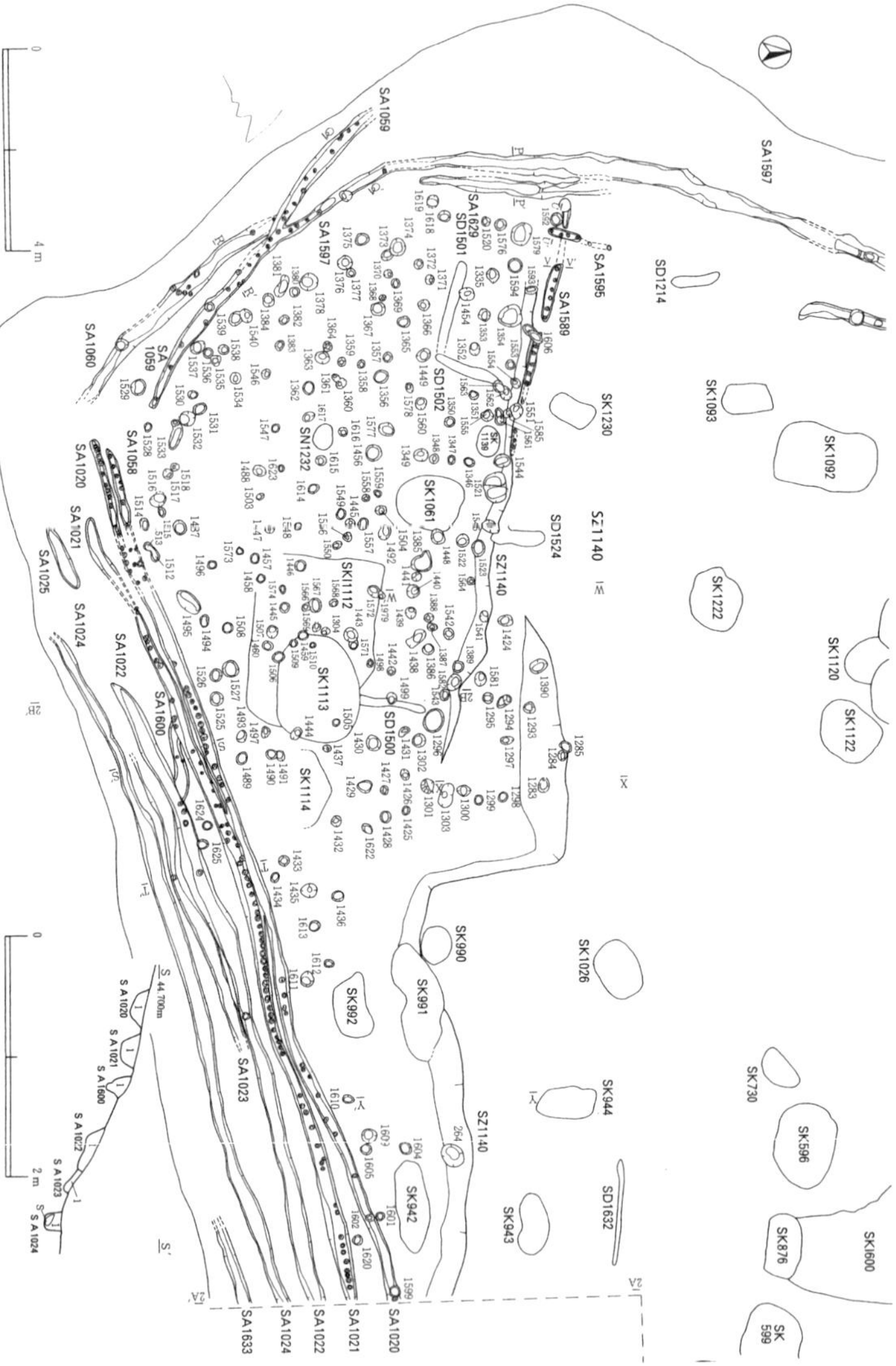

第３図　平坦部南西端の遺構
（利部編 2007 より）

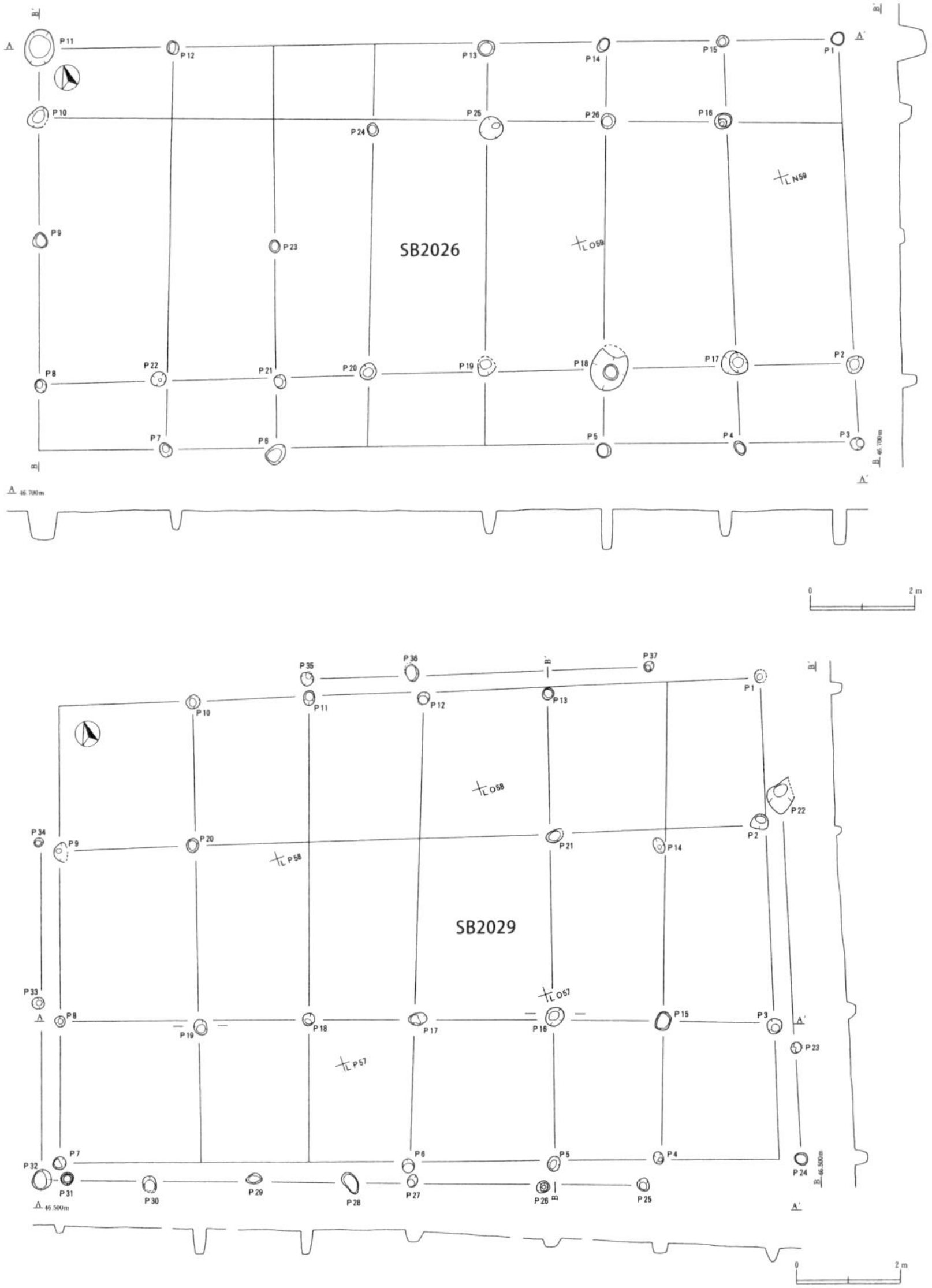

第４図　平坦部の堀立柱建物跡（利部編 2007 より）

である（第3図右下）。東端部では、平面斜距離三・五ｍの間に五条の柵跡を確認したが、ほぼ等間隔で存在していた。上位二条の柵跡は、内部に打ち込みと思われる杭列が認められるが、他の三条には殆ど認められず、構築上の相違を示すと考えられる。切岸中央部付近の断面では、六つの溝跡を確認し六期の柵跡を想定したが（利部二〇〇八ｂ）、併存した柵跡も考慮する必要がある。これらの柵跡は、空堀や切岸がＬ字状に屈折する部分で途切れ、切岸に沿って約一二〇度開いた方向への連続性がある。西側崖側の柵跡は、調査区北端域の平面距離四ｍの間に四〜六条を検出した。これらの柵跡では、溝よりも大きな柱穴が部分的に認められた。

平坦部の南西端部に位置するテラス状遺構（ＳＺ一一四〇）は、この東西方向の柵跡及び壁面と切岸上位の柵跡で囲まれた空間である（第3図）。直線の壁面は、消滅部分を考慮すると約一二ｍあり、これを直径とした半月状の広がりが主要な部分と考えられる。平坦面は緩く南に傾斜し、内部からは壁面を意識した竪穴状遺構や直角に仕切った溝の他、多数の柱穴が見つかった。更に東側も矩形の壁面が認められ、全体としてテラス状遺構の範疇として把握した。本遺構は、斜面空堀に接する出入口及びその東側を見下ろす所に位置しており、戦略上の攻撃用施設が存在した区域と見做される。

平坦面の掘立柱建物跡は、高島成侑・佐々木浩一両氏の協力を得て三九棟を復元している。斜面や尾根部が中世の墓域であることから、中世の建物跡を含む可能性もある。次に、検出された掘立柱建物跡のうち大形の２棟を簡単に記述する（第4図）。

ＳＢ二〇二六は桁行七間×梁行一間で北側と南側に庇の付いた建物と考えられるが、中央部桁行の痕跡が本来存在していた桁行二間の可能性もある。桁行Ｐ一一－Ｐ一が一五・一ｍ、梁行Ｐ一－Ｐ三が七・四五ｍである。柱穴は大きさに斑があり、庇を有するが整然とした建物とは言えない。空堀を切り込んでいる。ＳＢ二〇二九は桁行六間×梁行三間で、四面に各々塀を持つが南側と西側は連続する。桁行Ｐ八－Ｐ三が一三・〇五ｍ、梁行Ｐ一二－Ｐ六が八・六五ｍであり、やや歪んでいるものの総体に柱穴の大きさが整っている。建物と塀の距離は、三〇～四〇㎝と狭く四面で共通している。これらの二棟は、長軸が同じ略東西方向で重複し、平坦部調査区の南側に位置している。

上記建物以外には一～五間×一間、二間×二間、五間×三間の他、長方形に張り出しを持つ建物等と多彩である。総じて三間×一間が多く見られる。これら建物の配置状況を概観すると、建物長軸が西側崖面に沿う配置（北側）と長軸がそれに直交する配置（SB二〇二六・二〇二九等）…①群、崖面より三〇・四〇度程西に偏じた長軸方向の配置（全域）と長軸がそれに直交する配置（南側）…②群、と大きな纏まりを持つようである。①群・②群はそれぞれで重複がみられる。なお北側崖面近くに、一辺約四ｍ前後の隅丸方形を呈した竪穴建物跡を検出した（第1図）。深さ約一ｍの四隅と壁際に、径三〇㎝前後の扁平な礫八個を礎石として据えており、戦国期の倉庫を兼ねた櫓と考えられる。

（三）尾根部（第1・5図）

尾根は東西に長い瘠せ尾根で、東側がやや高い鞍橋状を呈する。東側の高位面から北側緩斜面及び沢頭にかけて調査したが、流路筋自体の調査は行っていない。当地区からは、テラス状遺構・土坑・焼土遺構・溝状遺構・柱穴様ピット・性格不明遺構が見つかっている。ここでは一一世紀の年代が明確な重複した二つのテラス状遺構を取り上げる（第5図）。

テラス状遺構は鞍橋状を呈する尾根の東側高位、頂部尾根線上に軸線を沿わせて位置していた（SZ一七六九旧、SZ一七七〇新）。SZ一七六九は南東側の壁の一部が確認できたのみでSZ一七七〇に切られている。尾根に沿う南東壁は約三・六ｍで壁の深さは約〇・七五ｍ、溝の深さは五㎝内外である。壁溝は、SZ一七七〇より高い位置で検出した。南東壁溝に直行する溝の帰属は不明である。

SZ一七七〇はSZ一七六九を切り込むが、長軸の南東壁は一部で共有するように配置され、北東側にも本来

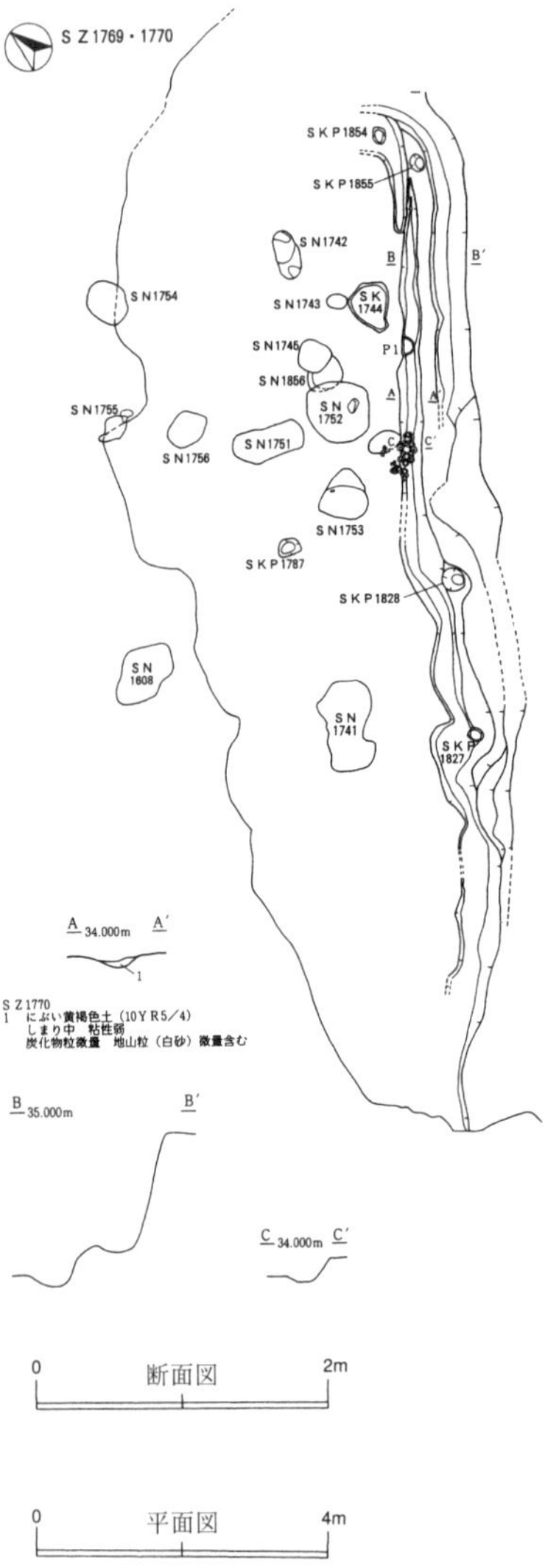

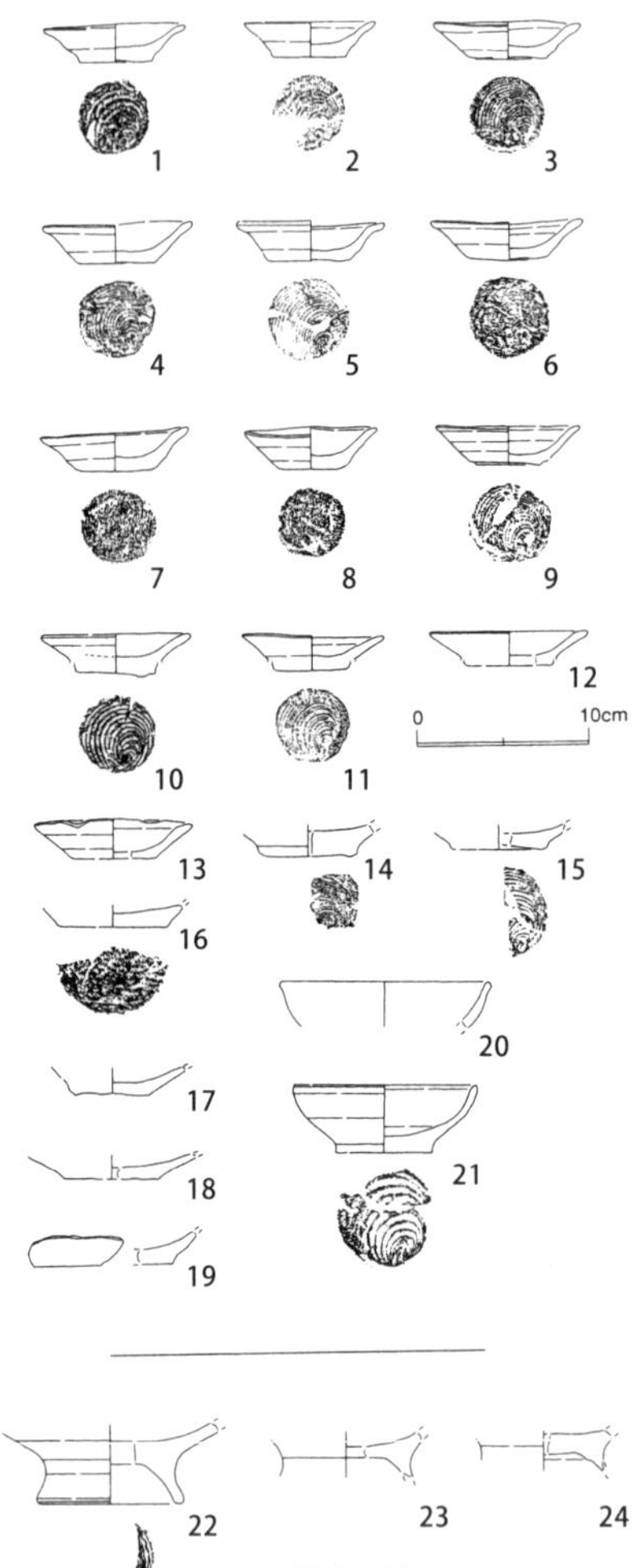

第５図　尾根部テラス状遺構と出土かわらけ等（利部 2007 より）

壁があったと考えられる。南東壁は現状で一三・二m、床の短軸方向は現状で約四m、北東付近の壁の深さは約一mである。南東壁の中央には、約二mの距離を隔てて小さな柱穴が対で確認されこの部分が壁より僅かに外に張り出すことから、二つの遺構に共通した出入口を想定した。

ＳＺ一七七〇では、一期（新）・二期（旧）の床面を確認している。一期の床面には焼土が散在しており、南東壁際の中央北寄りに纏まったかわらけが出土し、一部は南の壁際に散乱していた。下の二期には、小さな土坑・焼土遺構と共に多くのピットが見つかった。一期と二期の間に際立った間層は認められない。ＳＺ一七七〇は、ＳＺ一七六九と共に本来は長方形の上屋を持つ簡易な建物跡と考えられる。一期ではピットが殆ど確認できず、焼土遺構やかわらけの在り方から後述する地鎮行為があったと考え、ＳＺ一七七〇空間利用の最終段階と判断した。二期のピット群は、上屋を支える簡易な小穴と考えられるが、一部にＳＺ一七六九の小穴も含むかもしれない。

三　遺跡の時期区分と年代

報告書では遺跡の年代について、九・一〇世紀の土師器・須恵器も僅かに認められるものの、一一世紀の遺構の城郭に関わった時期区分を行った（利部編二〇〇七）。Ⅰ期が城郭以前、Ⅱ期が城郭存続期及び空堀埋没期、Ⅲ期は城郭空堀を中世土坑（ＳＫ一一一八）が切り込むことからこれ以降とし、小期を設けてⅠａ期・Ⅰｂ期、Ⅱａ期・Ⅱｂ期、Ⅲ期の５期に区分した。そして当時の時代認識から、Ⅲ期以降を中世、それ以前を一一世紀以降の古代の範疇とした。但しⅡｂ期の空堀埋没時期の始まり、つまり城郭廃棄時期は不明である。古代については、尾根部のテラス状遺構（ＳＺ一七七〇）出土の良好なかわらけを一括土器群Ａ、斜面部のテラス状遺構（ＳＺ一九九九）整地層内の土器を一括土器群Ｂとして把握し、それらを基軸として詳細に論じたことがある（利部二〇〇七）。以下では主としてⅠa期・Ⅰb期・Ⅱa期について述べるが、遺跡の時期区分や年代は、斜面部のテラス状遺構（SZ一九九九）・掘立柱建物跡（SB一〇〇八）・空堀（SD一六）・切岸（SV一九九八）、尾根部のテラス状遺構（SZ一七七〇）等の遺構と遺物の関連性から導いたものである。

（一）SZ一九九九整地層内の一括土器群B（第6図）

城郭の年代を決定する上で、SZ一九九九・SB一〇〇八がSD一六やSV一九九八の土砂で直接厚く覆われていた事実を先に挙げなければならない（第6図）。仏堂と想定しているSB一〇〇八の柱穴には、切岸の斜面に認められる層中の礫が直接埋め込まれており、SB一〇〇八の廃絶と城郭の造成がほぼ同時に進行していた。これを前提にSB一〇〇八とSZ一九九九の関連を述べる。SZ一九九九はSB一〇〇八を建てるために造成されており、斜面側の地山掘削範囲と沢側の斜面を埋めた整地層側に分かれる。この整地層に関連して土師器やかわらけ等が出土した（第6図－1～13）。

1～3は整地面の最上部生活面の出土であり、4～12は整地層内からの出土である。1はかわらけの小皿（第1図－2）、2・3もかわらけの椀・皿と思われる。後者については、他の破片も含み一括土器群Bとした。11の灰釉陶器（第1図－1）と12の甕は下位整地層から、4～10のかわらけ小皿・椀・小甕は最上部のⅦ－3層及び相当層の出土である。一括土器群Bには、SB一〇〇八に関わる灰釉陶器とかわらけやSZ一九九九以前の鍛冶炉や焼土遺構の生産に関わる把手付土器や土師器が混在している、と考えられる。

灰釉陶器については、現状の評価を把握しておらず報告書作成段階の考えを引用しておく。「この灰釉陶器は、井上喜久男氏より灰釉陶器の最終段階の東濃産（現岐阜県）明和27号窯式と鑑定して戴き、氏は一一世紀第3四半期を中心とする一一世紀後半の年代を想定した。～美濃窯を精力的に調査している山内伸浩氏は、明和27号窯式を一一世紀中葉に想定している。灰釉陶器の年代根拠については、現時点では消費地の資料を拠り所にすべき

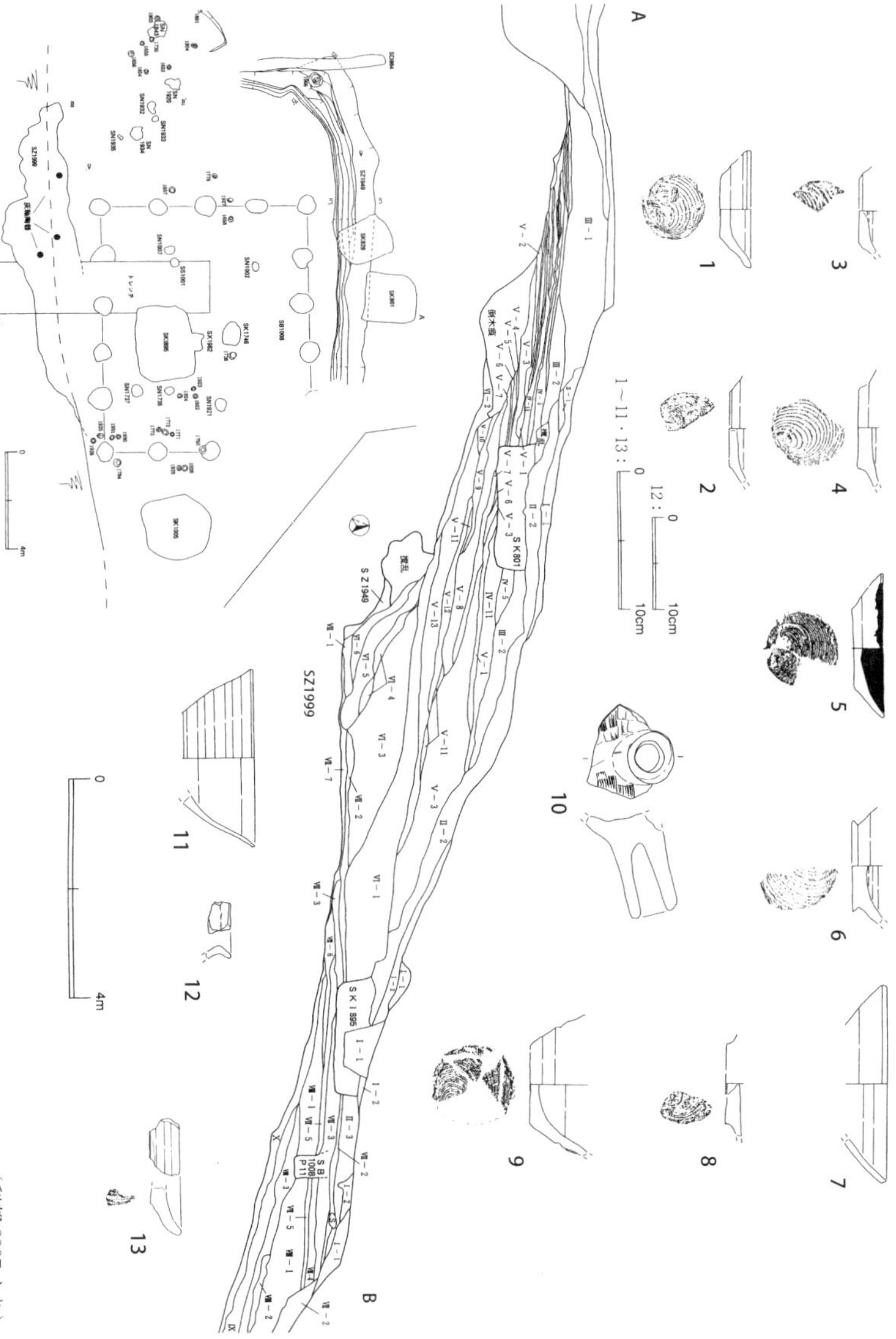

第6図　斜面部テラス状遺構と整地層関連遺物

（利部 2007 より）

と考えられるが、明和27号窯式の下限年代も不明瞭なことから、本遺跡出土の灰釉陶器を一一世紀中葉に考えておきたい。」と報告書では述べた（利部編二〇〇七）。一一世紀第2四半期を考慮する研究者もおり、中葉の年代観は各研究者に共通する位置付けである。

転用硯とした灰釉陶器は、子細に観察すると「製作時の砂粒擦痕に赤墨が認められ」、「SB一〇〇八の築造に関わる赤墨の必要性にせまられたものであろう。」と推定した。そして使用後は、意図的に破壊し整地層の造成土に入れ込んだ地鎮行為を想定した（利部二〇〇八a）。この時期の城郭における灰釉陶器の出土例は、岩手県比爪館遺跡があるものの北東北では殆ど認められていない（八木一九八九）。灰釉陶器はそれ自体が高級陶器の部類に属し、SB一〇〇八の創建に関わる在地領主の力量が推測される。

SB一〇〇八は仏教施設の仏堂等を想定したが、それと関連して銅製小塔（長さ約一〇㎝）について付言しておく（第1図－4）。SB一〇〇八の西側約一五mの遺構外から出土したが、掘削土下のⅠ期に属す。

小塔は三重塔をデフォルメしたと解釈しており、「a～d下の小さな膨らみまでが相輪部、gと上下の四角形が三つの屋根、その下に四角な基壇（i）がある。」と解釈した（利部二〇〇八a）。この小塔を銭弘俶塔の相輪と見る山口博之の見解とは相容れない（山口二〇一九）。相輪部を強調した小塔の存在は、SB一〇〇八を仏堂とした五つの根拠のうちの一つであり（利部二〇〇八a）、この地域の仏教信仰を主導できたのは有力在地領主に他ならない。

（二）SZ一七七〇の一括土器群A（第5図）

前述のように、SZ一七七〇はSZ一七六九を切り込み、後者から纏まったかわらけが出土した。これが一括土器群Aである。床面から二〇㎝より上位では、黄褐色地山土を多量に含んだ埋土で覆われ、これを当地区の造成に関連した祭祀と考え、造成地業に伴う地鎮行為と解釈した（利部二〇〇八a）。かわらけの一部は、南東壁沿い散乱するが本来は纏まっていたと考えられる。かわらけは四五点確認しており、そのうち器種不明な四点（16～19）を除き、椀が二点、小皿が三九点である。本稿には小皿一五点・椀二点・不明器種四点、比較のため平坦部資料三点を掲載した。出土器種の在り方から、椀（第1図－3）と小皿のセット関係が指摘できるものの、小皿が圧倒的に多くを占めている。

小皿は、底部から口縁部まで図示できる三七点の観察では、「大きさが口径八cm前後・底径四cm前後・器高二・五cm前後～全体に分厚く底部がやや突出気味な例が多く、口縁部が直線的に外傾するか外反する。」特徴がある。椀は、「口径が推定約一〇・五cm・底径が推定約五・五cm・器高約四cmで、底部が突出し口縁部が内湾する。」特徴がある（利部二〇〇七）。また小皿の形態を規定する製作工程を観察し、「①ロクロ上で粘土紐を二～三段巻き上げ概略の形を作る→②内面底部の端部辺りから口縁部にかけて木口状工具によるロクロ調整を行う～→③底部から口縁直下にかけてロクロ調整を施す～④内外面口縁部のロクロ調整を施す～→⑤ロクロ左回りの回転糸切り手法を施す」と製作技法を整理し（利部二〇〇七）、報告書ではこれを虚空蔵大台滝遺跡型（虚空蔵タイプ）とした（利部編二〇〇七）。

ロクロ左回りの回転糸切り痕跡は、清原氏の根拠地大鳥井山遺跡でも二一点確認しており、虚空蔵大台滝遺跡が清原氏の系列にあることを報告書作成段階で確信した。二〇一一年、岩手県の研究者により、一〇～一二世紀のかわらけを中心にしたロクロ左回転土器の精査が行われ、成果が報告された。それによると、岩手県では「一一世紀後葉から末葉（一一世紀第四半期）に該当する北上市の古代末期の遺跡群から」出現し、安倍氏関連遺跡には認められないとしている（井上・君島・君島二〇一一）。清原氏の勢力の反映と考えており、両俘囚長関連遺跡の動向を探る指標としている。

なお、器高が虚空蔵タイプとより低く口縁部が底部から連続して内湾する小破片が、斜面部より一点出土している（第6図－13）。底部は糸切りと考えられ、口径に対して底径が半分より広い特徴が観察できる。明らかに虚空蔵タイプと異なるが、一一世紀後葉か末葉とされる白山堂山頂一括土器群の小皿に類似すると考えられる（小野寺二〇〇四）。一括土器群Aに近いかわらけとして気にしておきたい。

（三）一括土器群と時期区分（第2・5・6図）

Ｉa期・Ｉb期・Ⅱa期の時期区分に当たり、基本になるのが一括土器群の評価である。注目したのが、一括土器群Bに含んでいないかわらけ小皿の存在である（第1図‐2、第6図‐1）。この小皿は虚空蔵タイプの皿で、一括土器群Aの小皿と同様の特徴がある。小皿はSZ一九九九造成面の生活面上の出土ある（1～3）。使用された期間は、テラス状遺構の造成及び掘立柱建物跡の創建からそれらが城郭造成の土砂で埋まり廃棄するまでの、建物存続期間が考えられる。これがＩb期であり、一括土器群Aもこの時期に対応すると見做せる。従って一括土器群Bから一括土器群Aの変遷がある。

整地層内の一括土器群Bには、灰釉陶器や把手付土器を含んでいる。灰釉陶器は建物跡の創建に関係した可能性を先に述べたが、かわらけ（5）の灯明皿も同じ関係性が示唆され、これも他のかわらけを含んで建物創建期の可能性がある。つまりＩa期土器の使用年代は、Ｉb期より旧い段階と考えることができる。

灰釉陶器や灯明皿（第6図‐5）等の建物と関連する遺物に対して、把手付土器（同10）は鉄生産等に関わる遺物とされ、対称的な使用が考えられる。事実付近からは羽口付きの鉄滓も出土し、掘立柱建物跡と重複して見つかったのが鍛冶炉（SS一〇〇二）である。鍛冶炉はテラス状遺構に削平されており、建物跡より旧いことは明白である。鍛冶炉は建物跡の西側一〇mの辺りでも検出されており、当地区は周辺の焼土遺構と共に把手付土器や羽口・鉄滓・鉄製品に関わる生産場所であった。従って一括土器群Bには、掘立柱建物跡に関連すると考えられる灰釉陶器やかわらけ等（新）と共に、それ以前の鉄生産に関連する把手付土器等（旧）が含まれＩa旧期とＩa新期の土器に区分できる。斜面部東側の矩形を示す区域には、焼土遺構が集中する地点があり、周辺では縦削の見られる底径一九㎝の長胴甕や椀形鉄滓が見つかっており、これらもⅠａ旧期に属すと考えられる。

Ⅰｂ期の終末はⅡａ期城郭の造成が始まる時期である。Ⅱａ期については、当遺跡の一括土器群Ａ（Ⅰｂ期）の年代的位置付けが要になる。一括土器群Ａは、一二世紀初頭の中尊寺金剛院遺物群等の比較によって、椀・皿の一部の類似性と柱状高台が存在しないことから、一二世紀初頭以前の一一世紀後葉と判断した。無論、大鳥井山遺跡出土のかわらけに虚空蔵タイプや椀の類似品を含むことを前提にしており、一一世紀中葉とした灰釉陶器の年代を考慮したものである。そして、在地有力者が力を注いだ宗教施設（建物跡）を、廃絶しなければならない程の緊迫した状況を想定し、当地域と近い山本郡西部（荒川）を根拠地とする吉彦秀武と関係する一族による城郭と考えた（利部編二〇〇七）。そうであるならば、一括土器群Ａを後三年合戦（一〇八三〜一〇八七）の開始頃に考えることができ、虚空蔵タイプの小皿は一一世紀後葉の前半に比定できる。

以下に、一括土器群Ａを持つＳＺ一七七〇に関して付言しておきたい。地鎮に伴ってＳＺ一七七〇を地山主体土で覆う在り方は、尾根部の造成に関わるもので、斜面の空堀や切岸等の造成と併せた城郭造成の一環として実施されたものと考えている。地鎮の纏まったかわらけの在り方は、城郭造成に当たり従来のかわらけを払拭する意味も込められた、新たな決意を含む儀礼ではなかったろうか。なお、仮上屋施設は斜面部に対面しており、岩見川が流れる城郭外も視野に入れた斜面監視施設と見られる。上記編年観に照合すると、ＳＺ一七七〇（Ⅰｂ期）は斜面建物跡の造成やその後の存続に、ＳＺ一七六九はそれ以前の鉄生産に関わっていたと推定する。以上を整理すると、テラス状遺構の造成から建物存続期間に関わるⅠｂ期が11世紀中葉、城郭の開始はⅡａ期の始まりとした同後葉の年代観が想定できる。

今回、一括土器群Ｂについて灰釉陶器やかわらけ等（新）と把手付土器等（旧）の新たな解釈を示してある。報告書刊行直後に、「ＳＺ一九九九の造成期とＳＢ一〇〇八の存続期を、一連の時期と捉えⅠｂ期、これ以前のＳＳ一〇〇一などをⅠａ期とする。」と述べ一一世紀中葉と述べた（利部二〇〇七）。当時一括土器群Ａ群の年代把握が手探りの状況で、前述した灰釉陶器と平泉初期遺構群のかわらけに依拠していたが、一括土器群Bの同時性には不自然な面を感じていた。その後一五年の歳月が流れ、一括土器群Aの年代については概ね首肯されている。改めて把手付土器等（旧）から灰釉陶器やかわらけ等（新）の変遷を提示し、前者には一〇世紀後葉も意識しつつ一一世紀前葉の年代を考えておきたい。

なお把手付土器の下限については、柱状高台を伴って青森県朝日山遺跡から出土した例があり、当地域土器編年の再構築を試みている木村高は、一一世紀後葉から一二世紀前半の年代を推定している（木村一九九八）。鉄生産に関しては、二基検出した鍛冶炉が斜面の裾部から見つかり、その上方や東側未調査区に他の鍛冶炉の存在が強く示唆される。また、斜面に存在した城郭以前のテラス状遺構には、鉄生産や掘立柱建物跡建設に関わる作業小屋等が想定される。

四　大鳥井山遺跡・鳥海柵遺跡との関連から

前項までは虚空蔵大台滝遺跡の概要について、遺構・遺物の在り方、年代について述べてきた。遺跡は城郭としての特徴を備えており、この視点から遺跡を捉え直し前九年合戦（一〇五一～一〇六二）と関連する大鳥井山遺跡・鳥海柵遺跡について検討する（島田二〇一一、浅利二〇一一）。

虚空蔵大台滝遺跡は和田丘陵地に接する平坦な御所野段丘の一郭を占めており、南側が岩見川に面した段丘崖と北側が弓形状に張り出した段丘崖、それらが窄まる南西端側は中央に東西の沢が入る段丘崖である。つまり平坦面の東端部を除く遺跡全体が段丘崖に囲まれた遺跡である。遺跡は南側にある東西の沢で、東西に長い瘠せ尾根部と北側の半月状の平坦部に大きく二分されていた。平坦部は大きな空堀によって、西側の平行四辺形状の平坦部と東側の二等辺三角形状の平坦部に分断され、後者は空堀と推定される窪地によって三角形状の平坦部と

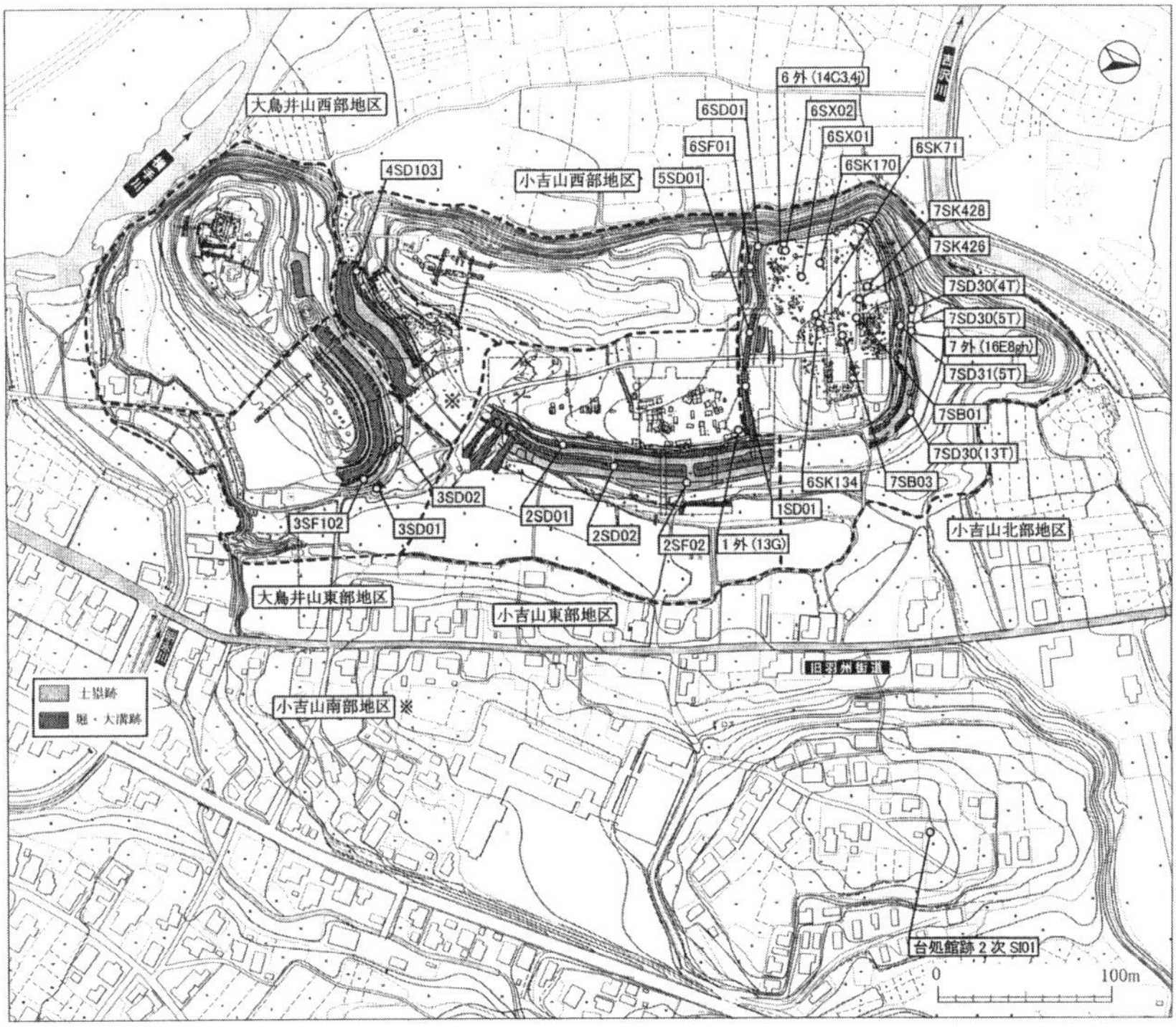

第７図　大鳥井山遺跡と台処館跡の範囲（島田 2011 より）

先端部に分かれている。これらを平行四辺形状の平坦部から斜面も含み、順に郭1・郭2・郭3、更に瘠せ尾根部の郭4と呼称する。

郭1は、南から東側にかけて概ね大規模な空堀が巡らされ、平坦部の斜面際には柵跡、南西側に出入口が確認できる等、本城郭の主体を成す本郭と言える。郭2・郭3・郭4は本郭に付属する郭と理解され、これらを本郭に対応させて支郭と仮称しておく。発掘調査によって、本郭の平坦面に小規模な空堀が確認され、広範な平坦部を区切った利用の仕方が見られる。虚空蔵大台滝遺跡をこのように理解すると、本郭の郭1は各支郭に比べて相対に大規模であり、他の郭は人為で区切った郭2・郭3と自然地形の沢で区切られた郭4が存在する。

次に清原氏の拠点とされる大鳥井山遺跡について、主に郭の配置を中心に比較してみる。遺跡は秋田県横手市に所在し、横手盆地の見下ろすように奥羽山地に繋がる丘陵地に位置する。遺跡の西側は概して急崖を成し防御機能を発揮しており、それと丘陵地平坦部との比高差は一〇～二〇mである。南北に長い丘陵部と、北側と東側に接する平坦部で構成された小吉山、及びこの南にあり南西から北東に入り込む沢と同方向で接した丘陵部大鳥井山、この二つを合わせた範囲が遺跡であり東側は南北の低地に区切られている。これに沿う東側の羽州街道を挟んで、大鳥井山遺跡と匹敵する規模を持つ台処館跡が位置している（冨樫二〇一二）。台処遺跡の発掘調査成果によっては、大鳥井山遺跡の評価が大きく異なってくることが想定される。

大鳥井山遺跡は、島田祐悦によって小吉山（北部地区・東部地区・西部地区・南部地区）と大鳥井山（西部地区・東部地区）に区分されている（島田二〇一一、第7図）。氏の区分は、遺跡の説明をするための便宜的な区分と理解している。区画については、小吉山の範囲を区分した八木光則の先行区分がある。氏は北に突出する小規模な区画、その南で小吉山の小高い尾根の北側にある北半の平坦面、それを意識した南東部のやや低い平坦部、この西に接する小高い尾根と大きく四区画を示した（八木一九八九）。八木による区分は、遺跡の成果から地形や性格を考慮したものである。筆者もこの区分に追随しつつも、改めて本郭と支郭の視点から郭の在り方を検討してみたい。

発掘調査の結果を踏まえて、西側斜面以外を北・東・南の空堀と土塁でコの字に囲った小吉山の北側平坦部は、東西の空堀や土塁によって一つの郭を形成した遺跡で最も重要な区域である。この北側の突出する低位で小規模な区画も、一郭と見做すことができる。この重要地区の南に接する低位平坦部と小吉山の尾根、これらは一部の調査ではあるが南北の境界が確認できていないため一連の郭と把握できる。島田の※印小吉山南部地区では、西端の沢開口部を除き幅広の空堀もしくは大溝が復元されているが、沢部に手を加えた程度と思われる。これと東側を巡る二重で幅広の空堀・土塁によって、低い平坦部が区画されていた。以上四つの郭に区分してみた。

注目したいのは城郭の東側を区画している二重の空堀・土塁の存在である。先に小吉山の北半平坦部を郭としたが、二重の空堀・土塁がそれを囲むように東側から、幅が狭まるものの北側に延びている。つまり、高位の北側平坦部から低位の南東平坦部が尾根を含み、二重の空堀・土塁と南限の沢部（空堀・大溝）によって囲まれているのである。これを本郭と把握する郭1とし、この北側の突出する区画を郭2、低地を含んだ大鳥井山を郭3とする。郭2と郭3は、本郭に付属する支郭である。南北方向の二重の空堀・土塁には出入口とされる土橋があり、これが本郭と見做した東側区画線の中央に整然と配置されている状況も、本郭と見做す在り方と整合性がある。本郭に明瞭な出入口が付設されていることも、虚空蔵大台滝遺跡の共通点として挙げておく(5)。

これらの点を虚空蔵大台滝遺跡の郭群と比較すると、遺跡の主体となる本郭が存在し、それに付属するいくつかの支郭で構成された城郭としての共通性を見出すことができる。小吉山の北側平坦部を南で限る空堀や土塁は、本郭内部における郭を形成する区画施設であり、虚空蔵大台滝遺跡本郭の南西部で見つかった平坦部空堀と類似した性格と見做される。また大鳥井山遺跡の郭3では、山頂部の狭い空間に四面庇付建物が見つかり、寺院跡に想定されている（島田・信太編二〇〇九）。尾根部末端側の十三塚の存在からも、丘陵部自体は信仰領域と考えられる。虚空蔵大台滝遺跡の郭4も、かわらけに関連した地鎮行為のあった信仰領域と考えており（利部二〇〇八a）、両遺跡の共通性が窺われる。

一方、両遺跡の相違点も見出すことができ三点を指摘しておく。一つ目は、本郭を形成している斜面の在り方である。虚空蔵大台滝遺跡の沖積地と本郭平坦部では約三五m、大鳥井山遺跡の沖積地と本郭北側平坦部では約二〇mあり、前者は南側斜面に急峻な切岸を持つ。二つ目は、正門と考えられる出入口は、虚空蔵大台滝遺跡では本郭の末端にあり、大きく迂回して郭内に入る在り方だが、大鳥井山遺跡では内部と外部が屈曲して直接繋がっている。三つ目として、丘陵地の選択の相違である。虚空蔵大台滝遺跡では、背後に山地が迫っているのに対して、大鳥井山遺跡では山地までの距離がある。三点を包括すると、虚空蔵大台滝遺跡では、大鳥井山遺跡に比較して軍事面でより実践的な城郭構造を備えていると評価できる。

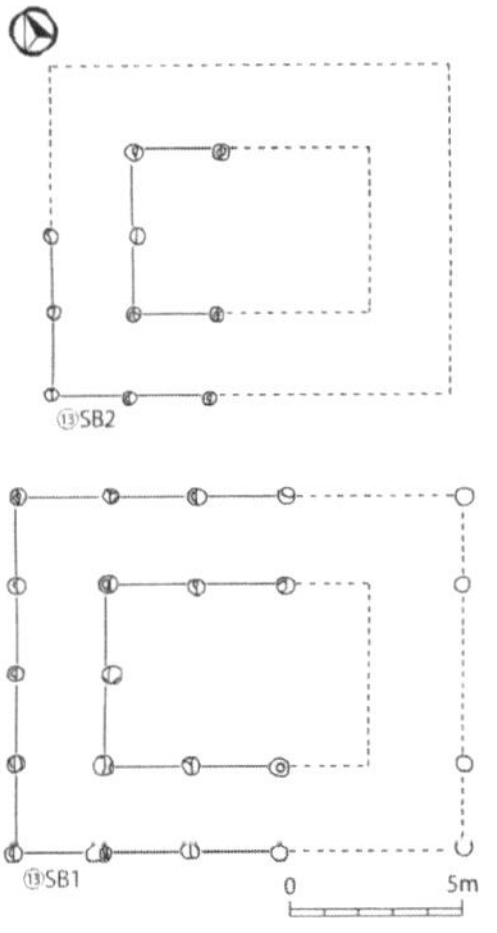

鳥海(伝本丸)区域　⑮ SB1.2平面図

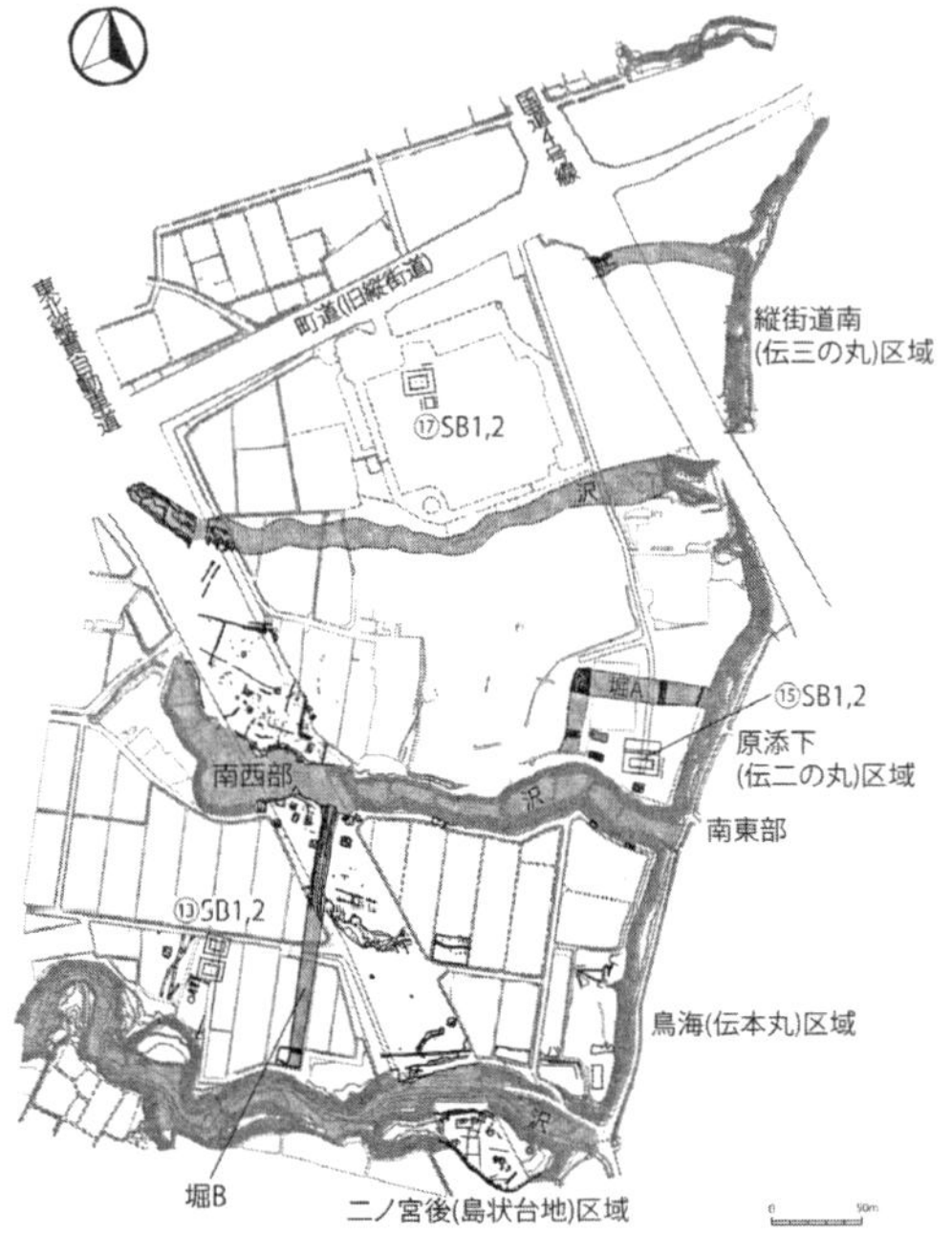

鳥海柵遺構模式図

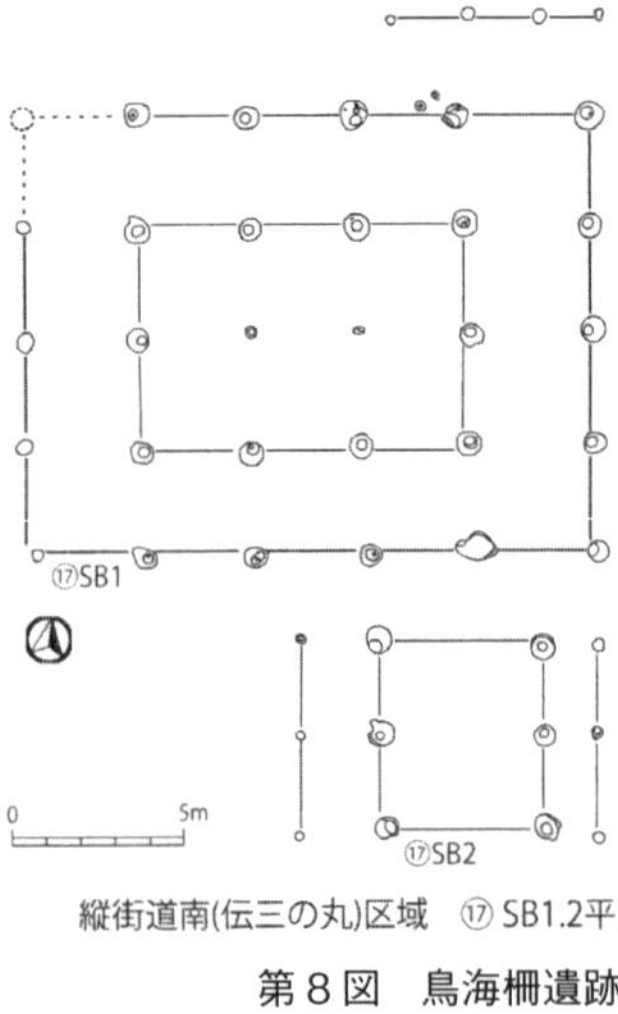

縦街道南(伝三の丸)区域　⑰ SB1.2平面図

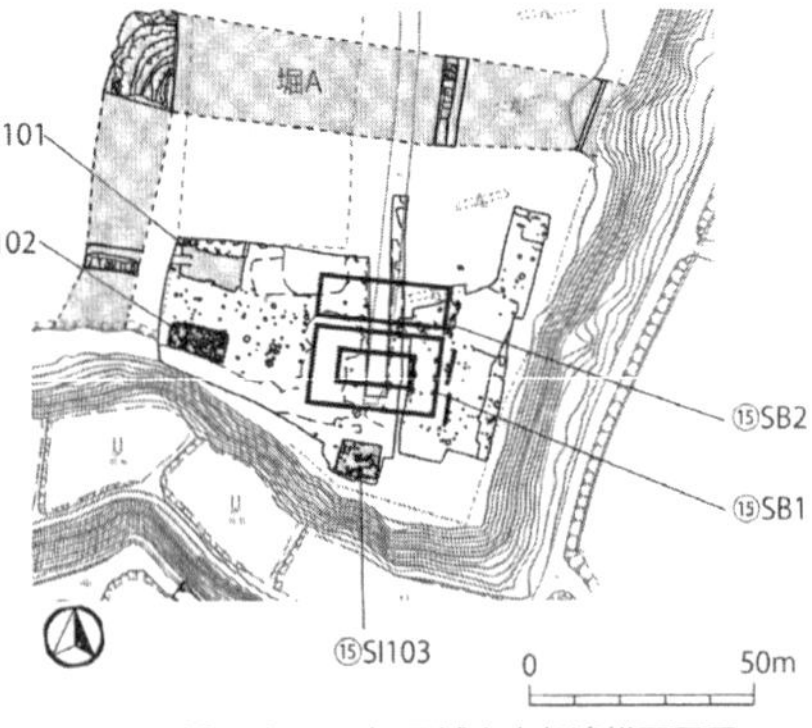

原添下(伝二の丸)区域南東部遺構配置図

第８図　鳥海柵遺跡の範囲と堀立柱建物跡（浅利 2011 より）

以上は、秋田県内の清原氏に関連した代表的な遺跡を検討したが、一方で安倍氏の根拠地とされる鳥海柵遺跡との関連はどうであろうか。鳥海柵遺跡原添下区域のＳＢ一・ＳＢ二は、堀Ａの東西・南北に平行して東西に長い四面庇付建物を配置している（第8図）。その配置状況は、古代官衙の政庁及びその区画施設の規範を踏襲していると見做される。鳥海区域は南北の堀Ｂで東西の領域に区画されるが、西側区画内でも堀Ｂを意識して原添下区域の建物配置とほぼ類似した配置をとる。また縦街道南区域のＳＢ一・ＳＢ二は信仰領域の建物と考えられるが（第8図左下）、大きな棟は概ね東西に長い配置をとり、両棟共に東西・南北を意識している。これら建物は、南北軸線が原添下区域や鳥海区域の建物と大きく異なるが、東西は南北の沢、南北は丘陵縁辺の稜線と平行しており、これらの区画線を意識している。鳥海柵遺跡の三区域は、区画南東部の二ノ宮後区域も含む一帯化した遺跡と改めて評価されよう。その遺跡の範囲は、最も南にある沢の西で大きく括れる所から原添下区域を区画する南側沢の西端を北に延ばし縦街道南区域を区画する北側沢と交わる辺りで西側を限る、南北に長い略長方形と推定される。

これら三区域の建物は、丘陵縁辺の稜線・東西の沢・堀Ａや堀Ｂと関連しており、東西・南北を意識したものである。建物を囲む外側の区画施設の在り方は城柵や郡衙における外郭線と類似し、東西に長い四面庇付建物は、方形政庁内部の正殿が東西に長く配置される在り方とも類似している。鳥海柵遺跡の区画施設と四面庇付建物の関係は、古代城柵や郡衙等の政庁内部正殿の配置を踏襲していると見做されよう。

鳥海柵遺跡と虚空蔵大台滝遺跡を平坦部の区画で対比した場合、虚空蔵大台滝遺跡の本郭である郭1は、地形に沿った不整な平行四辺形、郭2は三角形、郭3と郭4は不整形となり、鳥海柵遺跡の区画が方形基調になるのとは全く異なる。大鳥井山遺跡は、本郭である郭1をはじめ、郭2・郭3も地形の形を考慮した不整形の区画であり、この点で虚空蔵大台滝遺跡の在り方と共通している。方形基調の郭で構成された城郭と、不整形の地形を利用した本郭と支郭で構成された城郭は、一一世紀における安倍氏城郭と清原氏城郭及びこの系列にある城郭の大きな相違点と考えられる。鳥海柵遺跡については、「鳥海柵跡は、この方形構造を採用し、丘陵縁辺部の沢地形を利用した直線的な堀跡で構成される。」とした、島田祐悦と信太正樹の指摘がある（島田・信太編二〇〇九）。鳥海柵遺跡の方形構造を意味する方形基調の郭は、前述したように東北地方を主とする城柵の政庁や外郭における方形を意識したものである。城柵を方形基調型城郭とすると、鳥海柵遺跡の城郭はこの系譜上にあると評価されよう[6]。鳥海柵遺跡の方形区画内にある東西に長軸を持つ四面庇付建物も、方形基調の郭と整合性がある。

対する大鳥井山遺跡・虚空蔵大台滝遺跡は、本郭が地形に沿って構築されており方形基調の郭を逸脱した不整形基調型城郭とも言うべき形状である。但し、大鳥井山遺跡本郭の北側を占める方形区画はその名残を留めている。鳥海柵遺跡の城郭は、方形基調の郭（政庁と外郭）を入れ子状にした近傍の胆沢城を強く意識したものであろう。大鳥井山遺跡に関しては、「外観構造は、出羽国北半の不整形構造の城柵である払田柵跡に求められる」（島田・信太編二〇〇九）、或いは「払田柵から大鳥井山に代表される清原氏城館への景観移行」（高橋二〇一〇）とする意見がある。しかし、払田柵跡の区画線（外郭線や外柵）は低地に築かれており、外郭線内の斜面が敵方と直接接する防御施設として機能しない構造である。斜面に防御機能を持たせたり、丘陵上の縁辺に区画線を築く在り方とは、根本的に異なっているのである。大鳥井山遺跡は、新たな発想の元で構想された不整形基調型城郭と把握することができる。具体的には、中心的区画（本郭）が入れ子型から並置型へ、外郭線（遺跡の輪郭）が直線連結型から曲線型へと変化しており、方形基調型城郭から脱却した構造である。それは、奥六郡俘囚長の安倍氏に対抗して考案されたものと考えられる。

以上、軍事面を重視した虚空蔵大台滝遺跡の城郭は、鳥海柵遺跡の行政重視の城郭構造とは対照的であり、大鳥井山遺跡はその中間的な特徴があると考えている。

五　おわりに

本論では、虚空蔵大台滝遺跡の発掘調査成果を述べ、その成果も考慮し城郭の区画線と郭に焦点を当てて記述してきた。そして、城郭の主体を成す本郭とそれに帰属する郭を支郭とする観点を重視し、大鳥井山遺跡にも対応させて述べた。大鳥井山遺跡と対峙する鳥海柵遺跡では、本郭自体が区画線や郭から明確に把握できず、区画施設や遺構の在り方から方形基調型城郭である古代城柵の系譜上にあると判断した。結果として、一一世紀における安倍氏の鳥海柵遺跡を方形基調型城郭の末裔、清原氏の大鳥井山遺跡及びその系列にある虚空蔵大台滝遺跡を不整形基調型城郭と把握した。

虚空蔵大台滝遺跡の城郭は、かわらけや灰釉陶器等の年代から後三年合戦と関連した遺跡と考えている。前九年合戦と関連する大鳥井山遺跡の城郭に後続するのは、虚空蔵タイプの小皿の在り方からも概ね首肯されている。清原氏の根拠地大鳥井山遺跡では、不整形基調型城郭が従来の方形基調型城郭を排除するように発生し、その基本構造（本郭と支郭）を更に実践重視の観点で構築したのが虚空蔵大台遺跡である。防御機能を有する斜面はより高く急峻な地形、出入口は本郭に接するが城内に敵方がすぐに到達できない構造、防戦に苦慮した場合は山地に逃げ込める立地、これらは本文で指摘したところであり中世山城の特色を備えたものである。

文献史上の古代から中世への変化は、これまでの古典的な鎌倉幕府の成立（一一九二）を契機とする考え方から（藤一九七九）、遡って考えられてきている。一つには武家政権の台頭を基点とする、保元の乱の保元元（一一五六）年を中世の幕開けとする説がある（五味一九八八）。一方近年は、院政の開始を重視した見方が定着しつつあり、白河上皇の応徳三年（一〇八六）とするか、遡った後三条天皇即位の治暦四年（一〇六八）に相当するか、二つの見方がある（今谷二〇一八）。現在は後者の説が一般化しつつあるようである（新村編二〇一八）。

改めて上記三遺跡の年代を整理すると、鳥海柵遺跡については一一世紀前半から中頃に考えられている（浅利二〇一二)。大鳥井山遺跡では、ロクロ土師器の年代からⅠ期:一〇世紀後半、Ⅱ期:一一世紀前葉から中葉、Ⅲ期:一一世紀後葉から末葉とし、各期に新古の小期を設けている(島田・信太編二〇〇九)。大鳥井山遺跡の四面庇付建物や二重空堀・その土橋をⅡ期の新期に当て、Ⅲ期を最終的な姿としており(島田二〇一一)、主たる年代は一一世紀中葉から後葉と見られる。虚空蔵大台滝遺跡の城郭としての年代は、後三年合戦と関連させた一一世紀後葉である。方形基調型城郭の末裔とした鳥海柵遺跡、これと並行する不整形基調型城郭の大鳥井山遺跡、これに後続する同型式の虚空蔵大台滝遺跡に至る流れは、文献史上における古代から中世への推移と概ね整合している(7)。

古代から中世の城郭について述べたのに、律令城柵(古代の城柵)と俘因城柵(安倍・清原氏関係の城柵)に分類した八木光則の論文がある(八木一九八九)。八木は、「胆沢城や払田柵跡は(中略)中央に方形に区画する政庁を設け(中略)。鳥海や大鳥山ではそれぞれの曲輪を地形に合わせて独立させ区画している。」と構造の違いを述べ、俘因城柵と中世城郭との類似性を指摘した。筆者の論述はこれを発展的に整理したもので、虚空蔵大台滝遺跡を中世の始まりを象徴する城郭、大鳥井山遺跡はその胎動期と位置付けることができよう(8)。

また同論文で八木が、「囲郭集落は生活を基礎とする構造」と述べたように、東北北部のいわゆる古代防御性集落も視野に入れていかなくてはならない。安倍氏や清原氏は、奥六郡や山北三郡の俘囚長として北方交易にも深く関わっており、防御性集落の在り方と無関係とは言えない。今後、古代防御性集落を城郭と居館の視点から、防御性集落の時代性の問題(古代・中世)も含んで、不整形基調型城郭(本郭と支郭)との関連性を追求する必要がある(9)。囲郭施設や立地等によるいわゆる古代防御性集落ありきではなく、個別的な遺跡の検討から城郭・居館・その他の性格付けができるのか、今後具体的な検討を要する(10)。

以上、本編では虚空蔵大台滝遺跡の発掘調査成果を詳述し、これを契機に類似遺跡の検討を経て、古代から中世の変革期の内容に言及した。

註

（1）城館を掲載している辞書に『日本国語大辞典』第二版　第7巻（日国辞典第二版編集委員会編他二〇〇一）があり、『日本大百科全書』12にはヨーロッパのこととして、その用語を解説している（濱谷一九八六）。

（2）古代の朝鮮式山城・城柵研究、近世城郭研究の間にあって中世城跡の研究が立ち遅れていたが（石丸一九八一）、城内にある館跡調査の進展や城主の関係が注目され、中世においては城館の用語が定着してきた。古代や近世と比較して、三～四万箇所（中井一九九二）或いは四～五万箇所（松田二〇一九）とされる圧倒的な数の中世城跡が存在しており、城館用語の使用を後押ししている。一方で、城館の用語を城郭・城館（館城）の城と、城以外の館を総称した意味として用いている例もある。『山形県中世城館遺跡調査報告書』は、「城、盾、館、屋敷、砦、物見台等」を調査対象としている（山形県教委編一九九七）。城館の用語には前者の狭義と後者の広義があり、使用に当たってはその意味合いを意識する必要がある。

（3）城柵や城郭の柵や郭は、全体の城と対比して防御施設としての柵・郭を指すが、柵は堀や土塁等と共に郭に含まれる個別施設と理解している。

（4）仏堂を推定する根拠として以下の五点を指摘した（利部二〇〇八a）。南北を意識した建物である（ア）。柱間には溝があり板塀で囲った施設と思われ、内部に角材等を並べた構造を想定（イ）。北西隅の柱に箸と木屑が埋められ、地鎮行為を伴う特別な建物（ウ）。付近から同時期の小塔が出土している（エ）。当地の星辻神社の祭神が、もと虚空蔵菩薩とする記載がある（オ）。建物は後述するように、城郭直前まで存続し、清原氏や安倍氏の宗教施設と並行する。清原氏の大鳥井山遺跡や陣館遺跡からは、寺院とみられる四面庇付掘立柱建物跡が検出され（島田・信太編二〇〇九・島田編二〇一七）、安倍氏の寺院は杉本良の論考で述べられている（杉本二〇〇六）。

（5）清原氏系統と考えている遺跡に、秋田県由利本荘市老方所在の西ノ浜台地遺跡がある。幅四～五m・長さ約三〇〇mにも及ぶ空堀を持ち、二〇二一年三月に初めて城館として登録された（三原・佐々木二〇二一）。遺物が採集されておらず未掘の状況下で、虚空蔵大台滝遺跡や大鳥井山遺跡と比較し、同期に比定した口頭発表を行った（利部二〇二二）。その際、主郭と副郭の視点で大鳥井山遺跡を検討し、本郭内の北側の郭を副郭この南側を主郭と理解し資料を作成した。偶然にも、千田嘉博による「小吉山西部・東部が城郭としての内、小吉山北部が外」の理解と整合していた（千田二〇一〇）。しかし、口頭発表では、二つ合わせた範囲を主郭と見做す案も提示し、資料内容に限定しない考え方も付け加えた。南東側で主郭を囲む空堀の中央に、出入口が存在するためである。なお大鳥井山遺跡については、正門の出入口から入る本郭内導線の在り方等から、本郭北側の区域を城郭の中心的場所と考えている。本郭と支郭の考え方は、このような西ノ浜台地遺跡の評価を検討する経緯から生まれてきた。

(6)鳥海柵遺跡の方形基調の城郭は、列島各地の条里や都城・国府・郡衙・城柵等の垂直に交わる基線と通底している。

(7)本論は中世の始まりを、文献史上の解釈に対して「考古学的資料（遺跡・遺構・遺物）」を用いて提案したものであり（坂詰二〇二〇）、城柵が設置された北方地域で見出すことができた東北地方独自の視点でもある。

(8)井上雅孝は、椀・小皿をセットとするロクロかわらけの出現を大きな画期と捉え、一一世紀後半代の岩手県大釜館遺跡等の段階を中世の始まりとしている（井上一九九六）。

(9)防御性集落と安倍氏柵に関連した室野の報告では、「鳥海柵遺跡の方形区画・直線の堀・掘立柱建物跡＋竪穴、防御性集落の自然地形の堀のライン・竪穴住居主体」と対比させ、防御性集落と安倍氏の城郭に関連させた課題を挙げている（室野二〇〇六）。

(10)概ね一〇世紀後半から一一世紀後半のいわゆる古代防御性集落に関しては、工藤雅樹の総論や三浦圭介の具体論があり（工藤一九九五、三浦一九九五）、その後工藤による「防御性集落論」がある。氏は最盛期を迎える一〇世紀末から一二世紀初頭を境に沈静化し、その要因を安倍・清原・藤原氏の台頭に求め、その配下に収まることで終焉するとした（工藤二〇〇五）。一方三浦は、防御性集落が「以夷制夷策」の国家北方政策と対峙して発生したもので、安倍・清原氏が台頭してからは、両勢力に対抗する形で継続し、終焉を一二世紀初頭の北奥の郡制施行に求めた。そして終焉の時期を中世の変換期としたのである（三浦二〇〇五）。また小口雅史は、「現地で北方支配に当たった人たちが、かなり露骨な交易搾取を実施し」、それが契機となって防御性集落発生に繋がったとする（小口二〇〇〇）。これら以外にも、防御性集落に関する多数の論文がある。

参考文献

浅利英克　二〇一一「安倍氏の館・鳥海柵遺跡」『前九年・後三年合戦—一一世紀の城と館—』　高志書院
石塚富美雄編　一九九九『河辺町の文化財』第九集　河辺町教育委員会
石丸　熙　一九八一「日本城郭研究史」『日本城郭体系』別巻Ⅰ　新人物往来社
井上雅孝　一九九六「岩手県における古代末期から中世前期の土器様相（素描）」『中近世土器の基礎研究』Ⅺ　日本中世土器研究会
井上雅孝・君島武史・君島摩耶　二〇一一「北上川東岸に出土する清原期の土器様相—一一世紀末葉に存在する左回転土器につい

て—」『岩手考古学』第二二号　岩手考古学会　六四頁
今谷　明　二〇一八「第二章　中世」『日本史の論点　邪馬台国から象徴天皇制まで』　中央新書
小口雅史　二〇〇〇「エミシからエゾへ—北の防御性集落の時代　再論—」『青森県史研究』第五号　青森県　一四頁
小野正敏　二〇〇二「城館」『日本考古学事典』　三省堂
小野寺摩耶　二〇〇四「北上市における古代末期の土器様相—鳩巣Ｉ遺跡白山堂山頂出土資料の再検討—」『北上市立埋蔵文化財センター紀要』第三号　北上市立埋蔵文化財センター
利部　修編　二〇〇七『虚空蔵大台滝遺跡—主要地方道秋田御所野雄和線秋田空港アクセス道路整備事業に係る埋蔵文化財発掘調査報告書—』秋田県文化財調査報告書第四一六集　秋田県教育委員会　一九一・一九二頁
利部　修　二〇〇七「虚空蔵大台滝遺跡のかわらけ—北奥羽における編年学的位置付け—」『列島の考古学Ⅱ—渡辺誠先生古稀記念論文集—』　渡辺誠先生古稀記念論文集刊行会　六七・六八・七一頁
利部　修　二〇〇八ａ「虚空蔵大台滝遺跡の呪術・祭祀・信仰—平安時代後半と中世後葉の心象風景—」『生産の考古学Ⅱ』　同成社　二七九・二八三頁
利部　修　二〇〇八ｂ「虚空蔵大台滝遺跡について」（口頭発表資料）　秋田考古学協会
利部　修　二〇一一「虚空蔵大台滝遺跡—清原氏の城館—」『前九年・後三年合戦—一一世紀の城と館—』　高志書院
利部　修　二〇二一「西ノ浜台地遺跡—館跡の地表面観察と歴史的意義—」口頭発表資料（九月三日）　東由利文化財保護協会
木村　高　一九九八「青森県における在地土器の編年について—津軽地方・一一世紀中葉から一二世紀前半—」『東北地方の在地土器・陶磁器Ⅱ』　東北中世考古学会
工藤雅樹　一九九五「北日本の平安時代環濠集落・高地性集落」『月刊考古学ジャーナル』第三八七号　ニュー・サイエンス社
工藤雅樹　二〇〇五「防御性集落論」『蝦夷研究会青森大会シンポジウム「北日本古代防御性集落をめぐって」』　蝦夷研究会・青森県埋蔵文化財調査センター・北方島文化研究会
小井川和夫　二〇一〇「(二)　奈良時代の城柵」『東北の古代遺跡　城柵・官衙と寺院』　高志書院　一一二頁
五味文彦　一九八八『体系日本の歴史』　鎌倉と京五　小学館
坂詰秀一　二〇二〇「中世考古学」『新日本考古学辞典』　ニューサイエンス社　三〇三頁
斎藤　忠　二〇〇四『改訂新版　日本考古学用語辞典』　学生社
島田祐悦　二〇一一「清原氏の本拠　大鳥井山遺跡と台処館跡」『前九年・後三年合戦—一一世紀の城と館—』　高志書院

島田祐悦・信太正樹編　二〇〇九『大鳥井山遺跡―第九次・第一〇次・第一一次調査―』横手市文化財調査報告第一二集　横手市教育委員会　二三九頁
島田祐悦編　二〇一七『陣館遺跡―総括報告補遺編―』横手市文化財調査報告第四〇集　横手市教育委員会
新村　出編　二〇一八「曲輪・郭・廓」『広辞苑』第七版　岩波書店　八七三頁
新村　出編　二〇一八「城郭」『広辞苑』第七版　岩波書店　一四二五頁
新村　出編　二〇一八「中世」『広辞苑』第七版　岩波書店
杉本　良　二〇〇六「北上市国見山廃寺跡と安倍氏時代の諸寺院―堂建物構造からみた比較―」『古代末期から中世前期の居館と宗教―衣川遺跡群と長者ヶ原廃寺―資料集』岩手考古学会
千田嘉博　一九九七「身近な城や館を訪ねてみる」『城館調査ハンドブック』新人物往来社　一二二頁
千田嘉博　二〇一〇「中世の館から城へ」『後三年合戦シンポジウム～古代の城から館へ、そして中世の館から城へ～』横手市教育委員会　五一二頁
高橋　学　二〇一〇「清原氏城館のモデルは出羽国城柵にあり」『後三年合戦シンポジウム～古代の城から館へ、そして中世の館から城へ～』横手市教育委員会　九一一頁
田中　琢・佐原　真編　二〇〇二『日本考古学事典』三省堂
鳥羽正雄　一九七九「城」『日本歴史大辞典』第四巻　河出書房新社　六四〇・六四二頁
中井　均　一九九二「中世城館跡調査の成果と課題」『月刊考古学ジャーナル』第三五三号　ニューサイエンス社
日本考古学協会編　一九六二『日本考古学辞典』東京堂
日本国語大辞典第二版編集委員会編他　二〇〇一「城館」『日本国語大辞典第二版』第七巻　小学館
冨樫泰時　二〇一一「台処館跡の復元―発掘調査と地籍図の比較―」『前九年・後三年合戦―一一世紀の城と館―』高志書院
濱谷勝也　一九八六「城館」『日本大百科全書』一一　小学館
藤　直幹　一九七九「鎌倉時代」『日本歴史大辞典』第三巻　河出書房新社
払田柵跡調査事務所　一九九五『払田柵を掘る―払田柵跡調査二〇周年記念誌―』五九頁
松田直則　二〇一九「一、土佐の戦国時代と山城研究」『土佐の山城』ハーベスト出版
三浦圭介　一九九五「一　北奥・北海道地域における古代防御性集落の発生と展開」『国立歴史民俗博物館研究報告』第六四集　国立歴史民俗博物館

三浦圭介　二〇〇五「青森県の古代防御性集落—最近の研究と北日本古代史上の意義について—」『蝦夷研究会青森大会シンポジウム「北日本古代防御性集落をめぐって」』　蝦夷研究会・青森県埋蔵文化財調査センター・北方島文化研究会
三原裕姫子・佐々木健二　二〇二一「第四章　調査の記録」『遺跡詳細分布調査報告書』由利本荘市文化財調査報告書第二九集　由利本荘市教育委員会
室野秀文　二〇〇六「防御性集落・館・柵—安倍氏柵の成立をめぐる諸問題—」『古代末期から中世前期の居館と宗教—衣川遺跡群と長者ヶ原廃寺—資料集』　岩手考古学会　一八頁
八木光則　一九八九「安倍・清原氏の城柵遺跡」『岩手考古学』第一号　岩手考古学会　二一・二四頁
八木光則　二〇二一「城柵跡」『新日本考古学辞典』　ニューサイエンス社
山形県教育委員会編　一九九七『山形県中世城館遺跡調査報告書第三集（庄内・最上地域）』　三頁
山口博之　二〇一九「虚空蔵大台滝遺跡の「銅製品小塔」小考—銭弘俶塔相輪の可能性について—」『米沢史学』第三五号　米沢史学会

あとがき

本書収録の論考は二〇一八年から二一年までに刊行したものである。第二章第一節や第三節における記号や文様が、現代にも普遍的に認められることで考古学成果を現代に繋げる思いを持つようになった。そして秋田県埋蔵文化財センター最終年度（二〇一八）久保田城跡（渋江屋敷跡）の発掘調査が、太平洋戦争を強く意識させ、先の想いを一層誇示することになった。

筆者が担当したのは屋敷正門跡付近で、その北側にある調査区北東隅の小公園も調査を行った。そこに建っていたのが東海林太郎の胸像である。東海林太郎と言えば、「赤城の子守唄」、この唄は高校の校歌や応援歌と共に、発掘調査酒宴の場における持ち歌であった。東海林太郎は「国境の町」等の軍歌で戦地を慰問した。「麦と兵隊」は東京の調査会を閉じる時の慰労会で、顧問の八幡一郎先生と二人で合唱した歌である。小公園の調査に先立ち一時保存の胸像解体を、一部始終見届けたのである。折しも、秋田市新屋にイージスアショアを配備計画する議論の最中であり、久保田城跡調査域の南辺からは戦争中の遺物も見つかっていた。

長い埋蔵文化財センター勤務を終えようとしていた時期、東海林太郎を通じて考古学が反戦にどう関われるのか、と模索していた。現代と考古学は、専攻してきた歴史考古学の中でも新しい領域であり、恩師坂詰秀一先生の『歴史考古学の基礎知識』（一九八〇年刊行）には、歴史考古学が古代から近代に向かう程、考古学に対して文献史学と民俗学の領域が広がることを概念図で示してある。現在の書籍や生活習俗・戦争に関する事跡も、将来、文献史学や民俗学・考古学の対象になるに違いない、と考えるようになった。

自身を振り返ってみると、立正大学院生の頃三宅敏之先生の授業では、中世文書の解読ができず無念な思いが今でもあり、駒澤大学の学生時代は中世の葉貫義麿先生の授業も苦手であった。日本史の古文書解読の難しさを思い知らされた。民俗学では、駒澤大学で木代修一先生の日本文化史や宮本馨太郎先生のアチック・ミューゼアムの講義を拝聴した。二人の先生は、考古学の恩師倉田芳郎先生が博物館講座で招聘した講師である。当時正門前の通りにある古書店で、民俗や民族学に造詣の深い関俊彦先生のお名前を、早くから気に留めていたことを思い出す。その当時から民俗学に何となく興味があったように思う。

幼・少年期を回顧すると、当時は野原や山・小川や川が活動領域であり、白詰草で冠を作ったり、冬越しの山菜・キノコを採って保存したし、冬用の薪割りも身に付いていた。メダカ取りから始まり、カジカ・イワナも箱や輪っぱめがねを使って猎で突いていた。釣りの餌はミミズや蜂の子、正に矢口高雄の釣り吉三平の世界であった。近所の仲間とイタチの仕掛けを設けたこともある。トチの実は食べずに刳り抜いて笛を作り、甲高い音を楽しんだ。考古学で漆を考える前に、漆の木刀で猛烈に被れたこともあった。多くの幼・少年期の原体験があり、民俗学に興味を持つようになったのは自然の成り行きであった。目指していた日本史と民俗学への思いが、倉田先生の出会いと共に考古学へ収斂していったのである。

歴史考古学で近年戦争遺跡を考えるようになったのは、終戦後の素朴な生活体験を幼・少年期に経験していたこと、考古学専攻後に恩師坂詰先生が『歴史時代を掘る』で「第一章　近・現代―戦争の爪痕・近代の幕―」を執筆されたことも契機になっている。これまでの自身を取り巻く環境において、考古学と現代・戦争の課題は自然と醸成されてきたように感じる。曲がりなりにも、第一・二章で考古学成果を現代に結び付け、第三章で戦争について考えることができた。上京して活動した一一年、埋蔵文化財センター勤務三四年、その後二年が過ぎた今、様々な体験や思索・出会いを通じて歴史考古学が担う役割の一端に触れることができたことを、思い出と共に噛みしめている。

第二章第四節は、遺構や土器の見方を徹底的に仕込んで頂いた駒澤大学酒井清治先生の古稀記念、同二節は常々論考の作成を促してくれた立正大学池上悟先生の古稀記念に寄稿したものである。倉田先生と坂詰先生が、それぞれに研究室を託された両先生が古稀を迎えられ、退職されたのが二〇二〇・二一年の三月。筆者が出入りを許された両研究室の世代交代の境目も、自身の考古学の歩みと共に隔世の感を抱かせてくれる。また第一章第一節は、関俊彦先生の傘寿の記念に寄稿した論考である。遠くの存在であった関先生と今は親しく接して頂いており、時間の流れを感じている。本書のはじめにある民俗学的論考は、私にとって大きな意味がある。

この度、内容が熟していないと刊行を躊躇していたが、今年寅歳の妻さゆりから「時間は待ってくれない」と、一言釘を刺された。健康を気遣いつつ背中を押してくれた内助の功に感謝している。

出版に当たり、雄山閣との仲介と事務の労をお掛けした桑門智亜紀氏、編集の煩雑な労苦を厭われなかった児玉有平氏のお二人にお礼申し上げます。最後に、歴史考古学を教導し今も相談に応じて下さる坂詰秀一先生に、日頃の感謝を込めて本書を献呈いたします。

二〇二二年九月一五日

利部　修

■著者紹介

利部　修（かがぶ おさむ　Kagabu Osamu）

1955年秋田県に生まれる。

1978年駒澤大学文学部歴史学科（考古学専攻）卒業。

1983年立正大学大学院文学研究科修士課程（史学専攻）修了。

1985年より秋田県埋蔵文化財センターに勤務、同センター南調査課長、主任文化財専門員を歴任。現在、秋田考古学協会副会長。

《主要著書》
『考古学研究とその多様性—東北からの視座—』雄山閣　2019年
『「心象考古学」の試み—造形物の心性を読み解く—』雄山閣　2017年
『出羽の古代土器』同成社　2008年
『長崎・松浦皿山窯址』先史15　駒沢大学考古学研究室（共著）　1981年
「北日本の須恵器についての一考察」『考古学の諸相』坂詰秀一先生還暦記念会　1996年
「平安時代東北の長頸瓶」『生産の考古学』同成社　1997年
「虚空蔵大台滝遺跡の呪術・祭祀・信仰—平安時代後半と中世後葉の心象風景—」『生産の考古学』Ⅱ　倉田芳郎先生追悼論文集編集委員会編　2008年
「近世×形文の変容」『秋田考古学』第62号　秋田考古学協会　2018年　など

2022年10月15日　初版発行　　《検印省略》

考古学《こうこがく》の成果《せいか》と現代《げんだい》
—地域《ちいき》・列島《れっとう》、戦争遺跡《せんそういせき》—

著　者　利部　修
発行者　宮田哲男
発行所　株式会社 雄山閣
東京都千代田区富士見2-6-9
TEL　03-3262-3231 / FAX　03-3262-6938
URL　http: //www.yuzankaku.co.jp
e-mail　info@yuzankaku.co.jp
振　替：00130-5-1685

印刷・製本　株式会社ティーケー出版印刷

ISBN978-4-639-02860-4 C0021
N.D.C.210　232p　21cm